NEUKIRCHENER

W0229040

»Das Geheimnis der Wahrheit ist folgendes:
Es gibt keine Tatsachen, es gibt nur Geschichten.«

João Ubaldo Ribeiro

Vorwort

Die hier vorgelegte Untersuchung ist aus Vorträgen vor Postgraduate-Theologiestudierenden und vor Pfarrerinnen und Pfarrern entstanden. Sie ist seither für die Veröffentlichung weiter ausgearbeitet worden und möchte fortführen, was ich 1996 in dem Buch »Die Prophetenbücher und ihr theologisches Zeugnis« vor allem in den »hermeneutischen Folgeüberlegungen« angesprochen habe.

Was mir mit der hier vorgelegten Untersuchung vorschwebt, ist der Versuch, auf dem Boden meines langjährigen Arbeitsgebietes Prophetenbücher des Alten Testaments einer Verbindung nachzudenken, die heute eher Getrenntes sachlich wieder näher zusammenführt: die exegetische Wissenschaft einerseits und die Weitergabe des Biblischen in den anderen theologischen Disziplinen und in kirchlicher Praxis und Öffentlichkeit andererseits.

Es könnte sein, daß sich gerade dieses Arbeitsgebiet dafür besonders eignet: Werden die Prophetenbücher des Alten Testaments nicht immer nur in Einzelworten, sondern als ganze gelesen, so zeigt sich eine eigenartige Sicht und Selektion, in denen Prophetenbücher Vorgänge und Handlungen erfassen, und man gewinnt den Eindruck, daß hier eine Weite und Nähe der Zeit und des Lebens blicksteuernd sind, die ihresgleichen suchen und bis heute klärend wirken.

Der Eindruck ergibt sich aus Beobachtungen historischer Nachzeichnung des Prophetenbücherbefundes, die wir zur Vorbereitung dieser Untersuchung vorgenommen haben, um das inhaltliche Gepräge dieser Bücher präziser zu fassen. Es sind Beobachtungen zu ganz elementaren, oft übergangenen Fragen. Was ist es eigentlich, das der Text der Prophetenbücher, als literarische und sachliche Ganzheit genommen, von *Gott und Prophet in Beziehung zu Gottesvolk und Völkern* in deren Lebenswelt zur Entstehungszeit dieser Bücher zeigt? Was wird so wahrgenommen an *Erfahrungen und Handlungen* Gottes, der Menschen und was nicht und was für Handlungen und Erfahrungen werden da ausgelöst, in Gang gesetzt und welche nicht? Wie wird das in *Aspekt und Sprache* wahrgenommen und wie nicht? Welche *zeitliche Perspektive* an Gottestun und Menschenhandlungen und -erfahrungen ist bei den Aussagen im Blick, wenn man den Textablauf der Bücher beachtet und die Aussagen literarisch und sachlich in ihrem

Kontext beläßt? Was ist also auch für Folgezeiten von Gottes
prophetisch erschlossener Lebenszuwendung *wissens- und
überliefernswert*? Jes 1 oder 13 oder 65 im Jesajabuch, Jer 4
oder 8 im Jeremiabuch, Ez 24 im Ezechielbuch und Hos 13–
14, Am 4–5, Mi 4–5 im Zwölfprophetenbuch wären Lesebei-
spiele für das, was wir meinen.

Es könnte sein, daß die prophetischen Bücher des Alten Testaments schon mit diesem Befund noch kaum erkannte
grundlegende und vorbildliche Hinweise für einen Brückenschlag zwischen den theologischen Disziplinen und theologischer Praxis zu geben vermögen.

Worin liegen sie? Im Vordringen bis zur Konkretion erfahrener Lebensnähe. In der Weite der Gotteswahrnehmung als
Sinntiefe von Erfahrung im langzeitigen Ablauf von Zeit. In
der theologischen Sensibilität für den Wandel, Wechsel von
Lebenskonstellationen, von Wissen und Erfahrung. In der Ein-
bettung menschlichen Ergehens in Gottesvolk und Völkerwelt
in umfassende politische und soziale Kriterien und Vorgänge
und in unlöslicher Haftung an einem Gang des Geschehens,
der für das Jetzt ganz geöffnet ist und es doch im theologischen Zusammenhang mit dem Einst und dem Dann sieht.

Kurz: In der Zuwendung Gottes in seiner Lebensnähe zu Menschen im Zeitlauf mit immer wieder veränderten Herausforderungen sind womöglich solche Hinweise für einen Brückenschlag zu finden.

Die Prophetenbücher könnten schon mit diesem selektiven,
sinnorientierten Blick in langzeitig verfolgten Lebenswelten
Verbindendes für Wissenschaft und Praxis zeigen und beiden
auch heute noch Blicke öffnen für die Präsenz Gottes nicht nur
im immer schon Herkömmlichen, sondern in dem, was im
Unterschied zu Früher und Später jetzt eigenartig ist und geschieht.

Die Prophetenbücher könnten, noch ganz abgesehen von ihrem
konkreten Inhalt, allein schon durch die Art, wie sie Gott in
Beziehung zur Lebenswelt wahrnehmen und überliefern, auch
uns in Freimut und aller Offenheit an das Heute weisen, dem
sich Praxis verpflichtet weiß, ohne daß der Zusammenhang zur
Gotteswahrnehmung im ganzen aus dem Blick gerät, für den
Wissenschaft einzustehen hat. Unser Buch möchte dazu hin-
führen.

Entsprechend ist unser Versuch für alle direkt Betroffenen an
diesem Brückenbau gedacht und also an einen weiteren theologischen Leserkreis gerichtet.

Unser Versuch bewegt sich dabei aber bewußt im Binnenrahmen von Theologie und Kirche und sucht in diesem Bereich nahezubringen, was sich aus dem gewählten Thema christlichem Handeln zugut lernen läßt. Das heißt, er setzt als selbstverständlich voraus, was in diesem Rahmen Grundüberzeugung ist: daß die Rede von »Gott« nichts anderes meint, als sie sagt, und daß die Heilige Schrift Alten und Neuen Testaments in ihrem kanonischen Umfang als grundlegende Offenbarungsurkunde gilt.

Unser Versuch wurde in den letzten zwei Jahren ausgearbeitet und im März 2000 unter dem Wissen schwerer Erkrankung im vorliegenden Umfang zu einem Abschluß gebracht. Wenn mehr Zeit sicher zur Verfügung wäre, wäre mir daran gelegen, vor allem den Teil III und in Teil IV die These 10 in Sachaussage und Darstellung noch weiter zu bedenken.

Das Motto ist das des 1984 erschienenen Romans »*Viva o Povo Brasileiro*« von João Ubaldo Ribeiro, deutsch unter dem Titel »Brasilien, Brasilien« 1988 (ferner suhrkamp taschenbuch 1835, 1991). Dieses Motto wurde gewählt, weil es auf seine Weise sprachliche Tradition nicht starr als Wiedergabe von Unbeweglichem, sondern als Vorgang faßt, der das Überkommene unter der Herausforderung der Lebensvielfalt späterer Einsichten, Konstellationen und Sehweisen immer wieder aneignet – ein Vorgang, wie wir ihn nach dem Vorbild der Prophetenbücher des Alten Testaments in unserer Untersuchung auch für die biblisch orientierte Tradition bedenken, die Wissenschaft und Praxis gleichermaßen bestimmt.

Für Hinweise und Anregungen danke ich meinen Kollegen, Herrn Prof. Dr. Thomas Krüger / Zürich, und Herrn Prof. Dr. Konrad Schmid / Heidelberg, der auch die zahlreichen Vorfassungen mit seinem kritischen Rat begleitet hat, sehr herzlich. Für Arbeiten am Manuskript gilt mein besonderer Dank meinen wissenschaftlichen Mitarbeitern, Herrn Martin Leuenberger und Frau Anna-Katharina Höpflinger, und für allen Einsatz bei der Herstellung der Druckvorlage meiner Sekretärin, Frau Luise Oehrli.

Herzlich danke ich Herrn Prof. Dr. W.H. Schmidt für die Aufnahme in die Biblisch-Theologischen Studien und Herrn Verlagsleiter Dr. V. Hampel für alle Hilfe und alles Entgegenkommen bei der verlegerischen Betreuung.

Zürich, im Juli 2000

Inhalt

Erster Hauptteil

Die Prophetenbücher als theologisches Fundament im Rahmen der Bibel-Tradition

I. Prophetenbücherforschung als Thema kirchlicher Anfrage

1. Das Dilemma im Verhältnis von Bibelwissenschaft und Bibelaneignung

Prophetenbücher, Altes Testament, Bibelwissenschaft an Universitäten und das vor Amtsträgern aus dem kirchlichen Dienst – seien wir ehrlich: Unsere Begegnung auf dieser Tagung[1] ist keine, von der man sich viel erwartet. Zwischen Pfarrerschaft und Theologischer Fakultät herrscht so etwas wie Argwohn, und der hat auch im Fall des Alten Testaments seinen Grund. Es ist am besten, man gesteht es sich gleich von Anfang an ein: Historische Forschung am Alten Testament, wie sie derzeit im wissenschaftlichen Bereich ausgeübt wird, und die Verwendung des Alten Testaments, wie sie in der Praxis von Pfarramt und Gemeinde stattfindet, stehen meilenweit auseinander. Sie haben je ihre eigenen Fragen und Aufgaben und scheinen sich auch nicht zu brauchen: Die historische Untersuchung entfernt die Texte nur vom Heute, sagen die einen, und eine zeitnah-heutige Verwendung der Texte trägt nur Fremdes in das Alte Testament ein, sagen die anderen.
Ist wenigstens die Erarbeitung einer Predigt ein Vorgang, in dem ein Brückenschlag stattfindet, weil hier beides einfach

---

1 Der nachstehende Beitrag geht zurück auf Thesen, die ich zuerst für ein Blockseminar mit Postgraduate-Studierenden im September 1998 an der Escola Superior de Teologia in São Leopoldo (Brasilien) ausgearbeitet habe. In der vorliegenden Gestalt gibt der Beitrag einen für die hier vorgelegte Veröffentlichung beträchtlich erweiterten Vortrag im Rahmen der Pfarrerfortbildung in der Reformierten Landeskirche des Kantons Zürich im Mai 1999 wieder. Mit der besonderen Abzweckung dieser Einladung hängen auch die näheren Ausführungen zu einer biographischen Vorstellung im Folgenden zusammen. Für den Druck wurde der Vortragscharakter belassen.

zusammenfinden muß? Theoretisch: Ja, praktisch: Nein. Nur allzuviele Predigten zu alttestamentlichen Texten, die ich gehört oder gelesen habe, nehmen aus der Vorgabe da und dort Züge zur homiletischen Einkleidung. Ihren Gehalt finden sie aber nicht in den biblischen Aussagen, die zugrundegelegt werden, sondern in Elementen allgemeiner Christlichkeit, die den Texten zugefügt werden. Eine hermeneutische Vermittlung des besonderen Sinnes eines besonderen Predigttextes selbst, der über das Christusgeschehen bis ins Heute weitergeführt wird, findet dann kaum statt.

Bei einem sensiblen, nüchtern-unbeschönigten Vergleich wird ganz deutlich, warum das so ist. Ein Brückenschlag vom Text zur Predigt ist im Falle eines alttestamentlichen Textes schon deshalb immer noch schwierig, weil das theologische Eigengewicht so ungeklärt ist, das dem Alten Testament gegenüber dem Neuen auch im christlichen Rahmen verbleibt. Das Alte Testament ist zwar theoretisch da als Teil eines Schriftenkanons, der orientiert – in den Bibelbüchern, in Ordinationsgelübden, was es jedoch in der Kirche verbindlich soll, gar praktisch als ganzes in seiner Maßstäblichkeit, das ist, gelinde gesagt, immer noch offen.

Aber selbst wenn in dieser Hinsicht eine konsensfähige, praktikable Klärung erreicht und weniger in theologisches Belieben gestellt wäre, wären die Widerstände für einen Brückenschlag vom alten Text zur zeitnahen Predigt nicht kleiner, weil die geschichtlichen Herausforderungen damals und heute im Konkreten viel zu unterschiedlich sind. Historisch-exegetische Forschung spürt den Entstehungswelten alttestamentlicher Formulierungen in erneuten Anläufen und Ansätzen wieder und wieder nach. Aber dabei zeigt sich: Diese sind durch und durch andere als die vielfältigen Weltkonstellationen, in die hinein eine Predigt zu sprechen und in denen biblisch gegründeter Glaube jetzt und heute zu vergewissern und zu leben wäre. So kann man das Dilemma beim Predigen über alttestamentliche Texte ganz einfach auf den Begriff bringen: Entweder man verliert um der heutigen Hörerschaft willen den Zusammenhang mit der Bibel, so wie sie ursprünglich gemeint war, oder man verliert um dieses Zusammenhangs willen die Leute, so wie sie heute leben.

Wie wäre es, wenn man in solcher Konstellation durch den gordischen Knoten schlägt und das jeweils Störende vernachlässigt? Praktisch erscheint dies, wie wir alle wissen, oft als der einzige Ausweg. Aber der Preis ist hoch: Abblendung des

Historischen an den alttestamentlichen Texten verliert die Besonderheit und Lebensnähe, die die Formulierung der Texte einmal bestimmt haben, und Abblendung der gegenwärtigen Herausforderungen versteinert, so scheint es, die alten Texte zu Artefakten aus längst vergangener Zeit. Es bleibt schon dabei: Alttestamentliche Forschung an den Hochschulen und kirchlicher Gebrauch des Alten Testaments ziehen am selben Strick, aber in entgegengesetzter Richtung.

Gestehen wir es offen ein – bei diesem Stand der Dinge ist schon die Frage, was der Sinn aufwendiger wissenschaftlich-historischer Ausbildung am Ursprungssinn alttestamentlicher Texte für den konkreten Vollzug pfarramtlicher Praxis eigentlich sein soll.

Das Schlimme dabei ist: An dieser Trennung sind nicht einfach Engstirnigkeit und böser Wille schuld. Die Lage wird vielmehr erschwert durch die Einsicht, daß dies alles kein Mißstand ist, der endlich beseitigt werden müßte, sondern offenbar so sein muß. In Versuchen ursprünglichen Verstehens muß Forschung an diesen Texten um des Alters und der Eigenart der Textformulierungen willen nämlich immer weg vom Heute in die historische Ferne reisen. Pfarramtliche Praxis hingegen sollte sich nirgends anders als in den gegenwärtigen Lebenswelten bewegen und muß deshalb in immer neuen Versuchen aktuell-zeitgemäßen Verstehens in die Nähe des Heute. Das ist unvermeidlich; die Folge aber ist: Wissenschaftliche Exegese und Praxis verlieren sich aus den Augen, und keiner vermißt den andern. Wen wundert's? Ein altes Buch soll auch später noch neue Fragen klären – wie soll das zusammengehen?

Es scheint nicht zusammenzugehen. Man hat sich abgefunden. Wissenschaft und Praxis driften auseinander und folgen ihren eigenen Tätigkeiten, die die jeweils andere Seite nur kritisieren kann.

Von der heutigen Praxis und ihren Fragen aus betrachtet, sind die immer weiter verfeinerten historischen Rekonstruktionen alttestamentlicher Forschung in einer Flut von Studien und Kommentaren, deren Reihen auch ohne grundlegend neue Einsichten bedient oder sogar neu eröffnet werden müssen, anscheinend ganz sich selbst genug. Für wen über ein paar Fachleute hinaus werden sie geschrieben? Sie wirken für weitere theologische Verwendung einfach zu unvermittelt, zu ausschließlich historisch, zu fremd, zu lebensfern und schon in sich viel zu kurzlebig und umstritten.

Und von der wissenschaftlichen Suche nach dem ursprünglichen Sinn der Texte des alten Buches aus gesehen, sind Ver-
nachlässigungen der historischen Prägung des Alten Testaments nicht minder fatal. Was statt dessen geboten wird – systematische Auswahl und Verallgemeinerung bestimmter alttе-
stamentlicher Aussagen mit dogmatischem Klang ebenso wie
praktische Anpassungen zuvor historisch ausgehöhlter Formulierungen von seelsorgerlichem Zuschnitt an die Bedürfnisse
der Gegenwart –, ist nur Herstellung von scheinbarer Nähe.
Was hat das noch mit der Bibel zu tun? In Wirklichkeit sind
solche überaus weit verbreiteten Maßnahmen, Forschung Forschung sein zu lassen und in bibelorientierter Christlichkeit
dem Dilemma zu entrinnen, alles andere als ein Ausweg: Sie
bleiben für beide Seiten unbefriedigend, weil die Texte für den
Kundigen von Anfang an eben mehr und anderes enthalten, als
auf diese reduzierenden und aktualisierenden Weisen transferiert wird. Darf man das Wissen den Kundigen der Öffentlichkeit vorenthalten, damit das Störende doch ja unter dem Tep-
pich bleibt?
Was wir unter uns allseits erleben, ist nichts anderes als eine
oft überdeckte, beschönigte, nicht offen eingestandene Entfernung zwischen Bibel und Heute. Es ist eine Ferne zwischen
den Zügen ursprünglichen Schriftsinns, wie er sich in der langen Zeit des Werdens der christlichen Bibel in Wachstum und
immer größeren Kontextualisierungen der Texte formiert hat,
und unserer Gegenwartswelt, in der wir leben, und das alles
heute unter uns in rasant zunehmender Verschärfung. Ist das
so, dann nimmt aber nicht weniger als das evangelische
Schriftprinzip nachgerade krisenhafte Züge an[2], die sich durch
Hyperaktivität auf beiden Seiten schwerlich mildern lassen.
Also historisch fragende Exegeten unter gehöriger Verringe-
rung ihrer wissenschaftlichen Präsenz ab in die Philosophische
Fakultät zum Alten Orient und Hellenismus und werdende
Pfarrer ab in eine gemeindenahe Bibelschule?
Noch ist es nicht so. Die gesellschaftliche Öffentlichkeit steht
in unserem Bereich immer noch zu ihrer geschichtlichen Prä-
gung und damit auch zu den Kirchen. Und: In Kirchen, die
sich auf das biblische Wort gründen, ist der Zusammenhang

---

2   S. dazu im Blick auf verschärfte Einsicht in die Komplexität der Heiligen Schrift selbst seinerzeit schon W. Pannenberg, Die Krise des
Schriftprinzips (1962), in: ders., Grundfragen Systematischer Theologie,
1967, 11–21.

zwischen historischer Urteilsbildung der Bibelwissenschaft, die darauf achtet, was dasteht und was nicht, und praktischer Bibelanwendung, die nicht irgendetwas, sondern das, was dasteht, weitervermittelt, immer noch konstitutiv.

Deshalb kommen hier auch immer noch zwei Fragen voneinander nicht los:

(1) die Frage nach den alten Texten in ihrem grundlegendursprünglichen Sinn, also nach dem sensus literalis, der in einem vorlängst entstandenen Buch eben ein sensus historicus ist. Der Grund: Kirchliches Handeln gründet sich auf eine derartige Größe gemäß der Grundlage, der es sich im Kanon Heiliger Schrift selbst verpflichtet hat. Das aber ist, ob man es nun endlich einmal wahrhaben will oder nicht, bei einer so alten Grundlage die Frage historischer Forschung in der Bibel.

Und (2) die Frage nach der Anwendung biblischer Texte in der Folgezeit bis heute, weil die Kirche nicht mehr im Altertum, sondern in diesem Bereich jetzt lebt. Das ist in den Theologischen Fakultäten die Frage legitimer, jeweils zeitgerechter Vermittlung in den Bereichen geschichtlicher Gestaltwerdung des Biblischen, denen die Disziplinen Kirchen-, Dogmen- und Theologiegeschichte nachgehen, und die Frage sachgerechter Vermittlung in den Reflexionsbereichen Dogmatik, Ethik und Praktische Theologie, und es ist nicht zuletzt die Frage konkreter Weitergabe in der heutigen Praxis von Pfarramt und Gemeinde – die Frage also, die zugunsten unserer in der kirchlichen Praxis arbeitenden Hörerschaft in den folgenden Ausführungen besonders im Blick sein muß.

Ist das immer noch so, dann können Universitätstheologie und Theologie in kirchlicher Praxis also nicht einfach auseinandergehen – jede an ihren Platz ohne Verbindung miteinander. Sie bleiben aneinander gebunden, nicht aus Zwang, nicht pro forma, sondern gegen allen Augenschein aus Notwendigkeit!

In diesem Kontext stand in Zürich eine Initiative.

2. Prophetenbücherforschung als Beispiel aktueller Bibelwissenschaft und ihr Gewinn für die Bibelaneignung

Die Zürcher Reformierte Landeskirche hat 1999 dankenswerterweise den Versuch begonnen, mit einer besonderen Veranstaltungsreihe auch auf die eben skizzierte Lage einzugehen. Sie hat einmal davon abgesehen einzuladen, wozu Theologen aus der Universität in der Kirche nur zu oft eingeladen werden,

zu dem Testlauf nämlich, aus der Forschungsarbeit unter Zu-
rückdrängen alles Genauen, Diskutierten, Umstrittenen doch
auch einmal direkt und unmittelbar Brauchbares für die pfarramtliche Praxis zu liefern.

In der Einladung der Zürcher Landeskirche, der wir diese Tagung verdanken, sollte der Spannung zwischen Forschung und
Praxis erfreulicherweise einmal länger standgehalten werden.
Es sollte einem Versuch von Brückenschlag zwischen Pfarrerschaft und Theologischer Fakultät mehr Zeit mit offenem
Ausgang bleiben. So war gewünscht, daß Universitätstheologen vor Theologen aus der pfarramtlichen Praxis von ihrer
Forschung einmal einfach nur berichten. Nicht mehr. Kennen-
lernen der wissenschaftlichen Seite war für einmal das Ziel,
ohne gleich nach Anwendbarkeit zu fragen. Nichts weiter.
»Woran sitzen Sie gerade?« – das war ohne Erfolgs-, Rele-
vanz- und Verwertungsdruck die an uns Forschende an einer
Universität gerichtete Frage. Vorführen und Vorführenlassen
war erwartet, Geduld und der lange Atem bei Vortragendem
und Hörerschaft – natürlich in der stillen Hoffnung, daß aus
der Begegnung mit Fremdem, auch historisch Fernem indirekt
und mittelbar schließlich doch Impulse bis hinein in die praktische Arbeit kommen können.

Auch die Disziplin Altes Testament war in diesem Rahmen
aufgeboten, Auskunft zu geben.

Was ist auf diesem Feld neben dem Universitätsalltag mit cur-
ricularer Lehre, lehrbezogener Forschung, Prüfungen und
Selbstverwaltung bei Ihnen zur Zeit Gegenstand ihres For-
schens, wenn es nicht unmittelbar zweckbezogen ist? Das war
die an mich gerichtete Frage. Es war selbstverständlich, was
meine Antwort als so befragter Fachvertreter sein mußte. Es
war derjenige Bereich des Alten Testaments zu nennen, der
mich auf dem Feld der Grundlagenforschung seit langem vorwiegend beschäftigt: der große Bereich »Propheten« zumal in
einem besonderen Abschnitt der altisraelitischen Geschichte,
in der Spätzeit des Alten Testaments, in der die Prophetenbücher ihre Schlußgestalt erhalten.

Die eigenständige Überlieferung von Propheten in dieser Spätzeit als frei gewähltes Arbeitsfeld – ein etwas seltsamer Forschungsgegenstand! Man darf dabei nämlich nicht übersehen,
wie man die Propheten des Alten Testaments, die ihrerseits aus
früherer Zeit stammen, in dieser Überlieferung antrifft: Nicht
in Personen, sondern in der eigenartigen prophetischen Überlieferungsgestalt auf Schriftrollen, in Büchern und in Abfolgen

von Büchern werden sie damals präsent gehalten. So sieht das Gebiet aus, auf dem ich arbeite.

Was ist an diesem Arbeitsgebiet Besonderes? Man möchte meinen, es sei doch nichts anderes als Arbeit an den Propheten so, wie man die meisten in der Bibel eben überhaupt nur noch vor sich hat – in Büchern, die unter ihrem Namen gehen, Überschrift Jesaja bis Maleachi.

Aber dem ist nicht einfach so. Die Forschung ist herkömmlich auf anderes aus. Ihr ist an diesen Propheten die Prophetenperson selbst um ein Vielfaches wichtiger als deren spätere Überlieferungsgestalt in Büchern. Begegnung mit Gottesmenschen und deren Wirken statt viel Geschriebenes unter deren Namen – das ist die Devise! So ist die besondere Blickrichtung meiner Arbeit auf Bücher und nur in diesen dann auch auf historische Personen in der derzeitigen Forschungslandschaft immer noch recht ungewohnt. Man wähnte, der Weg zu den Prophetenpersonen sei viel kürzer und führe direkter zum Ziel, als es bei der Forschung an den Büchern erscheint. Ja, diese Blickrichtung auf Prophetenüberlieferung in Gestalt von Büchern wird mancherorts sogar als störend empfunden, weil sie liebgewordene Betrachtungsweisen kreuzt, der gesuchten Begegnung mit der Wucht und originären Leistung dieser großen Prophetengestalten selbst anscheinend im Wege steht oder nutzlose Umwege fordert. Sogar vulgäre Erwartung kann dabei mitspielen, bei den Gestalten wäre man Gottespräsenz und Inspiration gar näher als bei den Büchern; doch von solchem magischen Unsinn wollen wir gar nicht erst reden.

Daß die herkömmliche Forschung bei den Prophetenbüchern solange weggesehen hat, hat durchaus seine Gründe. Die besondere Blickrichtung auf Prophetenüberlieferung der Spätzeit in Gestalt von Büchern führt ja zwangsläufig zu einer ungewohnten, besonderen, eigengewichtigen Nachfrage. Das wird ganz zu Recht so empfunden.

Solche Nachfrage setzt die Schwerpunkte bewußt anders, sie tanzt aus der Reihe und richtet sich auf anderes als die schnelle Suche nach den großen, faszinierenden Prophetengestalten des Alten Testaments, nach deren unerschrockenem Auftreten, nach deren einzigartig innovativen Einzelworten. Auch diese Kehrtwende hat ihre Gründe. Sie ergeben sich daraus, daß man sich zuerst am Vorgefundenen und nicht am Gesuchten und Gewünschten orientiert. Vorgängige Nachfrage nach den Prophetenbüchern richtet sich in Sachen Prophetie zunächst auf das Elementarste, auf das in herkömmlicher Forschung oft

verdrängte Phänomen des Gegebenen, auf Schriften eben, oder
anders gesagt, auf das Phänomen, daß solche Propheten uns
doch gar nicht direkt begegnen. Mit anderen Worten: Die
Nachfrage, wie ich sie in den Vordergrund stelle, wendet sich
dagegen, daß laufend der zweite Schritt vor dem ersten getan
und übergangen wird, daß Propheten nicht selbst, sondern
primär aus der in aller Regel späteren Sicht von Büchern entgegentreten, in mehr oder minder umfangreichen Nieder-
schriften unter ihrem Namen, nicht anders.

Unsere Nachfrage richtet sich darauf, daß man also unterscheiden muß zwischen der Eigenart, wie ein Prophet auf der
literarischen Ebene der Büchergestaltung in seinem Wirken
gesehen und profiliert wird, und der Eigenart, wie sich der
Prophet selbst als historische Person seiner Zeit in seinem
Wirken für die Anfänge der Überlieferung von ihm noch rekonstruieren läßt – auch wenn diese Frage gegen die Art der
Quellen ist, weil die Prophetenbücher natürlich noch nicht die
geschichtlich-punktuelle Fragestellung kennen, die wir in historischer Nachfrage an unverwechselbare Personen der Vergangenheit richten.

Nicht anders ist es bei den Inhalten der Prophetenbücher. Die
von uns propagierte Nachfrage richtet sich darauf, daß man
unterscheiden muß zwischen dem, wie die Prophetenperson im
Laufe der Buchüberlieferung hinsichtlich ihrer Aussageinhalte,
hinsichtlich des Zeitraums ihres Auftretens und davon unterschieden hinsichtlich der sehr viel weiter reichenden Blickweite ihrer Aussagen gesehen ist, und dem, was sich von dieser literarischen Präsentation prophetischen Wirkens zurück-
gehend historisch für Inhalt, Zeit, Standort und Blickweite der
Aussagen der namengebenden Prophetenperson noch erschließen läßt.

Propheten in Gestalt von Büchern – unsere Nachfrage läßt sich
auch über die da waltende Ansicht vom Propheten und dessen
Wirken hinaus noch näher auffächern – vor allem im Bezug
auf den Präsentationsmodus Schriftrolle, Buch, wie er hier begegnet.

Prophetie als Buch – was hat es damals mit dem Phänomen
solcher Bücher und Bücherreihen überhaupt auf sich? Ist eine
Neuauflage von Nostradamus jetzt zur Jahrtausendwende im
Grunde etwas Entsprechendes? Oder sind die Prophetenbücher
eher tote Archive zum Zweck der Dokumentation für den Fall,
daß später einmal Nachfrage und Interesse an derlei früheren
Erscheinungen besteht?

Wir dürfen für unsere Recherche nicht einfach heute Naheliegendes oder Vorkommendes unterstellen. Wir müssen ganz eng historisch am Phänomen Prophetenbücher im Sinne der damaligen Texte und Texttradenten selbst fragen: Was soll gerade in dieser Präsentationsgestalt ›Prophetie auf Schriftrollen‹ übermittelt werden? Was kommt hier zu Zeiten zum Ausdruck, die ja jünger, da und dort gar ein halbes Jahrtausend später sind als die mündlichen Worte der Prophetengestalten, von denen in diesen Büchern die Rede ist?

Ist es ein Bild, das historisches Auftreten einfach treu dokumentiert, oder ist es in langer Überlieferungszeit doch eher ein verändertes, anderes Bild von diesen Gestalten, anders oder zumindest doch mehr umfassend als diesen selbst eigen war? Worin läge aber doch auch ein Zusammenhang zwischen den Personen selbst und den in Büchern gebotenen Bildern von ihnen?

Und was ist das Ganze dieser Bücher im Verhältnis zu seinen Bestandteilen?

Bilden diese nicht selten sehr textreichen Größen lediglich Zusammengetragenes, Gesammeltes an prophetischen Einzelworten, die einmal mündlich ergangen sind, und dazu da und dort noch ein paar Prophetengeschichten, oder bilden sie doch mehr als bloße Konglomerate solchen Überlieferungsmaterials, mehr als nur literarische Geröllhalden mit Edelsteinen, die es erst zu suchen und dann geistig-geistlich schön zu fassen gilt?

Muß man das in solchen Büchern Zusammenstehende schleunigst auseinandernehmen, um zu Kern, Größe, zum eigentlich redenden Propheten und zum eigentlich redenden Gott vorzustoßen, weil alles nur gesammeltes Einzelgut ist?

Oder muß man, wenigstens zunächst, nicht doch alles zuerst einmal im Buch zusammenlassen und zu allererst das Buch und die hier vorgenommene Präsentation seines Inhalts als solches bedenken, um nichts voreilig zu zerstören? Um auch oder schon hier Büchern als solchen eine Chance als mögliche Sinnträger zu lassen und um biblische Zeugen zu allererst so zu nehmen, wie sie quellenmäßig auf uns gekommen sind, und nicht, wie man sie sucht?

Muß die Rückfrage nach den prophetischen Personen selbst nicht erst danach kommen?

Schon die nächstliegenden Aufgaben für die wissenschaftliche Nachfrage stellen sich also je nachdem, wie die Forschung optiert, unterschiedlich.

Alles bewegt sich im Rahmen der Grundfrage: Was hat in der Forschung für die Nachfrage derzeit den Vorrang: Person oder Buch?

Ich habe meine Entscheidung getroffen und denke, es gibt heute keine andere, wenn man nicht mit irgendeinem, sondern mit dem ersten Schritt beginnen will. Soll ich Auskunft zu der Frage »Woran sitzen Sie gerade?« geben, muß also von der Forschungsfrage nach den Prophetenbüchern als Büchern die Rede sein, so, wie man sie in der ältesten Textüberlieferung antrifft. Von der Forschungsfrage zuerst nach dem Gegebenen, nach dem also, was man hat.

Es ist klar, was damit erfragt wird. Vor jeder Rückerschließung von historischen prophetischen Personen und ihren prophetischen Einzelworten ist dies sachlich nämlich nichts anderes als die Frage nach der literarischen Gesamtaussage, die im Gegebenen womöglich entgegentritt. Die Frage also nach dem, was durch Präsentation von Propheten in Gestalt ganzer Bücher in späterer Zeit gegebenenfalls übermittelt werden sollte, wenn man diese Überlieferungsgrößen als ganze würdigt. Damit ist auch klar, wie die Aufgabe lautet: Es muß vor allem anderen zuerst geklärt sein, was das Buch vorführen will, das man hat. Es muß zuerst geklärt sein, ob dieses spätere Buch in späterer Überlieferung ein entsprechend späteres Bild des prophetischen Wirkens präsentiert oder nicht. Die sachliche Kontur des Gegebenen steht zur Debatte. Erst dann kann entsprechend nach dem gefragt werden, was dem Gegebenen vorausgeht. Erst dann kann also nach älteren, womöglich anderen Zügen bis hin zu denen des Propheten selbst als Person zur Zeit ihres Auftretens gefragt werden. Züge der Person des Propheten selbst – es muß klar sein, daß man sie direkt jedenfalls nicht mehr hat und der Zugang dazu schwieriger ist als man denkt. Mangels neuzeitlich-historischen Sinns will uns kein alttestamentliches Prophetenbuch diesen Wunsch historischer Klärung unmittelbar erfüllen, auch wenn wir Heutigen diese Frage hinter die Bücher zurück zur Person stellen müssen.

Wir sind in unseren Untersuchungen über viele Jahre im Verein mit gleichgesinnten Forschern zu dem Ergebnis gekommen, daß die Frage nach den Prophetenbüchern vor der Frage nach den historischen Prophetenpersonen keine lediglich theoretische, müßige ist, die nichts erbringt. Die ungewohnte Frage, nachhaltig verfolgt, führt vielmehr zu dem Ergebnis, daß sich für Herstellung und Sinngebung literarischer Buchgestal-

In Philosophie: =
= Gleichzeitigkeit

tung noch und noch Indizien und Hinweise auf einschlägige, eigenständige, positive Befunde beobachten lassen. Prophetenbücher, daran kann kein Zweifel sein, sind überlegt gemacht und angelegt. Prophetenbücher wollen im Ablauf ihrer Aussagen als ganze gelesen sein. Selektives Lesen der Prophetenbücher etwa zum Zwecke einer Testimoniensammlung gibt es in der Antike auch, wie schon Qumran und das Neue Testament zeigen. Aber es scheint, als gehörte solches Lesen erst in den sekundären Gebrauch der Bücher. Die Gestaltung der Bücher selbst ist noch auf Ganzheit angelegt, wie Indizien in den Büchern selbst und nicht zuletzt mit der großen Jesajarolle aus Höhle 1 auch der Qumranbefund zeigen. All das deutet, vorsichtig gesagt, jedenfalls in die Richtung, daß die literarische Buchgestaltung eine eigens sachlich gesteuerte Präsentation des Prophetenwirkens übermitteln will. Schon das inhaltlich orientierte Arrangement des Textguts in den Büchern bzw. die fortgehende, produktive Weiterüberlieferung im Buchwerden sprechen dafür, daß diese Bücher auf jeden Fall mehr als lose Textsammlungen oder gar lediglich abgelegtes Archivgut sein wollen.

Ist das so oder gibt es zumindest schon unübersehbare Anhaltspunkte dafür, daß das so ist, dann muß man in der Forschung jetzt mit geweitetem Blick anders arbeiten als bisher. Man muß mit Prophetie im Alten Testament viel mehr verbinden als einzigartige Personen à la Amos, Jesaja, Jeremia mit einzigartigen einzelnen Aussprüchen. Man muß auf die Eigenart der Inhalte und die Eigenart der Präsentation dieser Inhalte in den Büchern im ganzen schauen. Man muß mit dieser Blickrichtung näher erkunden, ob mit solchen Büchern und Bücherfolgen ein sachlich Ganzes, also nicht weniger als Gesamtbotschaften im Dienste prophetischer Kundgabe Gottes, gestaltet und übermittelt werden. Wie auch immer – der Forschungsgegenstand Prophetie des Alten Testaments erscheint in diesem Rahmen in neuem Licht, und die Nachfrage ist auch auf den sachlichen Gehalt gesehen anscheinend alles andere als beiläufig, weil sie Überlieferungsgrundlage und Dimensionen dieses Gehalts anders und auf jeden Fall weiträumiger sehen läßt.

Betrachten wir diese Veränderung in der Blickweite näher!

Die herkömmliche Forschung zu den prophetischen Personen selbst hat sich vor allem Textgrößen *innerhalb* der Bücher zugewandt. Es sind Textgrößen, die sich formgeschichtlich, wie es scheint, als ältere und nicht nur buchstilisiert so präsentierte prophetische Einzelworte darstellen. Solche vorgeblich oder faktisch ältesten Einzelworte haben einen begrenzten Blickwinkel: Sie richten sich an Menschen, Menschengruppen oder der Gestaltung nach sogar auf das Volksganze in einer Einzelsituation zu Lebzeiten der prophetischen Person mit Rückgriffen in das Vorhergehende und mit offenen Ausgriffen in das Bevorstehende.

Demgegenüber nimmt der Forschungsgegenstand Prophetie in Buchweite gesehen auf einmal ganz andere Ausmaße an, und zwar in der Textmasse und in der geschichtlich-konkreten Blickweite gleichermaßen. In solch veränderter Sicht auf das Ganze von Prophetenbüchern und Prophetenbücherfolgen dehnt sich nachgerade alles und muß im Sinne so gestalteter Bücher selbst auch in solcher Weite ernstgenommen werden, wenn man bei dem bleiben will, was man hat.

Propheten im Rahmen der Ganzheit von Büchern erscheinen dann als Gestalten, die viel mehr sehen – mehr als in der Regel aus den Büchern isolierte Sprecher der Einzellogien in Einzelauftritten und sogar mehr als Sprecher einer Summierung solcher Logien. Propheten zusammen mit der Ganzheit von Büchern, die ihren Namen tragen, schauen im Rahmen eines Buchganzen über lange Zeiten mit wechselnden Qualitäten, sie nehmen Gottesvolk und Völker im Ergehen langer Zeiterstreckung in Blick und übermitteln insgesamt ein Gotteshandeln, das sich zeitlich wie räumlich sehr umfassend, aber in der Sinnkonstitution sachlich durchaus wechselvoll darstellt.

Zu dem in Forschung und Praxis meist weitergereichten Bild, in dem Prophetenwirken Gott mit Einzelsituationen der Mahnung, der Schuldaufdeckung, der Unheilsansage, des Umkehraufrufs, der Heilsaussichten verbindet, tritt aus den Büchern übergreifend nun die Präsentation der umfassenden Ausdehnung eines in weltgeschichtlicher und volksgeschichtlicher Reichweite dimensionierten Langzeithandelns Gottes in Israel und bei den Völkern. Es ist dabei aller – ungewohnten – Nachfrage wert, die Ausdehnung der Reichweite solcher Wahrnehmung näher zu fassen, die sachliche Selektion der Vorgänge in diesem Rahmen, die Wertungen, Zusammenhänge und Konsequenzen, die da aufgedeckt werden. Dann zeigt sich: Es sind lebensganzheitlich erfaßte, politisch-lebensqualitativ gesehene Langzeitgrößen – das Gottesvolk im Rahmen der Völker eben –, die so in den Prophetenbüchern von dem externen Sinnzentrum aus gesehen werden, das sie zu Ereignis und Ziel bringt.

Man darf als Entsprechung und Veranschaulichung insoweit durchaus die Blicksteuerung auf langzeitige politische Lebensperspektiven nennen, wie sie heute unter dem Maßstab von Menschenrechten und Lebenswohlfahrt aller für Staaten, Völker Analysen und Prognosen der politisch-geschichtlichen Wahrnehmung bestimmt. Wir kommen in These 5 des zweiten Teils auf die Frage der Sicht in den Prophetenbüchern noch näher zu sprechen.

An dieser Stelle sei nur soviel schon betont: Es ist klar, daß man diese Sicht als Exeget noch nicht erreicht, wenn man Prophetentexte mit der Zeitgeschichte nur von sogenannten Fakten korreliert, die Historiker in der Disziplin »Geschichte Israels« rekonstruieren. Man erreicht diese Sicht erst, wenn man mehr als nur das tatsächlich nachweisbar Eingetretene in Blick nimmt. Die Propheten der Bücher sehen und formulieren in dem Bereich ihrer eigenen Welt, sie verifizieren nicht Fakten, sondern nehmen wahr aus Betroffenheit und lebensganzheitlicher Erfahrung. Sie sehen mit einer Leserschaft, die erfahrungsgeprägt lebt und liest, und nehmen deshalb Geschehnisse einschließlich der erst befürchteten und erhofften auf. Und sie nehmen Geschehen in solcher Erfahrungsbreite einschließlich des Potentiellen im Lichte anleitender Sinntraditionen lebensganzheitlich und lebensbetroffen auf und sehen es im Blick auf das sinnhafte, insofern »metahistorische« Geschehen, das dabei hintergründig und bestimmend vor sich geht.

Zu solcher Wahrnehmung und Erfahrung gehört auch Erinnerung. Auch sie ist keine Faktensammlung, sondern lebensorientiert, traditionsangeleitet und in Geben und Nehmen zur Erhellung des Gegenwärtigen wichtig. Sie bringt die Aufnahme ausgedehnter Zeiterfahrung in die Blickweite der Prophetenbücher und deren Leserschaft und mit ihrer Langzeitausrichtung auch die Wahrnehmung von Motivations- und Handlungswandlungen in der prophetischen Gottessicht.

Ein erstes grobes Fazit und ein erstes Eingeständnis von Folgen aus diesem Fazit läßt sich jetzt schon formulieren.

Wie immer die Ergebnisse im einzelnen aussehen, die sie erbringt, ich denke, schon diese ersten Bemerkungen deuten an, daß sich die Kehrtwende, von der wir sprechen, nicht nur historisch aufnötigt, sondern auch sachlich lohnt.

Prophetenbücher, wie wir sie haben, vor Propheten, wie sie einmal als Personen gewirkt haben, deren Eigenart hinter den Büchern erst erschlossen werden muß, und entsprechend Prophetenzüge in Büchern, wie sie dort präsentiert werden, vor authentisch-ursprünglichen Zügen von Prophetengestalten selbst, deren Eigenart wieder erst rekonstruiert werden muß –

wir meinen, es sei an der Zeit, sich dem nun vorrangig zuzuwenden und in alten Texten Entdeckungen zu machen, die bisher schlummern.

Dabei ist jetzt Vorentscheidungen der Abschied zu geben, die
in Propheten dies und das und vor allem religiöse Genies oder
nachahmenswerte Gotteskünder in großen Einzelworten und
Einzelhandlungen sahen. Als ob es der Aspekt vor allem wäre,
der rasch und vorrangig unter der Devise ›vom Prophetenwort
– und dann vielleicht auch noch – zum Prophetenbuch‹ untersucht werden müßte.

Wir meinen, es sei an der Zeit, sich vor jeder Suche in diese
Richtung entschieden und konsequent zunächst allein an das
zu halten, was wir quellenmäßig auch wirklich vor uns haben:
statt Propheten eben Prophetenbücher, die mehr oder minder
gestaltet so aussehen, als wollten sie ein Ganzes, ein buchfül-
lendes Bild vom Wirken des Propheten zum Zwecke weiträumiger Gottesbotschaft übermitteln.

Auch das ist selbstverständlich die Frage nach historischen
Größen, die mit historischen Mitteln geklärt werden muß.
Denn die Zeit ist ziemlich klar, aus der wir diese Bücher
nachweisbar haben: Extern durch das Sirachbuch und intern
durch Indizien in den Prophetenbüchern selbst werden sie um
200 v.Chr. für uns erstmals greifbar, durch Texte vom Toten
Meer sogar als Handschriften, die sich als solche datieren lassen – in die Spätzeit alttestamentlicher Überlieferung. Prophetenbücher aus spätisraelitischer Zeit – das haben wir, nichts
anderes. Damit stehen wir zunächst vor nichts anderem als vor
der Frage, was es mit dieser Größe auf sich hat und was an ihrer Gestaltung dieser Präsentation prophetischer Überlieferung
dienen will.

Ist das so, dann ist auch klar, was zur Charakterisierung und
Einordnung dessen als Vergleichsgut vorrangig zur Verfügung
steht: Inhalte und Züge des Prophetenbildes, wie sie in der
Spätzeit Israels in den Quellen auch sonst auftreten, sind die
wichtigsten Vergleichsgrößen für die Übermittlung von Propheten in Büchern, wie wir sie haben; ihnen gebührt der Vorrang vor jeder anderen Forschungsoption des Prophetischen,
die sich aus der Buchpräsentation im Rückschluß allererst bewähren muß.

Aber – wir wollen keinem Rigorismus das Wort reden. Natürlich drängt sich auf dem Boden dieser neuen Fragestellung –
aber nur und erst auf ihm! – auch die Rückfrage nach Älterem
in den Büchern, nach literarischen Vorstufen der Bücher und

nach literarischen Vorgaben in den Büchern und in alledem ein Rückweg zu den Prophetengestalten selbst auf. Jedes Ausweichen vor den deutlichen Indizien in diese Richtung wäre wissenschaftlich seinerseits ein einseitiger Gegenschlag der Forschung.

In der Rückfrage nach Älterem in den Büchern ist es also zunächst die Frage nach schriftlichen Vorstufen der Prophetenbücher und deren Gestaltung und Absicht. Gibt es solche Vorstufen, dann zeigen sie, daß die vorliegende Buchgestalt keine ursprüngliche, sondern eine erst mit der Zeit aus Älterem herangewachsene, höhere Sacheinheit ist.

Und zuletzt ist es natürlich die Rückfrage nun wirklich nach den Prophetengestalten als eigenen historischen Größen und was man von ihnen in neuzeitlich-wissenschaftlicher Nachfrage noch wissen kann[3].

Niemand nimmt dieser Kernfrage nach Anstoß und Ausgangspunkt der Buchüberlieferung ihren Rang und ihre Bedeutung. Aber sie ist in der Prophetenforschung nicht mehr die einzig wesentliche, theologisch auch beileibe nicht mehr die einzig wichtige und nach Lage der Dinge jedenfalls für die nächste Zeit auch nicht die primäre Frage. Erst auf dem vorab geklärten Boden der gesamten Überlieferungslage kann es schließlich auch wieder die unstrittig notwendigen Rekonstruktionen der Prophetengestalten selbst und die Rekonstruktionsvergleiche zwischen diesen Prophetengestalten geben.

---

3 S. zu dieser Frage nach dem mündlichen Wirken der Propheten hinter den Büchern in dieser Ortung schon O.H. Steck, Die Prophetenbücher und ihr theologisches Zeugnis. Wege der Nachfrage und Fährten zur Antwort, 1996, 120–123, und jüngst J. Jeremias, Prophetenwort und Prophetenbuch. Zur Rekonstruktion mündlicher Verkündigung der Propheten, in: Prophetie und Charisma, JBTh 14, 1999, 19–35. Zu dem auch in unserer Sicht ganz ungeschmälerten Gewicht der Prophetengestalten selbst, ohne die prophetische Überlieferung nie zustandegekommen wäre, und dessen theologischen Elementen s. jüngst wieder W.H. Schmidt, Prophetie als Selbst-Kritik des Glaubens, in: JBTh 14, 1999, 3–18; ders., Ensichten und Aufgaben alttestamentlicher Theologie und Hermeneutik, VuF 43, 1998, 60–75, besonders 66–72. Wie schwierig diese Rückfrage und damit die Frage nach dem Wirken des Propheten selbst ist, hebt trotz eigener, mit großem Zutrauen für Jesaja selbst vorgenommener Rekonstruktionen jetzt auch die Arbeit von J. Barthel, Prophetenwort und Geschichte. Die Jesajaüberlieferung in Jes 6–8 und 28–31, FAT 19, 1997, hervor; auch U. Becker betont es zurecht immer wieder in seinem Forschungsbericht Jesajaforschung (Jes 1–39), ThR 64, 1999, 1–37.117–152.

Prophetenforschung, die solcher vorrangigen Vergewisserung am Gegebenen ausweicht, Prophetenforschung, die frei gewählte Textverknüpfungen in den Büchern ohne Rückversicherung an der Gestaltung literarischer Ganzheiten schon für redaktionsgeschichtliche Nachweise hält, Prophetenforschung, die gründliche Kenntnisse von Literaturwerdung und Theologie in der alttestamentlichen Spätzeit dieser Bücher unterläßt, entwertet sich aus heutiger Sicht selbst. Sie übergeht die Überlieferungslage und steht in Gefahr, eigenen Vorausfestlegungen einer Größe zu folgen, die man noch nicht kennt. Untersuchungen, die ihre Literarkritik wie eh und je in den Büchern oder Buchteilen betreiben und da Textgut gemäß höherer Einsicht, Geschmack und Dafürhalten des modernen Exegeten neu trennen oder verbinden, bleiben ohne methodeninterdependente Rückprüfung an form- und traditionsgeschichtlichen Erkundungen und ohne Rückprüfungen am Ganzen des literarisch Gegebenen und seinem Werden ohne Halt.

Wir sagen das in Richtung allerneuester Bemühungen der Prophetenforschung, die vorführen, wie die neue, neugefaßte redaktionsgeschichtliche Fragestellung einfach der immer noch altvertrauten Exegetenherrlichkeit besserwisserischer Literarkritik einverleibt wird.

Die vorrangige Frage ganz einfach an das Gegebene, was es mit diesen Prophetenbüchern als Büchern auf sich hat, und die prüfenswerte Überlegung, es könnte eine prägende Gestaltungsabsicht geben, in den Buchgestalten prophetischer Überlieferungen umgreifende Gesamtbotschaften weiterzugeben, stellt historischer Prophetenforschung heute ganz neue, so noch nicht dagewesene Aufgaben.

Die Lösungen dafür liegen noch nicht vor; sie müssen in der nächsten Zeit erst gesucht und gefunden werden. Wir sagten schon: Es gibt Anhaltspunkte genug, daß solche Bemühungen nicht von haltlosen Vermutungen ausgehen und einfach ins Leere laufen. Sie scheinen vielmehr auf theologische Perspektiven buchprophetischer Gesamtzeugnisse von großem literarischen und geschichtlichen Weitblick zu führen[4], die so präsentiert werden sollen. Doch davon später.

Was wir hier verfolgen, sind nicht nur Binnenziele alttestamentlicher Wissenschaft. Die neue Fragestellung gibt auch veränderte Perspektiven an theologische Arbeit überhaupt ab.

---

4 S. dazu die Angaben unten Teil IV bei These 3.

Diese Gestaltungsabsicht
X) Theologie.

Daß prophetische Gotteskundgaben des Alten Testaments in Büchern derartige Überlieferungsbewegungen, derartig umfassende geschichtliche Reichweite, derartige zeitliche und räumliche Dimensionen und in alledem soviel integrierte Zeitlichkeit ihr eigen nennen und als Ausdruck des biblischen Gottes fassen, das wäre es doch, was ausgehend vom Gegebenen nun näher zu untersuchen und bei positivem Ergebnis als Eigenart der Gotteswahrnehmung in Prophetenschriften fortan in eine schriftgestützte Theologie aufzunehmen, hier festzuhalten und weiter zu bedenken ist.

Den theologischen Gewinn einer solchen Nachforschung womöglich weit über die Disziplin Altes Testament hinaus haben wir schon angedeutet: Aus solchem Buchbefund ergäbe sich die Begegnung mit einem eigen dimensionierten Gotteshandeln, das – unbeschadet seiner umfassenden Erschließung allererst durch Christus – auch noch nachher in seiner Lebendigkeit und Eigenart durch die Zeiten weitergeht und im Wandel und Wechsel der Erfahrungs- und Wissenswelten immer wieder allererst konkret aufgespürt werden will. Es wäre die Begegnung mit einer Gottessicht von umfassenden Ausmaß. Es wäre eine Gottessicht, der es nicht entspräche, Zeitenwandel in die Grenzen antiker biblischer oder langüberlieferter dogmatischer Formulierungen zu zwingen. Ihr entspräche vielmehr, zeitbewegliche Lebenskonkretion des biblischen, wenn auch nicht einfach des biblisch formulierten Gottes an Veränderungen in Erfahrungen, Widerfahrnissen, Lebens- und Wissenskonstellationen in Folgezeiten in Gott gemäßer, alles umfassenden Weite fortwährend zu entdecken. Der aktive Vorstoß des lebendigen biblischen Gottes in sich ändernde, weite Lebenswelten – das wäre es, was die Prophetenbücher zeigen und als Perspektive durch die Zeiten eröffnen!

Gerade die Einsicht in eine so geweitete Gottessicht aus prophetischer Überlieferung könnte als solche im Wandel der Folgezeiten bis hinein in eine zeitnahe Gottessicht unserer erst recht weiträumigen, komplexen Erfahrungswelt von Bedeutung sein, wird doch heute christliche Orientierung für nicht weniger als eine global gesehene und langzeitig überblickbare Welt erwartet.

Auch dazu gehört heutzutage ein Abschied oder doch eine deutliche Verlagerung der Gewichte. Allzu lange hatte sich im Bereich evangelischer Bibelrezeption alles auf den Einzelmenschen und sein Gottesverhältnis der Nachfolge, Bekehrung usw. fokussiert. Die existential wuchtige Dominanz neutesta-

mentlicher Sehweisen von Nachfolgesituationen einzelner und
der Gemeinde hat auf Optionen, was die alttestamentlichen
Propheten als Vorläufer dessen seien und was als der Kern ihres Wirkens zu fassen sei, rückgewirkt. Solcher Art Rückwir-
kung verschmälert aber den Blick auf die prophetische Überlieferung, wie sie sich selbst präsentiert, verstellt die anscheinend viel weiteren und nachneutestamentlich doch keineswegs
überlebten Dimensionen des Gotteswirkens aus prophetischer
Überlieferung und trägt letztlich zu einer Verengung biblischer
Gottesbotschaft in der Praxis bei, weil statt der Weite des
Gotteswirkens die Schau auf Ich und Augenblick die Sicht be-
herrscht. Die Prophetenbücher in ihrem Eigengewicht in der
Heiligen Schrift könnten fordern, solche Verkürzungen der
biblischen Gesamtgrundlage und des in ihr bezeugten Gottes
zu korrigieren. Diese Bücher mit ihrem Blick für den Wechsel
politisch-sozialer Lebenskonstellationen, mit ihrem Blick
überhaupt für das sinnhaft Besondere je einer Zeit, für das
immer wieder als singulär Begegnende für sich, aber auch in
Zusammenhang und Grund gesehen, mit ihrem etwa in den
Gerichtsansagen lebenskonkreten und sprachgewaltigen Blick
für Ängste, Erfahrungsverläufe, für Geduld, Aussicht und in
alledem mit dem alles leitenden Blick für den, der bezüglich
Menschen und deren Tun handelt und doch alles bewirkt.

Alttestamentliche Prophetenbücher womöglich gestaltet und
weitergegeben, damit solch weitgespanntes Wissen von Gott
übermittelt und Kunde von weiträumigem Gotteswirken weitergegeben wird – dem wollen wir nachgehen. Da ist der Sache
nach das Thema, das wir in aller Vorläufigkeit der eigenen
Grenzen und des gegenwärtigen Forschungsstandes hier nä-
herbringen wollen.

Es ist ein Versuch, Einblick in ›wissenschaftliche Arbeit in
Bewegung‹ zu geben, nicht mehr und nicht weniger[5]. Es
könnte sein, daß dieser Einblick Folgen weit über die alttestamentliche Forschung hinaus hat, weil er eine biblische Sicht
Gottes zeigt, die allzu lange im Hintergrund blieb. Es könnte
also sein, daß dieser Einblick Folgen auch für die Theologie
überhaupt hat, wie sie uns aufgegeben ist, und damit Folgen
für die Bereiche Kirche und Öffentlichkeit, in denen wir zu
wirken haben.

---

5   Auf der Tagung selbst hat der Versuch zu einer lebhaften Diskussion
geführt, die hier nicht wiedergegeben werden kann.

II. Prophetenbücherforschung als Vorgang wissenschaftlich-theologischer Arbeit

»Woran sitzen Sie gerade?« Wir haben im vorangehenden Teil eine erste Antwort gegeben.
In diesem zweiten Teil soll nun auch der dazugehörige Forschungsvorgang selbst etwas näher beschrieben werden, und zwar im Sinne der gewünschten Selbstvorstellung in zweifacher Hinsicht: (1) Wie läuft dieser Vorgang konkret ab? Er unterscheidet sich durch seinen Gegenstand ja beträchtlich von der Untersuchung herausgelöster prophetischer Einzelperikopen. Und (2) was ist das movens dieses Forschungsvorgangs, was treibt also eigentlich dazu, gerade diesen Bereich alttestamentlicher Grundlagenforschung zu wählen?

1. Der Ablauf des Arbeitsvorgangs

Als erstes soll im Sinne offener Tür einmal ein Einblick in den *Ablauf* des Arbeitsvorgangs gegeben werden.
Prophetenbücherforschung – wie das vor sich geht, ist an sich einfach zu sagen: Allem voran muß man den eher ungewohnten Versuch wagen, den üblichen Arbeitsradius begrenzter Einzeluntersuchungen an ausgewählten Einzeltextobjekten aus der Prophetenüberlieferung einmal sehr weit zu überschreiten. Jetzt heißt es an sehr großen Textabfolgen im Alten Testament im ganzen und zusammengesehen zu arbeiten: also vom Gegebenen ausgehend und dann zur Rekonstruktion älterer Textfolgen zurückschreitend an ganzen Prophetenbüchern, ja womöglich an sogar gleichfalls noch sinntragenden Prophetenbücherfolgen in der Textweite von Jesaja bis Maleachi oder gar von Josua an, und an allem, was dem u.U. zeitlich vorangeht. Die in Zürich entstandenen Dissertationen von J.D. Nogalski und noch mehr von E. Bosshard-Nepustil, auf die wir unten in IV These 3 näher zu sprechen kommen, geben eine Anschauung davon, was das heißt. Man sollte bei allem, was man vorbringen kann, diese Arbeitsweite nicht vorschnell kritisieren. Natürlich läßt sich auf begrenzteren Forschungsfeldern abgesicherter arbeiten, aber dann kommen Phänomene, Auffälligkeiten, bedenkenswerte Beobachtungen aus weitem literarischen Rahmen eben gar nicht erst in Blick. Konkret bedeutet solch weiter Arbeitsradius, wie er zur Prophetenbücherfor-

schung gehört: Über viele Jahre hin über das im Fach Gängige
weit hinaus Umgang mit besonders umfangreichen und in der
Formulierung sehr komplexen Textfeldern und gleichzeitig
Nachfrage nach langen geschichtlichen und theologiegeschichtlichen Zeiträumen im Alten Israel, die für die Entstehung dieser prophetischen Textfelder prinzipiell mit Recht in
der Forschung in Betracht gezogen werden.

Mit diesem Forschungsgegenstand muß sich im Arbeitsvorgang auch die historische Imagination ändern. Als in alttestamentlicher Forschung eher noch neuartige Aufgabe kommt
nämlich jetzt das Bemühen um intensives, imaginatives,
selbstkritisches Hineinversetzen in historische Anschaulichkeit, also in den Vorgang hinzu, wie zu alttestamentlicher Zeit
solche großen Textfolgen gelesen, behalten, angeeignet, wei-
tergeschrieben worden sein könnten.

Woran kann sich solche Imagination halten? An Schriftrollen
zu Bibeltexten und Verwandtem aus dem einschlägigen Kul-
turraum, an Belege für den Gebrauch derselben, an Nachrich-
ten zum Lesevorgang solcher Vorgaben ganzer Bücher zu der
Zeit. Aber ebenso sind dafür eindeutige Lesesignale in der
Textfolge selbst wichtig, die zeigen, wie sachlich und wie
weiträumig gelesen werden soll, und nicht minder frühe externe Rezeptionen der Texte, die erkennen lassen, wie damals
gelesen und Textgut sachlich und womöglich sogar in seinem
größeren Ablauf aufgenommen wurde. Insbesondere Rückschlüsse aus den Handschriften vom Toten Meer, wie sie
durch die zunehmend vollständiger werdenden Editionen
möglich sind, spielen dafür jetzt ein wichtige Rolle[6].

Will man es sich näher vorstellen, heißt all das schon für den
ersten Zutritt im Arbeitsvorgang an ganzen Prophetenbüchern[7]: Auch in so umfangreichen Textbereichen muß man

---

6 S. zu den Rahmenbedingungen solcher Lesevorgänge jetzt K.
Schmid, Buchgestalten des Jeremiabuches. Untersuchungen zur Redakti-
ons- und Rezeptionsgeschichte von Jer 30–33 im Kontext des Buches,
WMANT 72, 1996, besonders 35–43. Nicht zuletzt auch external evi-
dence in Gestalt verschiedener Buchfassungen in der ältesterreichbaren
Textüberlieferung deutet daraufhin, daß noch bei der Textüberlieferung
genaueste Kenntnis des Gesamtprophetenbuches in seinem Wortlaut vorliegen kann.

7 S. dazu nach Eindrücken aus einer Rezeption der Gleichzeitigkeit des
Ungleichzeitigen (§ 1 B II 1) dann in historischer Rückfrage vor aller
Einzeluntersuchung die imaginativen Arbeitsgänge (§ 1 B II 2) und dann
erst die methodengeleiteten (§§ 3–10) gemäß den Ausführungen in O.H.

immer wieder vor allem anderen zuerst die alten Texte, wie sie sind und aufeinander folgen, auf sich wirken lassen und in ihrem ursprünglichen zeitlichen Rahmen sehen – mit Muße, nachhaltig, mit historischem Sinn, mit historischer Imagination und Offenheit für Begegnungen, Entdeckungen im Fremden. Mit anderen Worten: Der Wille zur Wahrnehmung von geschichtlich Eigenständigem ist hier erforderlich, ohne sogleich Vorstellungen und Anfragen von außen oder gar von später einzuführen und den alten Aussagen aufzunötigen. Dieser Rahmen ist es, in dem nach dem ersten Zutritt dann auch die anschließenden, präzisen, forschungsgeleiteten Arbeitsvorgänge stehen. Sie haben im Falle der Prophetenbücher eigene Dimensionen und wegen der Eigenart dieser Texte auch besondere historische Probleme; die methodischen Arbeitsvorgänge selbst sind jedoch dieselben wie bei jeder anderen historischen Arbeit an Texten der Vergangenheit.

Bei diesen nun anstehenden Arbeitsvorgängen halten wir uns an unsere eigene Methodenlehre und beginnen dementsprechend nicht mit einzelnen Teilfragen dieser Methodik, sondern mit Beobachtungen zum Ganzen.

Gemeint ist dabei zunächst ein historisch auf die Eigenart des Gegenstandes gerichtetes Beobachten, das sich dem untersuchten Ganzen vor der Aufteilung in einzelne methodische Arbeitsgänge und vor deren Auswertung in einer historischen Interpretation des Ganzen elementar zuwendet. Solches historische Beobachten fängt natürlich nicht beim Nullpunkt an, sondern hat sich an klassischer, bewährt gegenstandsangemessener exegetischer Methodik geschult. Und es hat heute natürlich nicht minder auch aktuelle, sprachwissenschaftliche und kulturtheoretische Einsichten und die Frage nach deren kritischer Transformation für den historischen Rahmen früherer Gegenstände in die Nachfrage einbezogen.

Das historisch ausgerichtete Beobachten zum Ganzen geschieht in solcher Schulung mit Offenheit für Neues und Fremdes. Es ist in solcher Schulung auf Bemerken, Fragen, Suchen und Finden zu einem alten Textbestand ausgerichtet. Es geht schweifend vor sich, im Spiel wissenschaftlicher Phantasie, die im historischen Rahmen (!) allerdings noch mit vielem Möglichen, auch Ungewohntem rechnen kann. Natürlich ist damit kein zügelloses Phantasieren gemeint, was jedes

Steck, Exegese des Alten Testaments. Leitfaden der Methodik. Ein Arbeitsbuch für Proseminare, Seminare und Vorlesungen, [14]1999.

gegenstandsbezogene Beobachten entwerten würde. Solche
Arbeit historischer Phantasie erfolgt nicht nur hinsichtlich der
nach und nach in die Beobachtungen aufgenommenen Teilfragen exegetisch-historischer Methodik, sondern auch hinsichtlich bereits vorliegenden historischen Wissens selbstverständlich nicht ohne Grenzen und Halt. Solche Arbeit historischer
Phantasie bewegt sich im Rahmen von Vorgaben heutzutage
gesicherter oder doch naheliegender Nachweise. Im Fall unserer Arbeitsthematik wissen wir doch ungefähr, in welchem
zeitlichen und kulturellen Rahmen dieser untersuchte Textbestand aus der Prophetenüberlieferung bis hin zu der uns überkommenen Überlieferungsgestalt etwa entstanden ist; der pro-
bierende, vieles erwägende Vorgang historischer Imaginatio-
nen bewegt sich in solchen zwar nicht exakt gesicherten, aber
doch verläßlichen Grenzen.

Also: Historische Anschauung, Forschung als Bewegung vollzieht sich in solchem geschulten, aber doch entdeckungsoffe-
nen Beobachtungsprozeß, mit dem der Arbeitsvorgang am
Textgut selbst beginnt. Und nachfolgend einzelne Untersu-
chungsschritte sind es, an denen sich dieser Arbeitsvorgang
weiter bereichert und überprüft. Vermeintliches oder wirkli-
ches Erkennen, immer wieder prüfende Rückkehr zu genauem
Lesen des jeweiligen Textguts im vorgegebenen literarischen
Rahmen engeren oder weiten Kontextes und im etwa eingrenz-
baren geschichtlichen Entstehungsrahmen – das ist es, was in
alledem abläuft.

Aus dem Spiel mit verschiedenen historischen Möglichkeiten,
das Beobachtungen am Text auswertet, und aus nachfolgenden
Klärungen Teilfragen exegetisch-historischer Methodik, die
die Interdependenz der Fragestellungen wahren, entsteht so
schließlich eine begründete Arbeitshypothese zu Sinn und Entstehung des untersuchten Textguts.

Doch damit nicht genug. Das in der Flut heutiger Forschungs-
produktion Aufwendigste kommt noch. Dieses erste, vorläufige Bild wird nämlich nun anschließend der bereits von anderen
geleisteten Arbeit ausgesetzt. In zeitaufwendigem Bemühen
werden zusätzlich bereits vorliegende Forschungen, nicht zuletzt die immer noch eindrucksvoll an der Größe der gegebenen biblischen Bücher als solchen orientierten des 19. Jhdt.s,
und deren Sicht der Dinge gründlich herangezogen, gesichtet,
ausgewertet, korrigiert oder aufgenommen. Gesichtete Beobachtungen nähern sich damit geklärten exegetischen Beobachtungen.

Dann endlich folgt das exegetische Entscheiden und Nachzeichnen des Textbefundes nach bestem historischen Wissen und Gewissen. Es ist der selbstkritisch-kritische Vorgang, im Bewerten und Eingrenzen der Möglichkeiten, die aus eigenen Beobachtungen und der Forschungsgeschichte offeriert werden, diejenige Rekonstruktion der historischen Größe in ihrem ursprünglichen Aussagesinn festzulegen, die dem Textgut nach heutigem historischen Urteil am ehesten gemäß ist.

Man kann den Arbeitsvorgang auch der Forschung an den Prophetenbüchern des Alten Testaments also so in Arbeitsakte zusammenfassen: lesen, vorstellen, lernen, prüfen, verwerfen, weiterverfolgen, aus allem Bemerkten, wenn es gut geht, versuchsweise nach bestem Wissen und Gewissen ein Ganzes schaffen, das Bezeichnendes der Eigenart des Untersuchten einfängt, dann schließlich, endlich schreiben, etwa eine Seite pro Tag, soviel braucht's, Aufsätze, ganze Bücher, Forschungsarbeit eben.

Was ist in alledem das Ziel? Das Ziel solcher historischen Arbeit ist hier nicht mehr das alte, hochgemute, auch im Falle der alttestamentlichen Prophetenbücher einfach herauszufinden, wie es war; das wäre allzu naiv. Dem stehen heute ja deutlich bewußte Grenzen des Wissens, der Zeitdifferenz, der Optik späterer Fragestellungen entgegen. Nein, die Absicht ist bescheidener und doch nach wie vor auf den Gegenstand und auf nichts anderes als ihn gerichtet: In Rekonstruktionsarbeit auf dem begrenzten Grund dessen, was uns überkommen ist, soll erfaßt werden, was das Untersuchte in seiner Eigenart war, aber mit der sich selbst offen begrenzenden Maßgabe: soweit wir es heute erkennen können.

Die Möglichkeit historischer Erkenntnis wird in solcher Einschränkung und Selbstbescheidung heutiger Forschung trotz aller Unkenrufe also gleichwohl nicht geringgeachtet. In solcher Zielbestimmung wird nämlich nicht geargwöhnt, daß das Gesuchte, und sei es das übermittelte Gotteswissen der Prophetenbücher, einfach immer nur nach unserem Bild erscheint und damit als vom Nachfragenden unterschiedener Gegenstand selbst unerreichbar bleibt. Auch das wäre allzu naiv. In solcher Maßgabe ist vielmehr vorausgesetzt, daß uns das historisch Gesuchte immer noch durchaus gegenübertreten kann in seiner Eigenart, soweit eben, als wir es heute erkennen können.

Historische Rekonstruktionsarbeit, die nicht einfach nur vom Heute gesteuert ist, sondern die eigenen gegenwärtigen Fragen

und Interessen bewußt und zugleich unter Kontrolle hält und
eingrenzt, kann dieses Ziel durchaus erreichen. Und zwar auch
dann, wenn heute durchaus bewußt ist, daß von der Sicht der
Späteren beeinflußt wird, welche wesentlichen Fragestellungen und Aspekte am Früheren, von uns Unterschiedenen jeweils besonders in den Vordergrund treten. Historische Rekonstruktionsarbeit, die sich dem Anderen und Fremden in
seiner vom Heute unterschiedenen Eigenart zuwendet, soweit
es rekonstruiert werden kann, und sich als Teil heutigen Verstehens von Fremdem erfassen läßt, kann also durchaus gegen-
stands-, heißt sachgemäß arbeiten.
Solche Arbeit kann nach wie vor erfolgreich sein, zur Begegnung der Späteren mit Eigenart und Bezeichnendem des Früheren führen und uns mit anderem Wissen, als wir es schon
haben, bereichern. So erfragt, gesucht und bestimmt tritt uns
Heutigen das Fremde eben nicht als Wiederfinden des Eigenen
im Anderen, es tritt uns Fremdes als Zugewinn gegenüber. Es
ist ja Fremdes, das sich der gegenwärtigen Erfahrungs-, Wis-
sens- und Erwartungswelt gerade nicht selbstverständlich ein-
fügt. Im Gegenteil: Fremdes, anderes öffnet unseren Blick auf
die Gegenwart und läßt allererst erkennen, was sich heute so
nicht, noch nicht, nicht mehr oder nur noch in veränderter Gestalt findet. Die Eigenart der biblischen Sachverhalte in ihren
Grenzen und Leistungen angesichts der Folgezeit hat hier teil
an der Rekonstruktion aller fremden Lebensäußerungen, die
von früher, von woandersher auf uns gekommen sind. Die Le-
bensgewißheit bezüglich biblischer Texte ist davon unberührt;
sie ruht auf Erfahrung und Lebensbewährung und damit ohnehin auf anderem Grunde als dem historischer Klärung der
Grundlagen.

2. Motive für die Themawahl

Gewichtiger als die Frage nach dem konkreten Ablauf von
Forschung an den Prophetenbüchern ist die zweite Hinsicht
auf den Arbeitsvorgang, die Frage nach dem *Motiv,* sich in der
alttestamentlichen Grundlagenforschung speziell diesen Textbereich vorzunehmen. Man kann dabei persönliche und sachliche Aspekte unterscheiden.
Ich sage es ganz offen: *Persönliche* Interessen, Vorlieben verbinden mich mit diesem Thema nicht; es gäbe im Fach genug
anderes, das nicht weniger fesseln könnte. Daß die Wahl für

lange Zeit vor allem gerade auf dieses Thema fiel, hängt mit Beobachtungen, vielleicht Entdeckungen zusammen, die sich mir schon früh zum Jesajabuch, speziell zur Textfolge Jes 6–8 und später zu dem Kapitel Jes 35 und dessen verbindender Position im Gesamtjesajabuch eingestellt haben[8]. Diese Beobachtungen lösten für mich seinerzeit die Eigendynamik weitreichender Prüfungs- und Klärungsprozesse aus und damit eine Art suchender, ausprobierender, wissenschaftlich-spielerischer Grundlagenforschung mit zunächst durchaus offenem Ausgang. In solcher Grundlagenforschung ist für den ersten Eindruck vor allem zu Beginn naturgemäß nämlich noch ganz offen, ob und wieweit man fündig wird oder zu dem Schluß kommen muß, der Ansatz sei falsch, oder kein Ergebnis sei auch ein Ergebnis. Im Fortgang der Arbeit können sich bei aller begleitenden Selbstkritik im positiven Fall die Indizien für eine neu gewonnene Sicht der Dinge jedoch durchaus verdichten und so von selbst zu weiteren Überprüfungs- und Klärungsvorgängen führen. Ich meine, mir sei es mit der Zeit so ergangen.

Was treibt über solche arbeitsbiographischen Ereignisse hinaus *sachlich* zu solch zugegeben mühseligen und angesichts heutiger Fragestellungen nicht gerade herausgeforderten Erkundungen in den großen Textflächen der alttestamentlichen Prophetenbücher – weit über alle verordnete Arbeitszeit und anderes Notwendige, Schöne hinaus? Zwei Antworten lassen sich geben; die eine läßt sich kurz nennen, die andere braucht eine etwas längere Ausführung.

(1) Was treibt, ist Neugier, Interesse am Fremden, Konsequenz, einmal Entdecktem noch weiter nachzugehen, im besten Fall der Anschein von Gelingen, sogar historisches Neuland zu vermessen, das bisher nur wenig oder nicht begangen wurde. Das ist sicher ein wichtiges Motiv für solche Forschung. Es wurde und wird immer wieder genannt. Gewiß. Aber das ist nicht alles.

Was treibt, kann jedenfalls für christliche Theologen in der Disziplin »Altes Testament« gegen allen Augenschein, wie er in der Praxis vorherrscht, auf dem Feld der Bibelforschung aber doch noch weit mehr sein, als für jede andere historische Arbeit auch gelten kann. Es ist (2) ein Motiv, das mit einer Grundüberzeugung zusammenhängt, die hier der historische

---

8 S. dazu die Hinweise unten Teil IV These 3.

Exeget im Blick auf Theologie und Glaube hegt. Ich meine die
Überzeugung, daß bereits in all den historischen Rekonstrukti-
ons- und Klärungsvorgängen bibelwissenschaftlicher Untersuchungen selbst, die da wie andernorts in der Geschichtswissen-
schaft auch betrieben werden, selbst nicht lediglich historisch,
sondern in eins damit von vornherein immer auch *theologisch*
gearbeitet wird oder gearbeitet werden soll – heißt in Ausrichtung auf den Gott, von dem in den biblischen Texten direkt
oder indirekt unentwegt die Rede ist. So entspricht es dem Gegenstand, auf den sich Bibelwissenschaft richtet. Ist das so,
dann treibt also eine Überzeugung, mit der eigenen historisch-
exegetischen Arbeit auf bestimmten biblischen Feldern auch in
den großen, gewichtigen Rahmen des Ganzen von Theologie,
des Ganzen der Kunde von Gott, etwas einzubringen. Ja mehr
noch: in diesem Rahmen nicht nur etwas, sondern etwas Wesentliches, ja Grundlegendes beizutragen.
Worauf gründet solche Überzeugung eines christlichen Bibel-
wissenschaftlers? Sie gründet auf der einfachen, Theologie
und Kirche aber tragenden Voraussetzung, daß wie alle biblischen Phänomene so auch das von uns jetzt gewählte, in neuen
Zugängen angegangene Forschungsgebiet der alttestamentlichen Prophetenbücher ein wesentlicher Bestandteil der kanonischen Textgrundlage christlicher Kirchen ist, von dem sie ihr
Wissen nehmen, bedenken und weitergeben. Prophetenbücherforschung, in diesem Sinne verstanden, lebt davon, daß der
Bibel auch in diesem, als solchem noch zu wenig beachteten,
großen Textbereich nach wie vor zu ihrem Recht, zur Wahrung ihrer Eigenart verholfen werden muß.
Also: Hinter Grundlagenforschung auch auf dem besonderen
Gebiet der Prophetenforschung kann ein Antrieb stehen, der
mit nicht weniger als der Nachfrage und Klärung im Grundla-
genbereich von Theologie und Kirche überhaupt zusammenhängt! Wir müssen dem noch weiter nachdenken.
Besieht man sich diese gewiß groß geratene, aber, wie ich
denke, im Grund für eine evangelische Position unausweichliche Sicht historischer Exegese im Rahmen von Theologie näher, dann wird allerdings nur zu rasch deutlich, daß solchem
theologischen Antrieb, wie er hinter historisch-exegetischer
Arbeit stehen kann, für eine Außenwirkung immer noch oder
immer wieder weithin der Rahmen fehlt. Daß christliche Bibelhistoriker nach den biblischen Grundlagen aller Theologie
fragen, stößt auf weniger Interesse, als man meinen möchte.
Auch eine theologisch verstandene Bibelwissenschaft er-

scheint vielen innerhalb und außerhalb von Theologie und Kirche als ein *l'art pour l'art*-Spiel ohne nennenswerte Wirkung. Solche Außenwirkung exegetischer Grundlagenforschungsarbeit ist *de facto* als Wirkung schon in theologischen Nachbardisziplinen gering, von der kirchlichen Praxis ganz zu schweigen. Wäre es anders, hätten wir uns den ganzen Einstieg zu Beginn unserer Ausführungen sparen können. Wir begegnen vielmehr dem Dilemma, von dem wir ausgegangen waren, hier im Verhältnis von exegetischer und gesamttheologischer Forschung wieder.

Exegetische Forschung muß darauf nicht beleidigt oder Unverständnis beklagend, sondern vor allem selbstkritisch reagieren. Verursacher und Schuld an dem Dilemma ist nämlich zu einem Gutteil die Art, wie wir Exegeten unsere Grundlagenarbeit über die engste Fachdiskussion hinaus, wo Speziellstes natürlich sein Recht hat, in einer breiteren fachtheologischen Öffentlichkeit präsentieren. Der theologische Antrieb, der Ort solcher grundlegenden Nachfragen und Bestimmungen im Ganzen der Theologie bleibt nur zu oft unexpliziert. Im Gefälle stetig verfeinerter, sich selbst genügender Kleinarbeit und im Sog originell profilierter Einzelthesen werden Sachbezug und sachlicher Verständigung in der Frage der Eigenart des Gegenstandes ausgewichen. Entsprechend bedeutungslos und langweilig wird für die anderen, was wir tun. Und ausdrückliche Brückenschläge vom Fach Altes oder Neues Testament nach außen werden – aus welchen Gründen auch immer – nur zu oft unterlassen oder aus theologisch derart hochgradig imprägniertem Material geschaffen, das viel mit Bekenntnis und Behauptung und wenig mehr mit historischer Exegese und der der Bibel eigenen, erfahrungsnahen Rede von Gott zu tun hat.

Leider gibt es exegetischerseits aber noch andere Gründe für das Dilemma, und die lassen sich durch Eingeständnisse und gute Vorsätze seitens des einzelnen Exegeten und dessen Arbeitspräsentation nicht verringern. Der Mangel an verwirklichter Außenwirkung exegetischer Grundlagenforschung ist nämlich mehr als durch persönliche durch sachliche Gründe hervorgerufen. Hört man sich um, so ist es vor allem der ständige Wechsel der Ansätze und Ergebnisse in dieser Forschung, der zumal jenseits der Fachwelt verwirrt und irritiert und vor der Rezeption exegetischer Arbeit abschreckt. Dies gilt für den langzeitigen, heute aber nicht minder für den gleichzeitigen Verlauf alttestamentlicher Forschung, der nach dem Zusammenbruch der Konsenshypothesen seit Anfang der siebziger

Jahre eine internationale, ständig vermehrte Fülle von divergierenden Ansätzen und Ansichten ausbietet. Weiterwirkung exegetisch-historischer Klärungen in Theologie, Kirche, Gemeinde, Öffentlichkeit braucht aber – das leuchtet auch dem nicht im praktischen Dienst Stehenden ein – nicht eine Vielfalt von Meinungen in stetem Wandel, sondern eine stabile, orietierende, nicht ständig schwankende Ergebnisebene wissenschaftlich-exegetischer Elementarforschung, von der man für alle Weiterarbeit auch über den exegetischen Bereich hinaus ausgehen kann.

Uns scheint: Vor allem diese Gründe und der Effekt und die Vielfalt, die sie nach außen bringen, ohne Orientierung zu wirken, neutralisieren massiv alles, was Forschung zum Verständnis alttestamentlicher Texte an die anderen theologischen Disziplinen und vor allem an Kirchen weiterreichen könnte.

So kann man verstehen, daß dort andere Wege beschritten werden. Da die exegetische Forschung eine einigermaßen stabile und einhellige Grundlage exegetischen Wissens nicht bietet, noch nie geboten hat – aber, wie wir noch sehen werden, nicht bieten kann und auch nicht bieten darf –, wird für die Weiterverarbeitung der Bibel eben ein anderes Bild von der Textgrundlage gefertigt und allem weiteren zugrundegelegt.

Solch ein theologisch-kirchliches, irgendwie neben der Bibelwissenschaft erstelltes Gebrauchsbild hat den Vorteil, möglichst indifferent gegenüber wechselnden, vielstimmigen Forschungsergebnissen zu sein. Gerade so scheint es brauchbar für die Weiterwirkung. Die exegetische Grundlagenforschung selbst, die unaufhörliche, unruhige Nachfrage nach den grundlegenden Textgrößen, wie sie auf uns gekommen sind, bleibt so mehr oder minder für sich und in der Unbrauchbarkeit ihrer fließenden, immer wieder wechselnden, instabilen Ansichten überflüssig für alles weitere. Die gelegentlich geäußerte Schadenfreude in der exegetischen Zunft darüber, daß eine vom historischen Boden gelöste, Zeiterwartungen gegenüber angepaßte Bibelverwertung die Grundlage von Theologie und Kirche in die Gefahr belangloser Vielstimmigkeit religiöser und politischer Antworten ohne wirklich biblisch-theologische Bodenhaftung überführt, ist nur die Kehrseite der Medaille.

Aber ein solcher Wechsel aus der Vielfalt wandelbarer exegetischer Meinungen zu einem scheinbar eher brauchbaren einstimmigen und in allem Wesentlichen gleichbleibenden Bild

von der biblischen Basis ist kein Ausweg. Es käme der christlichen Lehrbildung und der Reflexionsebene kirchlicher Praxis
nicht wirklich zugute.

Gegen den nur zu verständlichen, aber sachlich hochproble-
matischen Ausstieg von Theologie und Praxis aus dem Gebrauch exegetischer Grundlagenforschung sind vielmehr drei
Aspekte geltend zu machen, die wir vorweg nacheinander
nennen und anschließend sogleich näher entfalten:

zum einen der Fortschritt exegetisch-historischer Einsicht, dem
sich auch in Theologie und Kirche nicht entrinnen läßt,

zum anderen die in Theologie und Kirche stets gestellte Aufgabe, sich nicht an einem Bild von den eigenen Grundlagen,
sondern sich nach bestem Wissen und Gewissen an diesen
Grundlagen selbst zu vergewissern,

und zum dritten die Eigenart des Gegenstandes, der da die
Grundlage bildet und bearbeitet wird.

Wir wollen diese drei Aspekte im folgenden näher besprechen.
Der erste Aspekt ist der ständige *Fortschritt* im historischen
Wissen und in den Ansätzen historischer Nachfrage. Wenn
man allein schon auf die Prophetenforschung blickt, muß man
darauf hinweisen: Wenn irgendwo im Alten Testament, dann
ist heutzutage gerade hier Fortschritt nötig, um diesem Gegenstand allererst einmal gerecht zu werden. Gerade auch auf diesem Gebiet ist noch nichts Bleibendes erarbeitet, das es für
theologischen Weitergebrauch nur noch zu sichern gälte. Da
ist jetzt erst einmal wissenschaftliche Elementarklärung gefor-
dert, da ist Forschungs- und Erkenntnisfortschritt erforderlich
und damit der Zugewinn wachsender, Älteres verabschieden-
der Einsicht. Da ist allererst ein Mehr an Wissen nötig, wie
immer ein standfestes und konsensfähiges Ergebnis dann einmal aussehen wird. Wir sind in den Jahrhunderten neuzeitlicher Forschung gerade dieser Seite der literarischen Gestaltung
biblischer Überlieferung im allgemeinen und alttestamentlicher Prophetie im besonderen bei weitem noch nicht zureichend nachgegangen. Wir wissen noch kaum etwas darüber
und haben an dieser Stelle im theologischen Grundlagenbe-
reich zugunsten der Wahrung der Bibel jetzt allzu lange Über-
sehenes endlich zu erkunden.

Aber das ist nur ein, unser Beispiel für viele. Man muß für alle
Bereiche des Alten Testaments sagen: Jede Zeit hat angesichts
neu erkannter Fragestellungen und verändertem Wissens die
Aufgabe erneuter Rekonstruktion des Vorgegebenen. Eines
Vorgegebenen, das sich von vielen Seiten später auf seine Ei-

genart befragen läßt. Eines Vorgegebenen, das wir nicht nur
durch Auswahl und exponierte Maßstaboptionen verbogen
kennen. Eines Vorgegebenen, das um seines eigenen Wertes
willen weitergegeben wurde. Das ist in der Geschichtswissen-
schaft jedermann plausibel und sollte es ebenso in der historisch-exegetischen Arbeit an der Bibel sein. Es wird immer
Fortschritt und Wachsen, aber auch fatales Vergessen und Revision des Wissens bezüglich historischer Größen geben. Auch
Theologie muß sich dem im Blick auf ihre Bibel stellen. Sie
muß sich dem aussetzen, daß im Bereich des Geschichtlichen
und unseres Zutritts zu ihm immer Wandel, Herausforderung,
Abhängigkeit bleiben; sie lassen sich nicht beseitigen, sie
wollen bestanden und bearbeitet sein. Statt »daran vorbei!«
muß die Parole »hindurch!« heißen.

Fortschritt, Revision geschichtlicher Erkentnnis im Fortgang
der Zeit ist nicht alles. Als zweiter, in jeder Hinsicht nachgerade fundamentaler Aspekt muß die ständige Aufgabe der *Ver-*
gewisserung von Theologie und Glaube an den biblischen
Grundlagen genannt werden. Gegen den Augenschein faktischer Unerheblichkeit wissenschaftlicher Bibelnachfrage verlangt gerade die Eigenart der Bibel als Grundlage unseres
Gotteswissens solche Vergewisserung. Und gerade auch die
Aufgaben, die sich über exegetisch-historische Fragestellungen hinaus den umfassenden Bereichen von Theologie und
Kirche je zu ihrer Zeit stellen, fordern sie ebenso.

Der Grund ist einfach: Solange sich Theologie und Glaube auf
die Bibel gründen, kann man nicht aufhören zu fragen, worauf
man steht. Fundamente wollen gesichert und regelmäßig überprüft sein. Ständige Forschung an der Bibel ist somit nicht nur
wegen des Ringens um die sachgemäße Erkenntnis dieses Gegenstandes selbst unerläßlich. Ständige Forschung an der Bibel
gehört als unverzichtbarer Akt der Vergewisserung der
Grundlagen auch in den eigenartigen Vorgang, der Theologien
und Kirchen so oder so wesentlich kennzeichnet, den Vorgang
nicht irgendeiner, sondern einer sachentsprechenden Vermittlung dieser Größe Bibel in die Folgezeit.

Sachentsprechende Vermittlung dieser Größe Bibel in die Folgezeit – was ist das für ein Vorgang? Ihn bestimmt die Aufgabe, das, was biblisch zu einer bestimmten Zeit bezeugt und
formuliert ist, als maßgeblich auch noch für und in spätere
Zeiten so weiterzugeben, daß es auch dann noch zu fassen ist
und seine Geltung bewährt. Allerdings mit der Maßgabe: Es
darf dabei seine Identität nicht einbüßen und das Besondere

x) aber Theologie hat nicht = *damit,*
verworfen zu werden

des Biblischen als des bleibend Grundlegenden darf in dieser
jeweils zeitzugewandten Übermittlung nicht verloren gehen!
Um dies zu wahren, muß nach diesem Besonderen des Biblischen auch im Rahmen des Übermittlungsvorgangs immer
wieder gefragt werden, obgleich die Aufgabenstellung dieses
Vorgangs über die biblische Zeit selbst weit hinausreicht.
Jetzt zeigt sich, warum man im theologischen Rahmen sach-
entsprechender Vermittlung der Bibel in die Folgezeit immer
wieder exegetische Grundlagenforschung braucht. Und es versteht sich von selbst, daß diese Identität im zeitlichen Wandel
vergewissernde Nachfrage, ob etwas unter Abwägung später
veränderter Verhältnisse gleichwohl später auf der biblischen
Linie liegt, die sich von der Erfassung von Sachverhalten in
damaliger Zeit und Herausforderung zu einer entsprechenden
Erfassung unter veränderten Konstellationen ziehen läßt, oder
nicht, schon hinsichtlich des Ursprungs wissenschaftlich aus-
gewiesen, heißt vor dem Forum intersubjektiv nachvollziehba-
rer Überprüfung, erfolgen muß. Es versteht sich von selbst,
daß also der Eigenart dieser Vergewisserungsquelle angemessen gefragt wird, sonst hätte man dem Buch Bibel sein ur-
sprüngliches Eigenleben und Recht genommen.
Daß im Fortgang der Erfahrungs- und Wissenskonstellationen
von Folgezeiten gleichwohl die biblisch-ursprünglichen
Grundlagen von Theologie und Glaube in ihrer Eigenständig-
keit immer wieder von neuem aufgesucht werden, hat somit
Zwangsläufigkeit. Es hat für christliche Option mit der Qualität der Bibel als durch die Zeiten bleibender Grundlage zu tun.
Theologie und Glaube zu jeder Zeit brauchen um ihrer selbst
willen diese professionelle Vergewisserung ihres eigenständigen Fundaments am biblischen Ursprung.
Die Nachfrage selbst ist ein komplexer Vorgang, an dem verschiedene Teilfragestellungen mitwirken. Was ist speziell die
Rolle historischer Bibelforschung im Rahmen dieser Nachfrage? Wissenschaftlich-exegetische Bibelforschung hat in diesem Vergewisserungsvorgang eine besondere Aufgabe: Sie ist
in diesem unverzichtbaren Rückgang von Theologie und
Glaube in die Grundlagen nicht weniger als Wächter und An-
walt für die Bibel selbst – wie zureichend oder unzureichend
diese Aufgaben auch immer von ihr wahrgenommen werden.
Ohne Vergewisserung des sensus literalis et historicus, der die
Formulierung und zeitliche Herausforderung einer jeden biblischen Aussage konstituiert, gibt es kein verantwortlich erar-
beitetes Bild vom Ursprungssinn biblischer Aussagen und so-

mit auch keine an den Ursprungssinn rückgebundene Sinnkonstitution biblischer Texte in späterer Zeit! Wir werden in Teil
III noch näher auf diesen fundamentalen Sachverhalt zu sprechen kommen.

Daß diese Erkundung des Ursprungssinnes einmal fertig und
im Dienste stabiler Brauchbarkeit für die theologische Weiterverwendung zuende wäre, darf man nicht nur von der Diskussion der Exegeten, man darf es auch für den theologischen Gebrauch vergewisserten Ursprungssinnes nicht erwarten. Wegen
der Bewegung von Theologie und Glaube im Rahmen des
Fortgangs von Zeit und Wissen mit seinen Veränderungen ist
auch deren Grundlagenvergewisserung in wissenschaftlicher
Bibelforschung nie abgeschlossen, sondern immer wieder her-
ausgefordert. Sie bleibt für den Vorgang von Theologie deshalb als ständig-andauernde Nachfrage notwendig.

Der dritte Aspekt schließlich führt zu einem ganz entsprechenden Ergebnis. Er erwächst aus dem eigentlichen, ganzheitlichen *Gegenstand*, auf den sich die Klärung von Geschichtlichem, auch von biblisch Geschichtlichem richtet. Zu diesem
Gegenstand gehören – will man ihm gerecht werden und bleiben – nämlich nicht nur Sprachlichkeit, Schriftlichkeit, sondern für beides konstitutiv auch eine Lebensaffinität und deshalb *eo ipso* eine prinzipielle Offenheit der Nachfrage. Was
eine Affinität zum Lebensvollzug hat – das gilt auch außerhalb
der Bibel – fordert Fragen immer wieder neu heraus. Ende der
Fragen wäre auch Ende der Lebensaffinität.

Wissenschaftliche Bibelforschung an Prophetenbüchern wie an
anderen biblischen Gegebenheiten bemüht sich ja nicht einfach
um altes Papier und alte Buchstaben, sondern historisch unbe-
streitbar um Zeugnisse von Menschen in geprägten zeitlichen
Erfahrungsräumen, die in schriftliche Aufzeichnung überge-
gangen sind. Also um nichts weniger als um Äußerungen von
Leben in Schriftgestalt.

Zu Äußerungen von Leben, und seien es schriftliche, gehört
konstitutiv eine Offenheit des Erkennens. In der Verifizierung
von Einzelfakten jeder Art kann es natürlich im Bereich des
Meßbaren ein für allemal erreichte Ergebnisse geben. Im Bereich aufgezeichneter Lebensäußerungen in Schriftgestalt, von
der wir hier handeln, ist das nicht der Fall und kann auch nicht
der Fall sein. Zur Eigenart eines Gegebenen dieser Art gehört,
daß durch Wissenschaft hier nicht umfassende ein-für-allemal-
Ergebnisse erreicht werden können. Also nicht einmal gewonnene Ergebnisse, die fortan einfach feststehen und nicht mehr

erneut gesucht werden müssen. Wenn Lebensäußerungen gegeben sind, gehört zu ihnen vielmehr eine Unabgeschlossenheit des Erkennens bzw. ein stetiger Fortgang des Entdeckens.
Solche Unabgeschlossenheit ist der sprachlich vermittelten
Wahrnehmung von Lebensphänomenen von außen, von später
her, immer eigen, mögen diese selbst zeitlich noch unabge-
schlossen oder auch zeitlich schon abgeschlossen sein.
Wissenschaftlich-historische Bibelforschung ist deshalb wie
jede andere historische Forschung notwendigerweise ein stän-
diges, unaufhörliches Bemühen, Textgut als einem solchen
Lebensgegenstand mit wachsender und frühere Bilder korri-
gierender Erkenntnis und in wechselnden Erkenntniskonstella-
tionen immer wieder gerecht zu werden.
Das heißt freilich nicht, daß alles offen, im Fluß, ungreifbar,
gar betrachtersubjektiv wäre. Dieses Bemühen wird bei offener Zuwendung und erworbenem Hinblick auf Bezeichnendes
immer Seiten des anderen erfassen, die diesem anderen, Lebendigen im Unterschied zum Bemühenden eigen sind, und so
dem anderen als anderen auch gerecht werden können, selbst
wenn die Akzente der Wahrnehmung wechseln. Dieses Bemühen hat darauf zu achten, daß der Lebensgegenstand sachent-
sprechend und seiner Zeitlichkeit entsprechend als lebendiger,
heißt also als Geschehen, Vorgang erfaßt wird. Dieses Bemühen hat darauf zu achten, daß der Gegenstand also nicht abstrakt verflüchtigt und nicht ereignisentleert auf bloße Struktur
oder verallgemeinerte Bestimmung reduziert wird. Die unmittelbare Wahrnehmung von Lebendigem aus Begegnung und
die mittelbare Wahrnehmung von Lebendigem aus Überlieferung nicht zuletzt in Schriftgestalt tragen hier dieselben Züge.
Insofern ist die Vielfalt der exegetischen Forschung selbst im
Widersprüchlichen nicht *eo ipso* Schwäche, sondern zumindest
auch Ausdruck der eigenartigen Wahrnehmung ihres besonderen Gegenstandes, in dem sachliche Identität und Lebensvielfalt nicht voneinander zu trennen und abzulösen sind. Wissenschaftlich begründete Lebensbegegnung durch Annäherung,
durch Präzisierung unter Einschluß von Irrtum ist es, die so
stattfindet.
Wir versuchen eine erste Zusammenfassung zu der Frage, was
gerade zur Forschung an den Prophetenbüchern treibt. Ich
denke, man kann sagen: Das neu erwachte Interesse an den
Prophetenbüchern als Büchern entspringt natürlich historischer
Neugier und ist als solches sowohl der Motorik historischen
Erkennens früherer Lebensvorgänge unterworfen als auch der

Begrenzung, was Spätere davon noch wissen können. Aber es ist für christliche Theologen nicht einfach ein sich selbst genügendes Interesse an einem historischen Gegenstand wie an ungezählten anderen auch. Auch dieses Interesse an den Prophetenbüchern als Büchern steht zugleich im Rahmen von Theologie und Glaube. Es steht im Dienste der fortgehenden Übermittlung christlicher Botschaft, die sich immer wieder an ihren Ursprüngen vergewissern muß und damit an den biblischen Gegenständen selbst.

3. Der Vorgang »Tradition« als umgreifender Rahmen für exegetische Forschung und kirchliche Anfrage

Nach der Frage nach den Motiven wollen wir nun wieder zurücklenken auf unser Thema in der Lage, von der wir ausgegangen waren, also auf unser Thema in dem Dilemma zwischen historisch-exegetischer Bibelforschung und praktischer Bibelverwendung. Kann so etwas Besonderes wie Forschung an den Prophetenbüchern zur Bewältigung von etwas so Weitreichendem wie diesem Dilemma beitragen?

Ich denke: Ja. Dann nämlich, wenn bewußt wird, daß wir alle, Universitätstheologen mit ihren besonderen Fachgebieten und Pfarrerschaft in vielfältigen Einsatzgebieten nicht ›meilenweit‹ voneinander entfernt sind, wie wir zu Eingang unserer Ausführungen dachten, nicht weit auseinanderliegend ganz Verschiedenes tun, sondern an verschiedenen Stellen und unter verschiedenen Aspekten dasselbe tun. Oder genauer formuliert: am selben Vorgang mitarbeiten.

Nicht nur Christsein ist es, was Pfarrerschaft und Universitätstheologen verbindet. Es ist unser Ziel vorzuführen, daß noch anderes, Spezifischeres die Verbindung stiftet – nämlich ein und derselbe theologische Vorgang, der uns in unserer Arbeit zusammenschließt. Es ist der Vorgang, der schon die Bibel selbst kennzeichnet und ebenso alle sachgemäße Aneignung der Bibel danach. Es ist der Vorgang, der die kennzeichnet, die an der Bibel selbst arbeiten, und genauso die, die an der sachgemäßen Aneignung der Bibel arbeiten. Es ist der Vorgang, der, wie wir meinen, sich an den Prophetenbüchern des Alten Testaments exemplarisch beobachten läßt.

Ist das so, dann kann gerade Forschung an den Prophetenbüchern als Büchern zur Überwindung des Dilemmas deshalb etwas beitragen, weil sich an diesem Forschungsgegenstand näher erkennen läßt, welcher Art dieser alle verbindende Vorgang ist. Er ist es, der prophetische Überlieferungsbildung hervorruft. Er treibt sie wegen Wechsel und Wandel der Erfahrungen durch die Zeiten weiter und bringt sie zum Wachsen. Er geht über sie hinaus und will diese wie andere biblische Überlieferung bis heute zu Verstehen, Aneignung, zu zeitgerechter Konkretion bringen. Prophetenbücherforschung kann dann etwas zur Überwindung des Dilemmas beitragen, wenn sich dieser Spur in den Prophetenbüchern folgend zeigen läßt, daß es eine weite, gemeinsame Perspektive gibt, unter der die Rekonstruktion prophetischer Überlieferung in sehr entfernter Vergangenheit durch die Bibelwissenschaft und die Übermittlung bibelprophetischer Aussagen in heutige Nähe durch gegenwartsnahe Theologie und Praxis zu einem einzigen großen Gesamtvorgang gehören, der beides umschließt und verbindet. Um welchen Vorgang handelt es sich? Es ist der Vorgang, von dem beim treibenden theologischen Motiv auch für Prophetenbücherforschung schon die Rede war. Es ist kurz und bündig der *Vorgang von Tradition.* – Tradition schon innerhalb der Heiligen Schrift selbst und da in unserem Fall speziell in den Prophetenbüchern einerseits und Tradition auf der Grundlage der Heiligen Schrift in der Folgezeit andererseits! Weitergabe der Kunde von Gott durch den Wandel der Zeiten – das ist der Vorgang, der alles umschließt. So ist die Bibel im Laufe der Zeit und in Abwehr des Nichtbewährten entstanden, danach fragt Bibelwissenschaft, und das ist das Herzstück allen christlichen Redens und Handelns.

Daß diese verbindende, die Bibel selbst in ihrer Entstehung einschließende Perspektive besteht, ist keine bloße Behauptung christlicher Lehre. Es ist nichts anderem als Einsichten der historisch-exegetischen Bibelforschung und für Folgezeiten der kirchengeschichtlichen Forschung mit Einsichten in geglückte oder mißlungene Vorgänge entsprechender Art zu danken. Es ist den Einsichten zu danken, daß schon Anfang und Grundlage dieses Vorgangs, die biblischen Bücher des Kanons des Alten wie des Neuen Testaments als solche und deren Vorgeschichte, die schließliche Bildung beider Kanongrößen und die Verbindung dieser beiden Größen keine starren Erscheinungen sind. Was wir in diesen Größen vor uns haben, sind vielmehr durch die Kanonisierung *ex post* qualifizierte Zielpunkte von Traditionsbewegungen, also dynamisch-zeitliche Erscheinungen, die jeweils bereits mehr oder minder große Überlieferungsvorgänge in sich schließen.

Ja, mehr noch – wie in der nachbiblischen Überlieferung auf der Grundlage der Heiligen Schrift ist auch in diesen, längst vor den Endpunkten der Kanonbildung ablaufenden, binnenbiblischen Überlieferungsvorgängen Tradition bereits in einem bestimmten, für den Gesamtvorgang bezeichnenden Sinne verstanden als produktiv aneignende Übermittlung von Älterem mit maßgeblicher Weitergeltung in Konstellationen späterer Zeit; das läßt sich auf die Frage nach dem Motiv der langzeitigen biblischen Überlieferungsvorgänge immer wieder feststellen und gibt der Gesamtbewegung damit auch eine sachlich-übergreifende, kontinuierliche Einheit. Wir wollen diesen biblischen Befund in den beiden folgenden Abschnitten dieses Teils II noch einmal eigens ansprechen.

Diese Perspektive eines Traditionsvorgangs von solcher Spannweite sieht also zusammen, daß bereits die Grundlage aller evangelisch-theologischen Vergewisserung, das Alte und das Neue Testament, als definitive Größen langzeitige, selektive Traditionsvorgänge in sich schließen und dem die legitime Weitergabe der biblischen Botschaft in der Folgezeit insoweit durchaus an die Seite zu stellen ist. Daß solche nachkanonische Weitergabe gemäß christlicher Option keinen grundlegenden, sondern immer nur noch abgeleiteten Charakter hat, ist damit nicht bestritten, sondern durchaus eingeschlossen.

Uns scheint, mit alledem ist eine wichtige Einsicht gewonnen, die befreiend wirken kann. Mit diesem verbindenden Vorgang »Tradition« ist nämlich in der Tat die Ebene im Blick, die den innerbiblischen Überlieferungsvorgang des Aussagenbestandes Alten und Neuen Testaments, dem wissenschaftliche Bibelforschung nachfragt, und die Fortsetzung dieses Überlieferungsvorgangs in der nachkanonischen Folgezeit bis hin zu den heute vielfältig gestellten Herausforderungen gleichermaßen umfaßt. ›Ebene‹ ist eigentlich nicht der richtige Begriff. Er ist viel zu statisch. Das Ganze ist ein Vorgang, der beweglich durch die Zeiten läuft, und zu diesem gemeinsamen, verbindenden Vorgang gehört fernab aller Immobilität vielmehr Dynamik durch die immer neu aufgegebene Frage, wie zur jetzigen Zeit sachgemäß Sprach-, Lebens- und Wahrheitsgestalt dieses als maßgeblich überkommenen Aussagenbestandes zu fassen und bis in ganz aktuelle Rezeptionsbereiche komplexer Konstellationen erschließend zu vermitteln sind.

Diese verbindende Perspektive, die Theologie als Gesamtvorgang von den biblischen Wurzeln an zu umschließen vermag, soll unsere Ausführungen im folgenden tragen und Redner und

Hörerschaft in ihren unterschiedlichen Arbeitsfeldern auf dieser Tagung beieinanderhalten.

Diese uns verbindende Perspektive ist allerdings nicht so allseits vertraut, daß man nun schon direkt zu unserem Prophetenthema selbst übergehen könnte. In dem eben abgesteckten Rahmen bedarf der umfassende Vorgang »Bibeltradition« vielmehr weiterer, genauerer Betrachtung und damit auch näherer Ausführung dessen, was wir in den Teilen I und II dazu bisher schon gestreift haben. Nur so lernen wir das Nötige für die Präsentation unseres Themas selbst in dessen exemplarischem Rang, von dem wir gesprochen haben, für die Prophetenbücher im Anfang dieses Vorgangs, den sie mit ihrem Werden sogar schon an sich selbst vorstellen. Ohne daß Züge der jeweiligen Eigenart verlorengehen – Besinnung auf den Vorgang »Tradition« schärft den Blick für das, was die alttestamentlichen Prophetenbücher in sich darstellen, und umgekehrt Nachfrage nach den Prophetenbüchern als Büchern schärft den Blick für das, was »Tradition« sein kann oder in diesem Sinn doch sein soll.

Diesem Vorgang »Tradition« als sachgemäßer Aufnahme und als aneignender Weitergabe wollen wir uns deshalb in einem umfangreicheren Teil III zunächst vorrangig widmen. Wir wollen dabei Tradition sowohl innerhalb der Heiligen Schrift, etwa in den Prophetenbüchern, als auch im Blick auf die gegenwärtige Lage der formierten Heiligen Schrift in Folgezeiten sachlich miteinander näher in Verbindung bringen. Die in diesem Teil enthaltenen Überlegungen zum umfassenden Vorgang »Bibeltradition« können natürlich nur skizzenhaft sein und überdies ausdrücklich beschränkt auf den besonderen exegetisch-hermeneutischen Blickwinkel eines Exegeten.

Warum dieser scheinbare Umweg? Die Größe »Bibeltradition« bedarf der Klärung. Drei Gründe sind dabei besonders wichtig.

Einmal: Wir können erste Hinweise, die wir eben im Teil I schon angesprochen haben, durch weitere Einsicht in diesen Vorgang vertiefen.

Zweitens: Einsicht in den Vorgang »Tradition« kann eine Klärung zu dem bringen, was wie die Bibel überhaupt so auch die Prophetenbücher nach allgemeinem Konsens der Forschung schon in sich selbst darstellen – erst mit der Zeit angewachsene Überlieferungsliteratur. Einsicht in den Vorgang Tradition kann so den Blick für unser Thema schärfen.

Einsicht in den umfassenden, uns in unserem Tun alle verbindenden Vorgang »Tradition« kann schließlich drittens wo-

möglich sogar nähere Hinweise für einen theologischen Brük-
kenschlag geben, um wissenschaftlich-historische Exegese,
theologische Arbeit in allen Disziplinen und Bibelgebrauch in
der Praxis von Pfarramt und Gemeinde wieder enger in die
sachliche Verbundenheit zu bringen, die ihnen aus dem gemeinsamen Traditionsgeschehen an sich eigen ist – trotz all
der Schwierigkeiten, von denen wir ausgegangen waren. Wir
wollen unsere im folgenden zunächst unternommene Nachfrage nach dieser Größe »Tradition« aber vorweg noch etwas klarer fassen und auch in ihren Grenzen offenlegen. Deshalb sei
im Hinblick auf Teil III selbst hier zum Schluß betont, worauf
wir uns dabei konzentrieren und was ausgespart bleibt.
(1) Die vielfältigen, legitimen wie problematischen Gestaltungen von Bibelfrömmigkeit etwa, die ihrerseits zwar nicht
theologischer Einengung, wohl aber theologischer Sichtung
bedürfen, gehören nicht in unsere Nachfrage, obwohl sie wie
vieles andere biblischer Ausstrahlung im weiteren Sinne Traditionsvorgänge sind. Wir blicken bei der Nachfrage nach der
Größe »Tradition« nicht auf jedwede Erscheinungen von Tradition.
(2) Wir konzentrieren uns vielmehr, wie es unseres Faches
ist, auf die exegetisch-biblische Seite in dem Akt von Tradition und im Zusammenhang damit auf den Vorgang von Tradition, der sich im Anschluß an die Bibel nicht einfach wild-
wüchsig aufs Vielfältigste fortsetzt, sondern das Biblische in
der Folgezeit sachentsprechnd übermitteln will. Wir konzentrieren uns also auf die biblische Exegese im Rahmen eines
Traditionsvorgangs, der sich ausdrücklich selbst überprüft, an
seinen Ursprüngen mißt und die Praxis der Bibelaneignung auf
ihre Sachgemäßheit und bleibende Identität hin professionell-
theologisch reflektiert. Von dieser wissenschaftlich-theologi-
schen Vergewisserung von Tradition ist in diesem Buch die
Rede. Wir konzentrieren uns beim Traditionsvorgang also auf
den für ausgeführte wie angewandte Theologie wesentlichen
Vorgang, in dem Tradition in veränderte Konstellationen fort-
schreitet und diese spätere Weitergabe an der ursprünglichen
Vorgabe vergewissert. Es ist nichts anderes als der Vorgang,
von dem wir beim theologischen Motiv exegetischer Grundlagenforschung gesprochen haben.
Warum gerade diese Konzentration? Wir bringen dafür noch
einmal in Erinnerung: Die Größe »Tradition« in diesem
Aspekt, der das Wesentliche christlicher Lehre und Lebens-
weise im Fortgang der Zeit vergewissert, steht im Rahmen un-

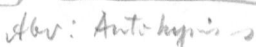

seres Beitrags deshalb im Vordergrund, weil der Hinblick auf diese Größe die gemeinsame Ebene zeigt, die Bibel und Heute als voneinander weit Entferntes gleichwohl verbindet. Auf dieser Ebene und in diesem Vorgang lassen sich wissenschaftlich-historische Bibelexegese und aktueller Bibelgebrauch trotz aller Differenz der Zeiten und Herausforderungen zusammensehen. Mit Tradition, so gefaßt, ist, so meinen wir, der Boden gefunden, auf dem für Spätere die Vergewisserung an den alten Ursprüngen zur Wahrung der sachlichen Identität (Bibelexegese) und die Veränderungen in der Folgezeit aus Gründen der Vielfalt kultureller Prägungen, des Wandels der Lebensverhältnisse, des Wissens, der Erfahrungen zur Wahrung zeit- und lebensgerechter Nähe (aktuelle Bibelverwendung) zusammengehören, und zwar als notwendige (!) Doppelbewegung des Traditionsvorgangs in entgegengesetzte Richtungen. Einsicht in die Notwendigkeit dieser Doppelbewegung könnte ermutigen, exegetisch-historische Arbeit und praktische Verwendung der Bibel und damit Fakultäten und kirchliche Praxis trotz aller Schwierigkeiten und Entfremdungen doch aus Einsicht und nicht nur aus Gewohnheit zusammenzuhalten.

Und noch eines: Das Thema »Schrift und Tradition« kann und muß uns im Rahmen solcher Abzweckung nicht zur Gänze beschäftigen. Dieses Problem wie andere Probleme, die nicht exegetisch-historisch, sondern nur interdisziplinär diskutiert und systematisch-theologisch geklärt werden können, bleiben hier in Überlegungen eines Fachalttestamentlers als solche außer Betracht. Damit werden auch Fragen der konkreten Identitätswahrung im Traditionsvorgang im einzelnen, präzisierende Fragen des sachlichen Verhältnisses und Gewichts von Altem und Neuem Testament innerhalb der Bibel und erst recht Fragen der notwendigen Sachwertungen und Kritik zu konkreten Ausprägungen des Traditionsvorgang nur gestreift, aber nicht näher besprochen.

Bevor wir in einem Teil IV dem besonderen Thema Prophetenbücher nähertreten, wenden wir uns also in III zunächst dem weiteren Rahmen dessen zu, dem Traditionsvorgang, den die Überlieferung der Bibel in sich während ihrer Entstehung und danach in ihrer Weitergabe als einer maßgeblichen Größe darstellt.

Im Dienste dessen sind zwei exegetisch längst erarbeitete Sachverhalte an dieser Stelle kurz in Erinnerung zu rufen, weil wir sie für die Argumentation im folgenden Teil III brauchen: Einmal die eben genannte Sicht der Bibel als einer über lange

Zeit in sich gewachsenen Überlieferung – Tradition also als bereits innerbiblischer Vorgang, und zum anderen, enger fokussiert, speziell auch die Prophetenbücher als solch langzeitig angewachsene Überlieferung und somit als Vorgang von Tradition in sich.

4. Tradition als innerbiblischer Vorgang

Ich beginne zum Zwecke weiterer Selbstvorstellung mit einer persönlichen Bemerkung. Biblisch verantwortete, aber gleichwohl mit der Zeit gehende, sachbewegliche Tradition statt steriler Wiederholung – dieser Vorgang ist mir seit meinem Studium[9] als eine der Grundaufgaben der Theologie erschienen. Dem biblischen Gott treu zu bleiben, ohne die Augen vor dem Besonderen, Eigenen späterer Zeiten, anderer Menschen zu verschließen – wie das versucht wurde, wie das gelungen oder gescheitert ist, das hat mich am Theologiestudium immer am meisten fasziniert. Nicht nur in Lebensgestaltungen oder Lebensverunstaltungen des Christlichen, nicht nur in Predigten auf der Kanzel, nein schon in der Bibel selbst.

Die Bibelwissenschaft hat, das kann jetzt ganz summarisch festgestellt werden, die Entdeckung gemacht, daß bewegliche Tradition nicht erst ein Anliegen der Auslegung *nach* Abschluß der Bibel ist. Bewegliche Tradition mit dieser Zielsetzung im Blick auf ihren Gegenstand läßt sich schon in der Bibel selber erkennen. Seit Aufkommen der literarkritischen Forschung und damit der diachronen Seite der binnenbiblischen Überlieferung ist dies, wie begrenzt die vorgelegten Vorschläge auch immer sind, zu sehen, wenn man textanalytisch-literarkritische historische Einsicht in das Werden der Texte auch synthetisch-redaktionsgeschichtlich bedenkt und dem Gegenstand gemäß mit alldem die Erarbeitung solcher Einsicht als historischen und theologischen Vorgang zugleich faßt.

Daß biblische Bücher gewachsene Traditionsliteratur sind, ist insoweit für historische Nachfrage unbestritten, wie immer die

---

9   Mit gutem Grund hatte ich 1965 in Heidelberg für das Rigorosum bei Edmund Schlink im Fach Systematische Theologie die gegen Zeitlosigkeit und Systematisierung der Offenbarung gerichtete Thematik der katholischen Tübinger Traditionslehre gewählt, wie sie durch die Namen J.E. Kuhn, J.A. Möhler geprägt und durch J.R. Geiselmann und Y. Congar der Sache nach fortgeführt worden ist.

Ergebnisse auch aussehen. Es gilt für das Werden und Wachsen der meisten biblischen Bücher über lange Zeit, für die verantwortliche Weitergabe und Bereicherung, aber auch Einschränkung von Älterem, die hier vor sich gehen. Für das langzeitige Werden von Tora, von Nebiim, aber auch für Ketubim im Alten Testament, im Neuen Testament für das Corpus der Evangelien, für die Sammlung der Paulusbriefe als höhere Einheit, für den christlichen Kanon im ganzen[10], um nur das zu nennen, ist das alles ganz offenkundig und könnte prinzipiell nur unter Preisgabe wissenschaftlicher Vergewisserung bestritten werden.

Solches Wachstum geschieht in dem, was uns überliefert ist, nicht durch Eliminierung, auch nicht durch Auswahl und Reduktion von Überlieferungsgut nach späteren Maßstäben, sondern in der Regel durch Erweiterung des Überlieferten um neu erlangtes oder neu gewonnenes Wissen, wie es dem selbst mit der Zeit gehenden, sich weiter kundgebenden Gott entspricht und in solchem Wachsen zum Ausdruck kommt.

Solches Wachstum, auf Zeit und Bereiche gesehen, erscheint sachlich-literarisch als ein Hinausschreiten in neue, so noch nicht dagewesene Erfahrungsräume, wie es im Alten Testament theologiegeschichtlich-konzeptionell etwa die Begegnung von kanaanäischer und altisraelitischer Tradition, der Schöpfungsbericht der Priesterschrift mit seinen verarbeiteten Traditionen, der Wissenshintergrund hinter Hi 38f zeigen.

Solches Wachstum erscheint aber auch als Weiterformulieren von vertraut Vorgegebenem, wie man im Alten Testament an der Rechtsüberlieferung, der Weisheit, dem Dtn, den Psalmen sehen kann.

Und es erscheint als Neuformulieren von schlechterdings Überraschendem, Unerhörtem, wie die Berücksichtigung der Erfahrungen mit Weltmächten wie Assur, Babylon, Perser, Griechen in der Prophetie zeigt.

Solches Wachstum erscheint insgesamt als das Bemühen, Tradition und Innovation in der Gotteswahrnehmung als ein Gan-

---

10 S. für die Evangelien beispielsweise die wegweisenden Ausführungen zur johanneischen Tradition von J. Zumstein, Der Prozess der Relecture in der johanneischen Literatur, NTS 42, 1996, 394–411; zum Neuen Testament im ganzen die eindrucksvollen Untersuchungen neuerdings von D. Trobisch, Die Endredaktion des Neuen Testaments. Eine Untersuchung zur Entstehung der christlichen Bibel, NTOA 31, 1996.

zes zusammenzuhalten als Grundlage für unverstellte Öffnung
für das Besondere von Folgezeiten.

Wir betonen es noch einmal, um eingefahrene Ängste einzu-
grenzen: Nichts anderes als historische Exegese ist es, die in
Erklärung der Komplexität vorliegender biblischer Texte dies
zum Vorschein gebracht hat – unbeschadet divergierender
Vorschläge. Historischer Exegese als dem Rekonstruktionsversuch des Verstehens der Texte zusammen mit ihrem geschichtlichen Lebensumfeld erschließt sich dies gleichsam in
der Zusammenschau verschiedener ihrer Teilfragestellungen.
Es erschließt sich ihr durch die Zusammenschau vor allem von
drei Arbeitsfeldern: analytischer Einleitungswissenschaft, Rekonstruktion der Geschichte Israels, die über bloße Ereignisge-
schichte hinausgeht und ebenso die jeweils prägende Tradition
und die geistige und mentale Verarbeitung von geschichtlichen
Erfahrungen einschließt, und schließlich einer Theologie des
Alten Testaments, die der geschichtlichen Gottesspur anhand
der Überlieferungen folgt in Werden und Wandel der Konzeptionen der Gotteswahrnehmungen. Historischer Exegese und
nichts anderem erschließt sich dies, und zwar wie immer und
wie vorläufig, ja historisch unzureichend, wie es bei Lebensbegegnung auch gar nicht anders sein kann, sie im einzelnen
rekonstruiert.

Exegetisch-historische Methodik wendet sich darüber hinaus
auch eigens der historisch-synthetischen Einsicht zu, daß die
Bibel als solche schon in sich einen langzeitigen Überlieferungsvorgang darstellt. Der Einsicht, daß schon der innerbiblische Überlieferungsweg von den Anfängen bis zur Endgestalt
biblischer Bücher und Bücherzusammenhänge Weg für einen
fortgehenden Auslegungs- und produktiven Aneignungsvorgang ist, der unbeschadet neuer, innovativer Offenbarungsvorgänge Folgezeiten *sub specie Dei* im Lichte und in der
Fortschreibung von Tradition sieht.

Mit der Fragestellung nach der Redaktionsgeschichte, nach
dem Werden und Wachsen aufgezeichneter Überlieferung als
dem geschichlich-theologischen Vorgang einer Sachbewegung
geht Exegese dieser Frage nach. Redaktionsgeschichte[11] ist

---

11 S. dazu Steck, Exegese §§ 1 und 6. Vgl. dazu am Beispiel Jes 1–39
jüngst auch Barthel, Prophetenwort, 1–29, und U. Becker, Jesaja – von
der Botschaft zum Buch, FRLANT 178, 1997, 9–20. Beide Arbeiten ope-
rieren im Gefolge redaktionsgeschichticherr Perspektiven in ihrer Argumentation mit Textbeziehungen und Textbezugnahmen im Jesajabuch

dabei im interdependenten Zusammenhang exegetisch-historischer Methodenschritte gesehen als literarische und sachliche Synthese von Traditionsvorgängen, als Frage nach der beweglichen (schriftlichen) Tradition in den biblischen Schriften selbst. Sie ist mit theologischem, traditions-geschichtlichem Blickwinkel gesehen als Frage nach dem Vorgang der Weitergabe von Gotteskunde im Ablauf und un-ter der sachlichen, durch Gott geklärten Herausforderung von Zeit, nach dem Vorgang also, der gemäß der Selbsteinschät-zung biblischer Bücher hinter den biblischen Büchern steht!

Dieser beweglichen Tradition nachzugehen im Werden und Wachsen der Bücher des Alten und Neuen Testaments, ist, wie eingangs betont, allein schon nötig, um die Bücher selbst zu verstehen. Nur so wird man ihrer überlieferten Gestalt gerecht und begreift, was sie tradieren. Wir versagen uns für die wei-ten Felder aktueller redaktionsgeschichtlicher Arbeit in der derzeitigen Forschung auch nur Hinweise und wenden uns als Vorbereitung für Teil III unter dem Aspekt »Tradition« dem Textbereich zu, der uns später noch näher beschäftigen wird – den Prophetenbüchern des Alten Testaments.

(Jes) sachlich deshalb nicht zureichend, weil nicht etwa für Schluß-schichten, in denen der gegebene Textbestand im wesentlichen erreicht ist, sondern für frühere Werdestufen Beziehungen von Texten festgestellt oder verworfen werden, ohne daß das gegebene literarische Ganze, histo-risch synchron untersucht und dann Schritt für Schritt auf allfällige Vor-stufen hin rekonstruiert, zu Überprüfung und Begrenzung der Thesen im Blick wäre. Bei so reduzierter Anwendung redaktionsgeschichtlicher Methodik zumal für anfängliche Wachstumsschichten des Buches bleibt aber ungesichert, wie die Abhängigkeiten und textgenetischen Beziehun-gen wirklich laufen. Daß zumal in der Arbeit von Becker Redaktion nicht als höhere Einheit von Redigiertem und Redigierendem vorgeführt wird, Formgeschichte als methodischer Zugang praktisch überhaupt keine Rolle spielt und kein einigermaßen geklärtes Bild aus religions- und tra-ditionsgeschichtlicher Arbeitsweise für theologiegeschichtlich-konzep-tionelle Kriterien zu literarkritischen Einordnungen besteht, tut ein Übri-ges; die immer wieder behaupteten literarischen Abhängigkeiten nicht zuletzt im Verhältnis von Jesajaerzählungen und Jes 7 haben deshalb nicht die Plausibilität, die man erwarten muß.

5. Die Prophetenbücher als Tradition

Tradition in zeitlich-sachlicher Bewegung – in diesem Rahmen sehe ich insbesondere meinen speziellen Forschungsgegenstand, die Prophetenbücher des Alten Testaments[12]. Vor allem das erste und das letzte in der Reihung des hebräischen Kanons: das Jesajabuch in exponierter Anfangsstellung und das Zwölfprophetenbuch am Ende des Kanonteils Nebiim haben mich beschäftigt und aus gutem Grund besonders die Schlußkapitel dieser Bücher, wo das steht, womit das gegebene Ganze für die Leserschaft literarisch wie im Fluchtpunkt langzeitiger göttlicher Sinngeschichte sein Ziel zeigt.

Wenn irgendetwas im Alten Testament, dann sind eben die Prophetenbücher Ausdruck und Vorbild solcher Art Tradition zeitwacher Nähe zu der geschichtlichen Herausforderung und Weite, von der wir gesprochen haben.

Es sind dies ja die Texte des Alten Testaments, die sich am sensibelsten dem weiträumigen geschichtlichen Erfahrungswandel aussetzen. Es sind dies die Texte, die auf Änderungen im zeitlichen Umfeld Israels als sachliche Veränderungen in Gottes Verhalten eingehen und den überlieferten Gott, angeleitet von empfangenen Gottesbotschaften, gerade auch dort als den lebendigen entdecken, wo die Konstellationen sich wandeln. In den Prophetenbüchern läßt sich in deren eigenem Sinne also der Wahrnehmung Gottes für den Bereich langer Zeit begegnen, und in ihnen als über lange Zeit angewachsenen Traditionswerken kann man auch sehen, wie sich der langzeitige prophetische Wahrnehmungsvorgang im Blick auf Gott darstellt und wandelt.

Die Prophetenbücher wachsen mit der Zeit immer mehr. Das ist insoweit kaum zu bestreiten, wie immer diachrone Analysen im einzelnen ausfallen. Prophetenbücher aktualisieren – auch das ist offenkundig – verpflichtende ältere Prophetenüberlieferung fortführend wie zeitlich-sachlich einschränkend weiter, um nicht weniger als dem lebendigen Gott weiter nachzuspüren, wie er in der Kunde des Propheten übermittelt wird. Die Prophetenbücher orientieren sich dabei an dem, was sich im aufgezeichneten Prophetenwirken von Gott kundgibt: also an der zeitlich zugewandten Lebendigkeit Gottes, der auf

---

12   S. dazu schon Steck, Strömungen theologischer Tradition im Alten Israel (1978) in: ders., Wahrnehmungen Gottes im Alten Testament, ThB 70, 1982, 291–317, und vor allem ders., Prophetenbücher, 177–204.

sich ändernde Zeiten eingeht, der somit auch mit überraschenden, alles verändernden, heilsvernichtenden oder später heilsverzögernden Vorgängen und Erfahrungen Israels im weltpolitisch-äußeren wie im sozial-inneren Bereich zu verbinden ist. Sie orientieren sich an dem lebendigen Gott, dessen Überlieferung mit der Zeit neue Probleme stellt, die in seinem Sinne erst noch zu lösen sind – als resultatives Wiedererkennen dessen, was man von Gott schon kennt, oder als kreatives Erfasssen von Wandel im zugewandten Gott selbst. Und all das begegnet eingeschrieben in die Bücher selbst. An diesen Büchern läßt sich in deren Sinne selbst aus prophetischem Wissen also die Selbstbewegung und Selbstüberschreitung des sich je überliefernden Gottes erkennen.

Die Prophetenbücher sind also auch offen für das Neue, Andere, Besondere, ja Singuläre von zeitlichem Wandel in der ganze Weite der weltpolitischen und sozialen Erfahrungen von Jahrhunderten. Sie sind befaßt mit den Assyrern, mit den Babyloniern, mit der Katastrophe des eigenen Staates, mit dem Untergang der Mächtigen und der Armseligkeit der Kleinen im eigenen Volk, mit den Erwartungen, Hoffnungen an Gott im Zusammenhang mit dem Perserreich, mit der Angst vor einer politisch amorphen, von vielen diffusen Machtkomponenten bewegten Welt, die zusammenbricht und ohne Ordnung ist nach dem Tode Alexanders des Großen. Die Prophetenbücher sind im Blick auf endgültiges Ergehen mit Trennung und Scheidung zwischen den Menschen und inmitten Israels befaßt, mit bitterer Trennung von Gruppen im Gottesvolk selbst, mit der Präsenz Gottes in Jerusalem mit oder ohne Tempel und mit der brennenden Hoffnung, daß Gott am Ende doch ganz Israel wieder versöhnt unter seinem Gesetz und unter dem Propheten Elia, der da kommt, wie es die Aussagen Mal 3,22–24 als Abschluß des ganzen Kanonteils »Nebiim«[13] festhalten. An den Prophetenbüchern läßt sich also die Aufgeschlossenheit für das Eigenartige und durchaus auch Wechselhafte sich wandelnder Zeitläufte erkennen. An ihnen zeigt sich, was das ist – Tradition.

13 S. dazu O.H. Steck, Der Abschluß der Prophetie im Alten Testament. Ein Versuch zur Frage der Vorgeschichte des Kanons, BThSt 17, 1991, 127–136.

III. Prophetenbücherforschung im Rahmen des Vorgangs »Tradition«

1. Der Vorgang »Tradition« als theologischer Brückenschlag zwischen historischer Bibelforschung und Kirche

a) Überlegungen zum Einstieg

Theologische Arbeit unter uns in Fakultät wie in Kirche, in Forschung wie in Gemeindepraxis bewegt sich, das sei in Anknüpfung an die Ausführungen oben in II 3 hier in Erinnerung gebracht, im Sinne evangelischer Theologie im Rahmen bibelbezogener Vergewisserungsvorgänge, die solche Arbeit sachlich immer wieder auf der Spur halten. Mit solchem Selbstverständnis bewegt sich Arbeit dieser Art in einem sie weit übergreifenden Zusammenhang. Sie ist an ihrem Teil selbst nämlich innerhalb des einen umfassenden Traditionsvorgangs tätig, der von der Entstehung der Bibel angefangen bis zur jüngsten, zeitgerechten Weitergabe ihrer Botschaft alles umfaßt. Es ist der Vorgang, der jegliche bibelorientierte theologische Arbeit zu jeglicher Zeit an jeglichem Ort verbindet und Wissenschaft und Praxis von vornherein sachlich zusammenschließt; wir haben diese Sicht in Teil II schon herausgestellt. Tradition verbindet somit auch Bibelforschung und kirchliche Praxis als Bestandteile desselben Geschehens.

Dieses umfassende Geschehen ist ein Geschehen von besonderer Bewegung. Zu ihm gehört nämlich näherhin eine theologische Konstellation, die die ganze Dynamik des Traditionsvorgangs vom biblischen Befund an bis heute in sich schließt: Grundlegendes wird immer wieder aufgenommen und weitergereicht, kann aber wegen Wechsel und Wandel der Zeiten später offenbar nur durch Weiterführung und Veränderung festgehalten werden. Zu diesem Geschehen gehört der Anspruch, Grundlegendes gerade durch faktisch verändernde Weitergabe sachlich zu wahren. Er ist Exegese als movens schon innerbiblischer Vorgänge von Überlieferungswachstum längst vertraut. Wachstum dieser Art ist aber ebenso auch noch für den nachbiblischen Traditionsvorgang in der Praxis kennzeichnend bis hinein in die Vergewisserungen an der Bibel in der heutigen Zeit. Allein schon diese Gemeinsamkeit, die Wissenschaft und Praxis aus dem sie beide umgreifenden Traditionsvorgang miteinander teilen, sollte theologisch allseits Verständnis dafür wecken, daß Exegese und jeweils aktuelle Verkündigung in höherem Sinn zwar durchaus immer dasselbe, aber beileibe nicht immer das Gleiche sagen müssen. Daß also Tradition nicht uniform bleiben kann, wenn sie Tradition und nicht nur Repetition sein soll. Diese Gemeinsamkeit sollte also Verständnis wecken für die Notwendigkeit späterer Veränderung der Überlieferung insbesondere gegenüber den exegetischen Befunden zu historisch-ursprünglicher Sinngebung, die nicht mehr Inhalt späterer Predigten sein müssen, und ebenso für die mit früher verbundene Eigenart der exegetisch-biblischen Befunde, die noch nicht Predigtinhalte für später sein können, gegenüber der späteren Überlieferung.

Ist das so, dann läßt sich aber durchaus verstehen, daß zu der Grundkonstellation, die alles verbindet, auch Abstand gehört. Es ist der Graben zwischen wissenschaftlich-historischer Bibelforschung im Bereich des Grundlegenden und zwischen aktuellem Bibelgebrauch im Bereich der Weiterführung in der Praxis, ist es doch eine zweifache Notwendigkeit, die zu solchem Abstand führt.

Diese sachbedingte Notwendigkeit zur Grabenbildung, die hingenommen und bearbeitet, aber nicht beklagt werden muß, wollen wir uns zunächst näher vor Augen führen, ohne das Gemeinsame von Bibelwissenschaft und theologischer Praxis im Vorgang von Tradition aus dem Auge zu verlieren.

Das Stichwort der einen Seite dieser Notwendigkeit lautet *Innovation*. Soll das Biblische weiterhin auch in den Folgebereichen fortgehender Zeit lebendig bleiben, muß es mit sich wandelnden Lebenskonstellationen jeweils erst wieder verbunden werden. Da muß also Differenz überwunden, da muß Abstand überbrückt werden. Es gilt, in diesem umfassenden Traditionsvorgang nicht einfach die Lebensgestaltungen biblischer Zeit später immer wieder zu oktroyieren, sondern in Weiterführung des Biblischen die authentischen Lebensgestalten des Christlichen später immer wieder erst zu finden, und das muß einfühlsam geschehen mit Sinn für das Besondere, es muß innovativ denkend, redend, handelnd vor sich gehen in allen Bereichen im Rahmen späterer bis hin zu unserer eigenen Zeit.

Innovation im Traditionsvorgang – das meint also entschieden mehr, als alle Zeit und allüberall Gegebenheiten von später als Belege für immer schon längst formulierte biblische Sätze zu fassen. Gemeint ist vielmehr das jeweils zeitgerechte, in jeder Hinsicht Wandel berücksichtigende, kreative Finden späterer Lebensgestalten des Biblischen. Auch wenn dabei ein Graben

zwischen Bibel und später durch Arbeit überwunden werden
muß und die Langzeiterfahrung dabei ernüchternd auch viel
Versagen und Scheitern zeigt – das Bemühen ist notwendig,
weil sich die Lebenskonstellationen mit der Zeit tiefgreifend
verändern und sich sogar zur selben Zeit in unterschiedlich
geprägten Lebensräumen verschieden darstellen. Auf der Suche nach einer Wahrheit, die scheinbar stets gleichlautend und
uniform sein muß, wird dies gern übersehen.

Anders gesagt: Der Fortgang des Zeitlaufs und der geschichtlichen Prägungen bringt gegenüber Früherem und früheren
Formulierungen der Gotteskunde immer wieder durchaus Eigenes und Besonderes ins Spiel. Obwohl man es in einem
Mißverstehen der übergreifenden Dauergeltung der Bibel oft
nicht wahrhaben will, gilt diese Selbstverständlichkeit theologisch in bestimmter Hinsicht nicht nur gegenüber Ausprägungen nachbiblischer Tradition, die früher sind als die heute gesuchten. Da wird Zeitbedingtheit leicht erkannt und schnell
eingeräumt. Sie gilt ebenso bereits gegenüber dem Früheren,
das die Bibel selbst darstellt. Sie gilt also sogar gegenüber dem
Wortlaut der Heiligen Schrift, gegenüber den Formulierungen
des Grundlegenden selbst, wie es aus seiner Zeit auf uns gekommen ist. Es ist Schein, hier Gültigkeit zu haben, die vom
Fortgang des Zeitlaufs nicht angegriffen wird.

So oder so – von früher Überkommenes kann hier wie sonst
nur weitergegeben und zugleich angeeignet werden, wenn
mehr geleistet wird als überlieferte Formulierungen, und seien
es die biblischen, zu wiederholen. Wir müssen noch darauf
zurückkommen.

Das Stichwort der anderen Seite der Notwendigkeit, von der
wir hier sprechen, lautet *Identität*. Es darf ja nicht geschehen,
daß Weitergegebenes sich im Zuge der Weitergabe verliert. Es
darf nicht geschehen, daß biblisch Überkommenes seine
grundlegende Qualität einbüßt, weil es einfach an die neuen
Herausforderungen angeglichen und ihnen unterworfen wird.
Wäre dem so, dann wäre alles aktuell, aber nichts mehr Biblisches mit eigener Stimme überkommen. Vielmehr muß in
späterer Zeit Christliches – nicht wiederholend, wohl aber Selbigkeit inmitten geschichtlichen Wandels vergewissernd –
immer wieder auf seine biblischen Grundlagen rückbezogen
werden und ihnen gegenüber sachgemäß bleiben; in II 2 war
davon oben schon die Rede. So bleibt Identität gewahrt, keine
unmittelbar wiederholende zwar, was der Wandel der Zeiten
verwehrt, wohl aber eine vermittelte Identität.

Sieht man christliche Tradition nicht als archivalischen, sondern als zeitlaufbezogenen Vorgang, so geschieht in ihm im
Sinne dieser zweifachen und als solche zu Grabenbildung füh-
renden Notwendigkeit beides: Einerseits wird gemäß der Option christlicher Kirchen mit der Bibel von früher her nach wie
vor Maßgebliches empfangen. Dessen Identität ist deshalb ohne Wenn und Aber zu wahren. Andererseits aber kommt dies
Empfangene in seiner überlieferten Gestalt trotz aller Überset-
zungsbrücken in der späteren, eigenen Gegenwart nicht an.
Was immer noch Maßstab sein soll, wirkt jetzt nicht einfach
aus theologischen, durch die Differenz von Gott und Mensch
immer gegebenen, sondern bereits aus Gründen des Zeitwandels fremd und konfus. Die Späteren erleben bei ausreichender
Nüchternheit und Ehrlichkeit die Bibel, genau und beim Wort
und beim ursprünglichem Sinn genommen, deshalb als ein un-
zureichendes Traditionsgeschehen. Wer nachdenken, reden,
handeln will mit der Bibel, erlebt, daß sie anderes, vor allem
aber auch in allen Bereichen Früheres ausdrückt und Sachverhalte so sieht, wie sie in eine andere Zeit gehören. Da ist ein
Unterschied zu der Sicht, die wir jetzt erfahren und brauchen –
die mit der Zeit zwangsläufig und zurecht immer wieder neu
ausgebildeten, umgearbeiteten, anderen Herausforderungen
angepaßten christlichen Lehr- und Lebensmodelle zeigen es.
Das in der Bibel überkommene Traditionsgeschehen wird,
wenn man es sich bei einem Blick auf die Bibel selbst und
nichts anderes nur eingestehen will, in seiner überlieferten Gestalt trotz unaufgegebener Maßgeblichkeit der Heiligen Schrift
von später her gesehen also als seiner Zeit verhaftetes und somit als zeitgebunden Früheres erkannt und erfahren. Auf Späteres geht diese Bibel nicht wirklich ein; sie erlaubt es nicht,
die eigene Zeit direkt in der biblischen wiederzufinden. Veränderungen bezüglich elementarer Lebensbedingungen, Wirt-
schaftsformen, Berufsfeldern, Verhalten gegenüber Menschen,
Tieren und Pflanzen, Wertung des Sexualverhaltens, Wissen
über Homosexualität, Psychologisches zu Aggression, die Einschätzung von Kriegen seien wahllos herausgegriffene Beispiele, woran man bei Wandel heute denken kann. Es wird also
direkt oder indirekt bewußt, daß die biblische Tradition selbst
einer für später zeitgerechten Nachführung bedarf. Der Graben, von dem wir sprachen, hat somit nicht einfach mit bedau-
ernswerter Entfremdung von der Bibel oder gar mit bockbeini-
gem Unglauben gegenüber der Bibel zu tun. Der Graben hat
noch vor alledem mit dem Zeitwandel und dessen Eigenge-

nein,
icht erkennt!

wicht zu tun – dem Zeitwandel, den man für den Bereich innerhalb der Bibel selbst lieber verschweigt und in der nachbiblischen Tradition lieber verdeckt.

Aber Folgezeiten muß das Recht je eigener, so noch nicht dagewesener Herausforderungen zugestanden sein, damit überkommene biblische Maßgeblichkeit auch nach dieser Seite hin eine ebenso zeitgerechte wie sachgerechte, stimmige Gestalt behalten soll. So findet Innovation Gestalt, keine ungezügelte zwar, was die Identitätsbindung an das biblisch Maßstäbliche verwehrt, wohl aber eine zeitgerecht-lebensnahe, die über Wissen und Formulierungen biblischer Zeit hinausschreitet. Soviel zum Einstieg in Teil III.

In dem im folgenden näher ausgeführten Teil III selbst versuchen wir von Seiten unseres Fachs, in Einsichten zu dem Bibel, Bibelwissenschaft und Bibelaneignung zusammenführenden und uns Anwesende in dieser Veranstaltung sachlich verbindenden Vorgang »Tradition« und seiner bezeichnenden Konstellation, von der wir eingangs gesprochen haben, nun etwas weiterzukommen.

Wir beginnen in diesem Rahmen mit Überlegungen zu einer Reihe elementarer Grundoptionen für eine exegetische Sicht von Tradition.

b) Fünf Grundoptionen aus historisch-exegetischer Sicht

x)

(1) Bibel und spätere Bibelaneignung sind, wie in Teil II 3 schon hervorgehoben, durch den Vorgang fortlaufender, produktiver Tradition verbunden. Sie sind damit auf einer gemeinsamen Ebene von Zeitlichkeit gesehen, auf der sich Werden, Divergenz und Wachstum der Überlieferung, von der Entstehung der biblischen Überlieferung selbst angefangen bis hin zu heute, zusammen bewegen. Mit dieser ihrer Zeitlichkeit, verstanden im Sinne des sachlich konstitutiven Zeitbezugs ihrer Äußerungen wie im Sinne ihres genetisch konstitutiven Zeitbezugs im fortgehenden Entstehen von Überlieferung wie im Sinne des Eingehens auf Veränderung im Wechsel und Wandel von Erfahrungen und Wissen, um den lebendigen Gott da zu hören, sind der Bibel wie aller Folgetradition damit ihr Alter und ihre jeweilige Zeitausrichtung belassen und Zeitlichkeit als ein Faktor ihrer Komplexität in Betracht gezogen!

(2) In evangelischer Theologie erfolgt alle Vergewisserung für christliches Leben und christliche Lehre grundlegend ausschließlich an der Heiligen Schrift Alten und Neuen Testa-

X aber Frage wie: Bibel als Begründg f.
Jud- erfolgs? + Apartheid   Hier liegt and
            Tradition vor

ments. Tradition als *norma normata*, auch die reformatorische, hat demnach keinen primären, sondern, was aus Furcht vor der komplexen Bibel gern vergessen geht, selbst einen stets überprüfungs- und vergewisserungsbedürftigen Rang.

(3) In diesen Rahmen gehört die Heilige Schrift in ihrer geschichtlichen Gewordenheit, heißt in ihrer wandelbedingten Zeitlichkeit und ihrer Sachkomplexität als ganze. Gemäß der Kanonüberzeugung der evangelischen Kirchen ist die Bibel demnach in all (!) ihren Teilen und Aussagen die bleibende, grundlegende Gotteskunde; wir haben nicht mehr, aber auch nicht weniger. Die gängigen Reduktionen der Bibel auf eine Spenderin herausgelöster und für zeitlos erklärter Großargumentationen und Spitzensätze und konfessionell selektionierter Hauptpositionen, auf die sich das vorgeblich biblisch Grundlegende aller Tradition dann scheinbar reduziert, widerspricht der Geschichtlichkeit und Ganzheit des Kanons, an den man sich kirchlicherseits gebunden hat.

(4) Mit diesen Grundoptionen ist die Bibel als zeitliche Größe erfaßt und historische Bibelforschung damit in den christlichen Traditionsvorgang konstitutiv einbezogen. Das mag gegenüber scheinbar höherwertigen Lehrreflexionen eine Erschwerung sein, ist aber angesichts der Bibel als zeitlicher Größe im Grunde nichts anderes als die schlechterdings unausweichliche Gegebenheit.

(5) Der Gewinn einer Zusammenschau von Bibel und späterer Bibelaneignung unter der umfassenden Perspektive fortgehender Tradition liegt im Bereich der hier verfolgten Fragestellung in der Einsicht,

(a) daß die Bibel als zeitliche Größe genommen werden kann, so, wie sie in ihren zeitbedingten Wandlungen, in der Komplexität mehrerer Konzeptionen nebeneinander, in ihrem Gefälle vom Alten zum Neuen Testament für historische Erkenntnis eben ist,

(b) daß historische Bibelforschung in der Theologie nicht länger stört, sondern in den Klärungsvorgang notwendiger Vergewisserung des Christlichen am Ursprung des einen umfassenden Überlieferungsvorgangs gehört,

(c) daß Komplexität, Wandel, Zeitlichkeit der biblischen Überlieferung unbeschadet des Vergewisserungsvorrangs der Bibel sich auf eigene Weise in der Folgezeit der Bibelaneignung wiederfinden und dort nicht *eo ipso* Ausdruck von Verfälschung sind. Einsicht in die Eigenart innerbiblischer Tradition vermag die Komplexität der Tradition in nachbiblischer

Zeit aufzuwerten: Diese Erscheinungen in nachbiblischer Zeit
können – insoweit dem binnenbiblischen Befund vergleichbar
– durchaus auch legitimer Ausdruck der Wahrnehmung neuer
Konstellationen und veränderter Lebensfassungen der biblischen Grundlage bis hinein in die denkende, sprachliche, literarische, lebenskonkret handelnde Gestalt sein. Sie sind in diesem Fall trotz anderen Aussehens und anderer Konkretion, ja
sogar trotz geänderten Richtungssinns nicht anders als sachgemäß, sofern sie der Vergewisserungsprobe an der biblischen
Grundlage für ihre spätere Zeit standhalten. Auch sie behalten
selbstverständlich von früher her Bleibendes, das fortwirken
kann. Christliche Auslegungsgeschichte der Bibel, christliche
Lebens- und Lehrgestalten späterer Zeiten werden so vom
Zeitlauf mit neuen Herausforderungen nicht immer einfach
wieder ersatzlos überholt, als gäbe es nur die Konstellation
Bibel/jeweils spätere Gegenwart der Bibelaneignung und keine
Zeit dazwischen. Nachbiblische Aneignungen der Bibel rücken
für evangelisches Verständnis aber auch nicht zu maßstäbli-
chem Rang auf, sondern können ihrerseits nach wie vor legitime Gestaltwerdung bleiben und Anschauung und fortwirkende
Anregung für eine zeitgerechte Aufnahme des biblisch
Grundlegenden in Folgezeiten sein.
Wir wollen den Theologie eigenen Vorgang sich vergewissernder Bibeltradition im Rahmen dieser Grundoptionen von
exegetischer Seite nun näher betrachten, und zwar in zwei parallelen, aber gegenläufigen Blickrichtungen: zunächst von
später auf die Bibel zurück (Kapitel 2) und sodann vom Ausgangspunkt, von der Bibel in nachbiblische Folgezeiten voraus
(Kapitel 3). Wir erörtern dabei Theologie in Wissenschaft und
Praxis als Vorgang zeitwacher, beweglicher Weitergabe des
biblischen Ursprungs in veränderte Konstellationen der Folgezeit. Ein letztes Kapitel wird kurz darauf eingehen, was hier
nicht unser Thema ist, aber die Lebendigkeit von Kirche wie
nichts anderes zeigt: Tradition als zeitgemäße Lebensgestalt
des Biblischen in vielfältigen christlichen Konkretionen (Kapitel 4).
Wir beginnen nun mit der Blickrichtung *vom Standort im späteren Traditionsvorgang zurück auf die Bibel* als der grundlegenden historischen Vergewisserungsgröße in diesem Vorgang.

2. Theologie als Vergewisserung von Tradition
am biblischen Ursprung

a) Die Rückvergewisserung von Tradition
am biblischen Ursprung

Zu christlicher Tradition als Rezeption – das Wort »Rezeption« sei hier fernab aller Rezeptionsästhetik zunächst einmal
dem theologischen Gegenstand entsprechend im strengen Sinne der sachgemäßen Aufnahme und Wahrung von überkommen Maßgeblichem und nicht auch der aneignenden Weitergabe genommen – gehört, daß Theologie und Glaube sich dem
steten Wandel von Lebens- und Reflexionskonstellationen
stellen, aber sich dabei doch immer wieder ihrer Eigenart ver-
sichern – Teil II und die Aspekte Innovation und Identität zu
Eingang dieses Teils haben das schon herausgestellt. Diese
Eigenart basiert auf der Heiligen Schrift, wie sie Kirche als
Grundlage der Orientierung gegeben ist.
Zu Tradition als Rezeption gehört also im Blick auf die Eigenart unweigerlich Rückbesinnung. Es gehört dazu, daß Theologie und Glaube für die ihnen aufgegebene Identitätswahrung
der vielfältigen christlichen Lebensgestalten im Fortgang von
Zeit jedenfalls nach evangelischem Verständnis immer wieder
auch zeitlich bis zu den sachlich grundlegenden Anfängen zurückgehen müssen – also nicht nur zu den eigenen Bekenntnis-
sen, zu den Reformatoren, sondern bis zu den alten biblischen
Ursprüngen selbst. Theologie und Glaube haben sich in Konsequenz evangelischen Schriftverständnisses demnach zu jeder
Zeit immer wieder am geschichtlichen Ursprungssinn der
maßgeblichen Überlieferung zu vergewissern, wie er in der
eigenartigen Formulierung biblischer Texte und der Kontextualisierung dieser Texte im geschichtlich-biblischen Gesamtrahmen von der Genesis bis zur Johannesoffenbarung zum
Ausdruck kommt – wir sprachen in Teil II auch davon schon.
Rückvergewisserung dieser Art hat Folgen dafür, wie »Wahrheit« in diesem Sinne gemäß evangelischer Theologie zu fassen ist. Die Wahrheit, an der man sich als Vergewisserungsba-
sis orientiert, und die vielfältigen, gelungenen oder mißlunge-
nen Lebenskonkretionen dieser Wahrheit im Fortgang der Zeit
sind damit nämlich unterschieden. Wahrheit als Anhalt für die
Vergewisserung kommt nur dem Ursprung zu. Wahrheit im
Sinne solcher Traditionsbindung an die biblischen Ursprünge
ist hier also nicht die im Fortgang der nachbiblischen Überlie-

suffizient genügend, ausreichend

ferungszeit immer mehr wachsende, immer weiter und deutlicher zum Vorschein kommende und jeweils amtlich festgestellte Wahrheit. Was nachbiblisch mit der Zeit wächst, ist anderes. Jedenfalls für unsere evangelische Position wachsen – Glaubensgestaltungen dieser Wahrheit bereichernd – im Fortgang sach- und zeitgemäßer Tradition mit der Zeit und auch schon gleichzeitig vielfältig nebeneinander geistige Präzisierungen, Lebenskonkretionen, Lebensmodelle, Grenzziehungen und Öffnungen bezüglich dieser Wahrheit, nicht aber Wahrheit selbst. Die Wahrheit verbleibt im Sinne nicht einer Formulierungs- und Konkretionssuffizienz, die durch die Zeitverhaftung biblischer Formulierungen ausgeschlossen ist, wohl aber im Sinne der sachlichen Suffizienz der Heiligen Schrift an den Ursprüngen in der Bibel selbst und nirgends anders![14] Alle Folgeüberlieferung hat an ihr teil, muß sich an ihr bestätigen, u.U. aber auch korrigieren und nachträglich kritisch beurteilen, auf jeden Fall aber als je zeitbedingte relativieren lassen[15]. Al-

---

14 S. dazu jüngst auch E. Herms, Was haben wir an der Bibel? Versuch einer Theologie des christlichen Kanons, in: Biblische Hermeneutik, JBTh 12, 1997, 99–152, dort 109. Gegenüber der Verbindung der Bibel mit den Ursprüngen der christlichen Glaubens- und Kultgemeinschaft bei Herms (Bibel, 100.109.110–123 u.ö.) sind die über Glaubensgemeinschaften weit hinausgehenden, universalen, natürlichen und politischen Lebensfelder in der Bibel zu beachten und als zentraler Bezug aller Aussagen die direkt oder indirekt in der Bibel übermittelte Kunde von Gott!

15 Zur Vergewisserung aktueller christlicher Denk- und Lebensgestalt und zur Überprüfung herkömmlicher Tradition an der Bibel als der ursprünglichen Grundlage s. beispielsweise G. Ebeling, Dogmatik des christlichen Glaubens, Bd. I, 1979, 24–42; W. Pannenberg, Systematische Theologie, Bd. I, 1988, 36–58, sowie jüngst H. Kirchner, Wort Gottes, Schrift und Tradition, Ökumenische Studienhefte 9, BenshH 89, 1998, mit der bezeichnenden Ergebnisformulierung aus ökumenischen Relationsbestimmungen zum Thema: »Insofern Tradition als der umfassende Lebensraum zu verstehen ist, indem sowohl die Heilige Schrift als Urkunde des Glaubens, deren Norm sich die Kirche unterstellt hat, wie auch der Weg des Glaubens in der Kirche durch die Geschichte bis hin schließlich zu seiner aktuellen Bezeugung ihren Platz haben, geht es um – den ständigen Umgang mit dieser Urkunde als der alleinigen Basis des Glaubens in Zeit und Geschichte; um – den ständigen Rückbezug als Vergewisserung und Quelle neuen Aufbruchs und um – die ständige kritische Prüfung von Lehre, Leben und Bekenntnis im Lichte dieser Urkunde, die aber auch diese selbst als ein geschichtliches Dokument mit einbezieht. Die Frage lautet somit eigentlich auch nicht (mehr): ›Schrift und Kirche‹ als statisch einander gegenüberstehende Faktoren, sondern ›Schrift und Geschichte‹ in einem dynamischen Prozeß« (150f).

so: An der Vergewisserung des biblisch Überkommenen, und zwar so, wie es ist, muß sich Christliches für diese evangelisch-theologische Sicht seiner bleibenden Eigenart immer wieder neu gewiß werden.

Es ist keine einfache Aufgabe, diese Maxime zu erfüllen. Der Griff nach der Bibel legitimiert an sich noch nichts, und wenn es die Griffe sind, auf die es ankommt, dann läßt sich mit der Bibel alles beweisen. Es muß die Bibel selbst sein, nach der gegriffen wird. Die Bibel braucht Bewahrung vor den Mißgriffen ihrer Verwerter. Der Exeget ist deshalb im Blick auf die Traditionsvorgänge, die sich auf die Weitergabe der Bibel richten, aufgerufen, die Bibel vor gutwilligen oder böswilligen, vor ahnungslosen oder arroganten Vergewisserungszugriffen innerhalb und außerhalb christlicher Tradition so in Schutz zu nehmen, daß sie sie selber bleibt.

Er wird dabei allerdings wahren – und das erschwert seine Aufgabe –, daß die allen Späteren aufgegebene Vergewisserung an der Bibel als einer an sich selbst und nicht nach Maßgabe von Zugriffen maßgeblichen Größe erfolgt, die selber zeitlicher Art ist, d.h. im Blick auf frühere Zeiten geworden und nach der Meinung vieler leider – auch alles andere als uniform. Diese Größe – nur Verblendung könnte davon absehen! – ist viel älter und unter ganz anderen Umständen entstanden als der jeweilige Vergewisserungsvorgang später, in dem sie zum Zuge kommt. Die Vergewisserung erfolgt zudem an einer Größe, die – wir sprachen in II beim Traditionscharakter der Bibel im allgemeinen und der Prophetenbücher im besonderen schon davon – bereits in sich selbst in langer Zeit entstanden und über den wechselnden Zeitbezug hinaus auch in der Sachaussage alles andere als gleichlautend ist. Sie stellt schon in sich selbst einen langzeitigen Vorgang für maßgeblich gehaltener Tradition von zunächst nebeneinander bestehender, in den makrokanonischen Vorgängen schließlich aber zu höherer Sacheinheit zusammengeführter, theologisch-konzeptioneller Vielstimmigkeit dar.[16] Wie kann die Bibel ihre

16 Es ist sehr einseitig, erst mit den jeweils abschließenden Vorgängen der Kanonbildung die Qualität des Maßgeblichen biblischer Überlieferungen zu verbinden. Die abschließenden Vorgänge, die für das Alte Testament in die Zeit vom 4. Jhdt. v.Chr. (Tora) bis ins 1. Jhdt. n.Chr. (Ketubim) reichen, markieren nur die Konstellation, daß für die Textgebilde, ohne kleinere Änderungen und vor allem ausweislich der Funde vom Toten Meer die Vielfalt mehrerer Textfassungen zunächst noch neben-

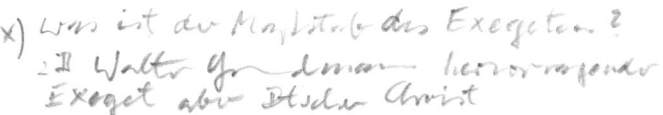

x) Was ist die Maßstab des Exegeten?
:II Walter ... demnach hervorragender
Exeget aber Ittscher Christ

grundlegende Funktion im Vergewisserungsvorgang christlicher Tradition erfüllen, wenn sie so ist?

b) Die Binnenkomplexität des biblischen Ursprungs und die Aufgabe historischer Exegese

Wer inmitten des Vorgangs theologischen Vergewisserung von der Bibelweitergabe auf die Bibel selbst zurückschaut, stößt unweigerlich auf diese Vielstimmigkeit. Mit dieser Eigenart, in der sich die Bibel der Rückvergewisserung so irritierend zeigt, müssen wir einsetzen.

Der Grund für diesen Befund läßt sich sogleich nennen. Daß das so ist, liegt aus exegetisch-historischer Sicht an der eigentümlichen Entstehung der Bibel und sachlich an dem bleibenden Gewicht ihrer weiter tradierten, älteren Überlieferung. Die Bibel als Vergewisserungsgrundlage für Spätere entstammt ja nicht einem einzigen Verfasser, sondern verdankt sich einem großen Rezeptionsvorgang; er erst ließ – Älteres nicht tilgend, sondern bewahrend und fortschreibend – sie zum vorliegenden Umfang heranwachsen.

In diesem Rezeptionsvorgang Bibel sind auch in seinem Endergebnis entgegen allen Träumereien von einer stimmigen Endtext- und Kanontheologie innerhalb des Alten wie innerhalb des Neuen Testaments und erst recht in der Verbindung beider Kanongrößen sehr unterschiedliche Aussagen beieinander gelassen – die Vielstimmigkeit, von der wir eben gesprochen haben. Doch diese Vielstimmigkeit muß keine Wertminderung sein, als ob der Bibel damit die Orientierungskraft verloren ginge oder sie zu einem Buch wird, mit dem sich alles begründen läßt, weil sich jeder aus ihm nach Belieben bedienen kann! Die Vielstimmigkeit ist nämlich in der Bibel selbst in die Sicht einer höheren Sacheinheit gebettet, die sie selbst vorführt, die alles verbindet und trägt, und der wäre vor aller Klage über die Vielstimmigkeit zuerst nachzugehen.

Es gibt, wenn man auf das Verbindende und Gemeinsame in all den komplexen Formulierungen sieht, für die Vielfalt einen

---

einander auszuschließen, die wesentlichen Binnenfortschreibungsvorgänge zum Stehen gekommen sind. Maßgeblich sind die Texte zunächst für bestimmte Trägergruppen auch als solche akzeptiert gegebenenfalls aber schon viel länger, nämlich von Anfang an, wie ihre schriftliche Überlieferung und produktive Weiterüberlieferung bis zur Textgestalt im Kanon zeigt.

umfassenden Rahmen, den Rahmen nämlich eines umfassenden Langzeithandelns Gottes von Schöpfung bis Neuschöpfung, der als Gesamtbild sachlich im Ganzen biblischer Darstellung entgegentritt und sich auch in der literarischen Abfolge von Gen 1 bis zum Ende der Johannesoffenbarung als
Handlungsfolge des Gotteswirkens präsentiert.
Nimmt man den Befund solcher Art umfangenen Komplexität
bereits der Bibel selbst nicht als Zufall oder Unfähigkeit zur
Egalisierung und Vereinheitlichung, was historisch schon angesichts der innerbiblischen und ebenso der frühen außerbibli-
schen Rezeptionsvorgänge nicht zutrifft, sondern bis zum Erweis des Gegenteils als einen überlegt gegebenen und in den
langzeitigen Vorgängen der Kanonbildung theologisch bewußt
gewahrten Befund, dann hat schon dies Konsequenzen. Wer
im Sinne unserer zunächst gewählten Blickrichtung vom
Standort späterer Traditionsbildung auf den vergewissernden
Vorgang »Bibel« zurückschaut, kann schon aus dem lernen.
Der Befund, daß innerhalb der tragenden Rahmenperspektive
langzeitig zugewandten Gotteshandelns Egalisierung und Vereinheitlichung der Aussagen in der Bibel selbst vermieden
wird, hat vor allem Konsequenzen für die Art, wie biblische
Gotteskunde in ihrer grundlegenden Gestalt diesem Vorbild
gemäß weiterzugeben ist. Gott soll im Sinne eines so komplex
beschaffenen Schriftenkanons nämlich offenbar derart überliefert werden, daß ältere und gleichzeitig andere Wahrnehmungen von ihm im Vorgang der Überlieferung weiterhin erhalten
bleiben.
Als Grund dafür liegt am nächsten, daß die biblischen Gotteswahrnehmungen demzufolge eben nicht als ausgeglichene und
vereinheitlichte, sondern gerade in ihrem komplexen Zusammenbestand für das Verstehen des Gotteswirkens bereitgehalten werden sollen. Und sie sollen offenbar auch noch jenseits
der Formation der Bibel jetzt wie langzeitig weiter wichtig
bleiben, damit man aus Zeiterfahrung notwendig unterschiedliche Erwartungen und zeitrelative Gewichtungen des Gotteshandelns darauf gründen kann. Schon in der späten binnenalttestamentlichen Rezeption zeigt sich, daß Zeitkonstellationen
theologische Optionen innerhalb der Bibel von unterschiedlicher Akzentuierung für die jeweilige Jetztzeit herausfordern
konnten (eschatologische Qualifikation der Jetztzeit, Gesetz,
Schöpfungswirken usw.). Sie haben gerade an der Vielseitigkeit der Bibel Anhalt gefunden und können es weiter tun.
Wechselnde Herausforderungen und Erfahrungskonstellatio-

nen nachbiblischer Zeit führen zu wechselnden Schwerpunktsetzungen der Gotteswahrnehmung innerhalb der Vielfalt der
Vergewisserungsgrundlage Bibel; man denke heute nur an die
Phänomene Krieg/Frieden und Natur/Umwelt; sie sind in der
zweiten Hälfte des 20. Jhdt.s exponierte Beispiele solcher Herausforderungen, die zu besonderen Optionen innerhalb der
Vielfalt der Bibel führen! So spiegelt sich in der Vielfalt
durchaus legitim biblisch vergewisserter Rezeptionen der Bibel die innerbiblische Vielfalt. Beide haben ihre Komplexität
aus demselben Grunde: Nicht einfach Unvermögen und mangelnder Einheitswille kommt da zum Ausdruck, es kann im
Rahmen des biblischen Gesamtzeugnisses auch Schwerpunktsetzung aus Zeitsensibilität für Gott sein, weil die Eigenart des
Gegenstandes offenbar mit Gott und Zeitwandel, Wissens- und
Erfahrungswandel mit Gott in der Zeit zu tun hat; Vielfalt bewahrt Lebendigkeit. Das ist also genausowenig wie alle Einsicht in das Werden der Bibel zu beklagen, sondern im Sinne
der Lebensnähe des hier so wahrgenommenen Gottes positiv
zu sehen. Eine praktikable Lösung für alle Rückvergewisserung, mit der Komplexität der Bibel fertig zu werden, ist es
aber noch nicht. Im Gegenteil. Für alle, die sich auf die biblische Grundlage beziehen, wirft dieser innerbiblische Befund,
wenn man ihm nähertritt und mit ihm theologisch arbeiten
muß, gleichwohl große Probleme auf, weil die biblische Gottesüberlieferung von unausgeglichener Vielfalt bleibt. Die historische Einsicht, daß zumal im Alten Testament dies auch
mit dem Zeit- und Kulturwandel in langzeitig angewachsenen,
in der Weitergabe bewahrten Überlieferungsvorgängen zu tun
hat, und der Befund, daß bis zuletzt noch sehr verschieden ak-
zentuierte, nicht einfach ineinander überführbare Konzeptionen von Jahwe und Weltgeschehen im Kanon nebeneinander
belassen wurden[17], tut zusammen mit den sehr unterschiedlichen Wahrnehmungen des Christusgeschehens im Überliefe-
rungsgeschehen des Neuen Testaments ein Übriges. All das
spitzt die Problemlage für den grundlegenden Ausgangspunkt
aller christlichen Tradition noch weiter zu und wieder ist der
Grund offenkundig: sachlicher Zeitbezug und Zeitbedingtheit
der biblisch formulierten Gottesaussagen, die zugunsten von
gültigen Aussagen über den ewigen Gott für einen übersichtli-
chen theologischen Gebrauch nur zu gern überwunden würden.

---

17   S. dazu Steck, Prophetenbücher, 201f.

Aber die Bibel ist so, wenn man sich dem Befund ohne alle Abblendung stellt. Jede Vereinheitlichung, jeder Ausgleich ist nachträglich und muß wissen, was solche Maßnahmen tun. Mit jeder Bemühung dieser Art erhebt man sich über die Bibel auf eine Metaebene, die die Bibel selbst nicht bietet – auch da nicht, wo sie zwischen älteren und jüngeren Phasen des Gotteswirkens selbst unterscheidet und auf die Artikulation höherer theologischer Einheit aus sein könnte.

Weil Gott in seiner Verbindung mit Zeitlauf und Lebensverhaftung gesehen wird, läßt – so hat es den Anschein – die Bibel auch den Kundgaben Gottes Freiheit und Vielstimmigkeit und nimmt dafür Nichtkonformität in Kauf. Wir meinen, daß solch eigenartiger Zurückhaltung der Bibel gegenüber der Versuchung sprachlicher, geistiger, zeitindifferenter Vereinheitlichung viel länger als üblich standgehalten werden muß. Wir meinen, daß dieser Befund eigens gewürdigt sein will und heute mehr denn je eigene Beachtung heischt. Es ist von exegetischer Seite jetzt, da wir binnenbiblische Sachkomplexität historisch-theologisch im Blick auf Gründe, auf Zeitbezüge, Hintergründe, Absichten besser durchschauen, schon an dieser Stelle zu fragen, ob es notwendig, ja ob es wirklich sachgemäß ist, diesen Befund nachträglich zu egalisieren und in eine geistig-stimmige Ordnung zu bringen. Es ist also durchaus zu fragen, ob man diesen Befund zur Herstellung seiner theologischen Kohärenz in ein höheres, biblisch-logisches Konzept lehrhafter Einheit von sachlicher Stimmigkeit und zeitneutraler Geltung weiterdenken und auf den Begriff bringen soll, damit seine Wahrheit (allererst) sichtbar wird.

Man könnte doch auch näher an den Gegebenheiten der Bibel selbst bleiben. Man könnte also diesen Gegebenheiten – dem Kanonisierungsvorgang und dessen historischen Konzepten von Einheit in belassener, nicht durch Verallgemeinerung aufgehobener Verschiedenheit folgend – doch auch als sachnotwendigen Ausdruck von bleibender Vielseitigkeit einer Person sehen, die nach wie vor präsent ist und sich in ihrem Eingehen auf Konstellationen der Zeit in unterschiedlicher Akzentuierung wahrnehmen läßt. Das schließt ja nicht aus, daß sich für diese Person aus dem biblischen Sachgefälle durchaus eine Zielrichtung und Unumkehrbarkeit des langzeitigen Handelns ergibt. Folgt man dieser Spur, hält man sich vor Augen, daß die Vielfalt von der einenden Sicht auf eine langzeitig handelnde Person umgriffen ist, dann wäre an der Bibel nicht ein Mangel an Systemstimmigkeit zu beklagen, der durch uniforme, Komplexität einebnende Definitionen des in christlicher Lehre allzeit Gültigen und Bleibenden in der Bibel behoben werden müßte[18]. Dann wäre das scheinbare Defizit im Grunde ein Gewinn. Ein Gewinn an Gottesnähe und Lebensnähe.

Wir geben als Exegeten, die für die biblischen Befunde einzutreten haben, in diesem Zusammenhang also zu bedenken, ob der biblischen Komplexität als Ausdruck synchroner und diachroner Gestalt von unlöslich geschichtlich ausgeprägter Wahrheit göttlich personalen Handelns auch später nicht viel länger standgehalten werden sollte. Daß dabei das eben schon erwähnte, für christliche Theologie konstitutive Sachgefälle zwischen alttestamentlichem Geschehen und Christusgeschehen (was nicht dasselbe ist wie zwischen den Formulierungen des Alten und des Neuen Testaments!), das die Bibel durch die Abfolge der geschichtlichen Handlungsphasen Gottes und durch qualitative Sachbezüge selbst ausdrückt, auch weiterhin zu wahren ist, ist selbstverständlich.

Biblische Komplexität könnte sich unbeschadet ihres grundlegenden Vorrangs im Sinne unserer Überlegung damit auch insofern als maßgeblich darstellen, daß Bestimmungen und Formulierungen des Gültigen nicht unabhängig von ihrer geschichtlichen Lebensausrichtung, nicht unabhängig von der Zeitlage und der besonderen, unterschiedlichen und zeitlich wechselnden Herausforderung erfolgen können, zu denen sie jeweils gehören. Es wäre vielmehr bezeichnend für immer wieder aufgegebene zeitgemäße Bestimmungen und Formulierungen des Gültigen, daß sie ihrerseits weiterhin Komplexität, sachgeleitete Vielfalt, Wandel und Zeitanforderungen gemäße Schwerpunktsetzung, Optionen auch unter den verschieden akzentuierten biblischen Konzepten in sich schließen müssen.

Die in der kanonischen Gestalt des Alten und des Neuen Testaments bewahrte theologische Vielstimmigkeit und unterschiedliche Gewichtung tragender Züge kann dann nachgerade als Vorbild gegenüber allen konfessionellen und theologisch-schulmäßigen Einseitigkeiten der Bibelrezeption nicht deutlich genug betont werden. Das gilt auch gegenüber Einseitigkeiten nach Maßgabe einer sogenannten »Mitte der Schrift«, die als besondere theologische Wahl aus exegetischer wie aus histori-

---

18 Vgl. in diesem Sinne auch die wichtigen Ausführungen, die von systematisch-theologischer Seite E. Herms jüngst zur Bibel als »formaler Synthese« und »realer Synthese« vorgelegt hat, s. den Literaturhinweis hier oben Anm. 14.

scher Sicht tatsächlich auch nur mehr oder minder zeitbedingten Aspekten und Bestimmungen gefolgt ist – wir kommen bei
der Frage der Aufhebung der Zeitlichkeit der Bibel auf die Suche nach der »Mitte« noch näher zu sprechen. Daß mit der
Option für beibehaltene Komplexität der Gottesaussagen die
Frage nach dem biblisch Identischen, nach der Eigenart des
biblischen Gottes im Fortgang von Zeit nicht verabschiedet ist,
werden wir im Laufe unserer Ausführungen sehen und am Ende dieses Teils eigens thematisieren.
Was von unserer Seite im Rahmen unserer Fragestellung viel
vordringlicher ist, ist die Frage, welche Aufgabe die Exegese
in dem Ganzen hat. Wenn man in dem umfassenden Traditionsvorgang nach der Rückvergewisserung späterer Tradition
an der Bibel als Grundlage fragt, ist es ja eben diese Frage, die
sich auf die Arbeit an der Eigenart der biblischen Grundlage
richtet. Die Bibel als Orientierungsziel der Rückvergewisserung ist der Rahmen und Zusammenhang, in denen es die Exegeten sind oder doch sein sollten, die besondere Verantwortung für den Aspekt der Vergewisserung christlichen Lebens
und christlicher Lehre an ihrer biblischen Grundlage ins Spiel
bringen. Wir verfolgen diesen Aspekt, wie betont, aus der
Sicht des Exegeten selbst und dieser seiner besonderen Aufgabe im Ganzen. Dieser Aufgabe zufolge braucht der Traditionsvorgang nachbiblischer Zeit ein Wächteramt. Es sieht darauf,
daß in diesem Vorgang die Bibel als solche gewahrt bleibt.
Exegetische Arbeit theologisch verstanden begreift sich als
Wahrnehmung dieses Wächteramtes und somit als Instanz im
Vorgang christlicher Traditionsvergewisserung.
Was soll Exegese in dem umfassenden Traditionsvorgang
demnach näherhin leisten und welche Anforderungen sind an
sie in diesem Rahmen zu stellen? Worauf muß Exegese in diesem Sinne achten, wonach muß sie suchen, was muß sie um
ihres Gegenstandes Bibel willen hochhalten und verteidigen?
Davon sei nun die Rede.

c) Historische Exegese als Klärung des biblischen Ursprungs

(1) Historische Nachfrage als Weg der Vergewisserung
an den biblischen Grundlagen
Auf welchem Wege vergewissert man sich an der Bibel?
Rückbezugnahmen auf die Bibel im heutigen Rahmen müssen
in Bereichen innerhalb wie außerhalb der Kirche realistisch
und ehrlich sein. Sie müssen sich dem so stellen, wie die Bibel

aus heutiger Sicht ist. Wo das kreative Fortleben der Bibel in Kirche und Kultur als ursprungsentsprechend überprüft werden muß, kann solche Vergewisserung der Späteren zwangsläufig nicht anders als so geschehen, daß die Bibel als das Ursprungszeugnis das alte Buch bleibt, das sie ist. Es kann nur so geschehen, daß dieses alte Buch für alle Späteren bis hin zu uns mit seiner vorlängst formulierten Botschaft in seiner zeitlichen Eigenart gewahrt bleibt. Es kann nur so geschehen, daß dieses alte Buch auch sachlich das bleibt, was es ausweislich seiner Selbstaussagen sein will: nicht irgendein religiöses Zeugnis wie viele, nicht irgendein Solidaritätszeugnis für dieses oder jenes Engagement heute, sondern seinem zur Bewährung erhobenen Anspruch nach ein allen Späteren von weit früher her überkommenes Buch mit Kunde und Wissen von Gott – die Bibel also als Kunde, die in ihrem Eigengewicht in der gesamten Reichweite des Gotteswirkens allem Späteren befreiend, klärend, kritisch gegenübertreten kann.

In diesen Überlegungen zur Bibel als Aufzeichnung alter, aber weiterhin maßgeblicher Gotteskunde ist – unnötig zu betonen – ein markanter Positionswechsel gegenüber herkömmlichem Bibelgebrauch eingeschlossen. Dieser Positionswechsel, der jedenfalls in unserer eigenen Bildungswelt auf allen Ebenen Platz greifen muß, kann nicht deutlich genug bewußt werden: Wer aus der alten Bibel auf den dort kundgegebenen Gott und seine Zeugen in einem nachfragenden Sinne verantwortlich und rückvergewissernd hören will, steht als Bibelleserschaft nicht einfach in der Situation gottunmittelbarer Anrede an sich selbst, wie das ein Bibelgebrauch unreflektierter Frömmigkeit nicht selten als die einzig wahre suggeriert. Er begegnet vielmehr Aussagen von früher von Menschen von früher formuliert für Menschen von früher.

Wir Späteren sind dabei nach unserer Überzeugung zwar immer noch (mit)gemeint, direkt angeredet von der alten Bibel mit Formulierungen direkt (auch noch) für uns bestimmt aber sind wir nicht. Die spätere Leserschaft begegnet mit der alten Bibel, wie immer sie das Gelesene persönlich ansprechend findet oder nicht, also Fremdem, Altem, aus dem das aktuell und persönlich Geltende in der Folgezeit immer erst noch bestimmt und gesichert werden muß. Wer aus der alten Bibel auf den dort kundgegebenen Gott und seine Zeugen in einem nachfragenden Sinne verantwortlich und rückvergewissernd hören will, braucht mit anderen Worten nicht nur Betroffenheit und Engagement, sondern unabdingbar auch Schulung und

Kenntnis. Er braucht Wissen von der Bibel als einem alten und in seiner Gestalt damit zwangsläufig auch zeitbedingten und somit auch zeitverhafteten, begrenzten Buch. Und er braucht für den Vergewisserungseinsatz der Bibel einen langen Atem, weil sich das Wegweisende und Bleibende dieses Buches erst über Brücken auch zu ihm hin erschließt.

An dem Positionswechsel, von dem wir hier sprechen, hängt viel. An ihm hängt nicht zuletzt die rückhaltlose Nüchternheit im Umgang mit der Bibel und die womöglich für weitere Kreise rückgewonnene Glaubwürdigkeit der Bibel so, wie sie ist. Man sollte sich nichts vormachen: Wer unter uns heutigentags in einer Situation rapide sich auseinanderbewegender Kirchlichkeit und Öffentlichkeit interessiert, aber ungeschult in der Bibel liest, könnte genauso ungeschult in einem Übersetzungstext fernöstlicher Religionen lesen. Er sollte Lesefolgen nicht einfach für Wirkungen des Textes selbst halten und nicht für Dilettantismus vorschnell den Heiligen Geist bemühen; denn solches nicht von Wissen und nicht mehr von kirchlichem Herkommen angeleitetes Lesen ist hier wie dort für sich genommen ahnungslos, ist ein Einstieg noch ohne jede verläßliche Begegnung mit dem Gegenstand selbst. Die Einsicht ist unausweichlich: Heutzutage und nicht erst seit heute ist die Bibel mit der Übersetzung in die Volkssprache noch lange nicht beim Volk. Kenntnis der Bibel, Argumentation mit der Bibel, und schon gar Vergewisserung an der Bibel, die wir als Theologen in dieser Untersuchung thematisieren, ist ohne geschichtliches Verständnis der Eigenart der Bibel schlechterdings nicht möglich. Was sonst gilt, gilt auch für die Bibel: Wer alte Texte liest, braucht zusätzliches Wissen.

Mehr noch: Wer alte Texte liest, muß seinen Standort – des eigenen späteren Standorts durchaus bewußt – zunächst nicht beim Jetzt, sondern beim Damals beziehen und im Falle der Bibel deren Sachaussagen entsprechend sozusagen bei Gott mit seinen biblischen Zeugen als kreativem Autor und dessen Wollen und nicht, wie heute modisch, beim Ich als kreativem Leser und dessen Einfällen, als ob das schon der Sinn wäre!

In dem Vorgang der Rückvergewisserung an der Bibel, von dem wir hier sprechen, heißt all das, in späterer Zeit bei der Bibel also auf ein altes Buch achtgeben und hören, was es wenn nicht uns direkt, so doch uns zugut immer noch zu sagen hat.

Ein Blick ins Theater heute zeigt, was man hier wie dort falsch machen kann.

Eine sich an der Bibel vergewissernde, nachdenkliche Leserschaft muß bei der Bibel das vermeiden, was man entsprechend in Bühneninszenierungen heute so oft über sich ergehen
lassen muß: Groß aufgemachte, ambitionierte, wider das
Theatergenre oft nur an das heutige Denken appellierende
Antworten auf die Frage: Wie liest sich ein alter Text von unserer Welt aus? Natürlich, wie man meint, nicht anders als veraltet und nicht mehr direkt aktuell, so daß irgendein modern
engagiertes Regiekonzept Goethe oder Kleist oder Shakes-
peare durch sogenannte »Auseinandersetzung« und Trans-
plantation des Textes in völlig andere, heutige Assoziations-
und Imaginationswelten auf die Sprünge helfen muß, daß Gott
erbarm. Als ob es in großen Theater- wie in Bibeltexten nicht
gerade auch die als frühere erfaßten, fremden, überraschenden,
unsere Phantasie anregenden Welten wären, die, nicht museal,
wohl aber authentisch erarbeitet, als ganzheitliche und nicht
nur auf Assoziation reduzierte Erfahrungswelten vorgeführt
und von vorweg einengenden und reglementierenden Aneignungen verschont, weiterwirkende Ausstrahlung haben! Diese
bis in ständische Gliederung und Verhaltensweisen damaliger
Gesellschaft fremd in ihrer Zeit belassenen Welten können
fließende Assoziationen für die Späteren freisetzen und gerade
so Anschauung, Durchschaubarkeit, Werthaltigkeit und Einsicht bieten in das, was auch wir in einer viel komplexeren
Welt noch/wieder wissen sollten und unsererseits erst zeitgerecht aneignen müssen!

Also nicht das ist das Problem: Wie liest sich ein alter Text
von unserer Welt aus? Die Frage ist sowohl bei überkommenem Kulturgut wie ganz entsprechend bei der Bibel doch gerade anders zu stellen: Wie sieht sich unsere heutige Welt von
einem älteren, gegebenenfalls sogar sehr alten Text aus an, der
sich als Klassiker immer noch als gültig, Leben und nach wie
vor Sprache erschließend bewähren soll und der sich im Falle
der Bibel nach christlicher Überzeugung als maßgeblich auch
bewähren wird, der aber alt ist, sehr anderen Zeitverhältnissen
entstammt und deshalb immer auch anders bleibt?

Solches Kulturgut, Bibel wie anderes, braucht nicht die harte
Hand irgendwelcher Besserwisser. Solchem Textgut müssen
wir uns zuerst mit scheuer Nachfrage dienenden (!) Verstehens
seiner Eigenart nähern, wenn wir indirekt, aber deshalb nicht
weniger wirksam, für später Gewinn haben und die Frage be-
antworten wollen: Was lernt unsere heutige Welt, die in ihrer
Eigenart auch anders bleibt, in diesem oder jenem ihrer Her-

ausforderungskontexte in Anschluß oder in entschlossener Überschreitung des Überkommenen daraus über sich?

Wir handeln bei alledem schon von der Aufgabe der Exegese. Daß mit historischer Ursprungsvergewisserung, für die Exegese professionell einstehen muß, Verstehen nicht schon am Ziel ist, sondern in einem weiterreichenden Vermittlungs- und Aneignungsvorgang erst den grundlegenden Anfang klärt, ist selbstverständlich. Aber man darf sich diesen Anfang nicht ersparen, der den geschichtlichen Gegenstand zunächst nur in seiner geschichtlichen Eigenart und allenfalls in Ansehung der auf ihre Weise eigenartigen Konstellationen der späteren Rezeptionszeit erfaßt[19]. Es ist ja nicht weniger als die Vergewisserung der Grundlage. Klärungen der Anwendungen für später müssen angesichts der Aussagenkomplexität der Bibel selbst und angesichts der Sachkomplexität der erforderlichen Konkretionen in der Folgezeit natürlich noch hinzukommen, aber nicht ohne Vergewisserung an der Grundlage.

Welche geistigen Wege zurück haben wir Späteren, uns der biblischen Grundlagen selbst zu vergewissern? Es gibt heutzutage nur eine Antwort: Über Altes, und sei es die Bibel, kann man sich – auch darüber sollte allmählich allerseits breites Einverständnis einkehren – nur in historischer Nachfrage vergewissern, alles andere hat sich an diesen Ursprungserkundungen – nicht repetierend, aber ursprungsverpflichtet – auszuweisen, wenn es Beliebigkeit in der Benutzung entgehen will. Das ist die Konsequenz, die sich aus dem evangelischen Schriftprinzip ergibt. Solange – in welcher Gestalt auch immer – im Rahmen neuzeitlicher Klärungsanforderungen schriftvergewisserte Theologie getrieben wird, ist historische Exegese absolut unverzichtbar; jeder Verzicht darauf wäre Frevel an der Bibel als dem grundlegend Gegebenen aus eigener, zurückliegender Zeit!

Für diese Ursprungsvergewisserung ist bei der Bibel wie bei jedem anderem sprachlichen Kulturgut folglich die Nachfrage nach dem Literalsinn, nach dem intendierten, wörtlich-urprünglichen Selbstverständnis der Aussagen grundlegend. Untrennbar vom Literalsinn ist die Frage nach dem historisch-ursprünglichen Sinn der Aussagen zur Zeit der Textentstehung, also näherhin die Sinngebung gerade in der Zeit, in der sich ein

---

19 S. zu diesem Aspekt in der Aufgabenbestimmung historischer Exegese Steck, Exegese, § 1 A und § 10 A–C und D, und zur Durchführung meinen Versuch in dem 1978 erschienenen Buch »Welt und Umwelt«.

biblischer Text von seiner Entstehung an weiter in wachsenden binnenbiblischen Kontexten bis hin zur kanonischen Textformation bewegt, also innerhalb seiner binnenbiblischen Entstehungsgeschichte.

Der Grund für diese gemäß ungezählten Detailerkenntnissen historischer Bibelwissenschaft unabdingbare Option eines Überschritts über einen scheinbar bloß philologischen Literalsinn hinaus zu einem historischen Ursprungssinn ist, daß Formulierung und Kontextualisierung biblischer Texte bei weitem nicht nur in einer alten Fremdsprache ausgedrückt sind, die durch eine andere, gar heutige Sprache einfach ersetzt werden könnte. Formulierung und Kontextualisierung biblischer Texte sind viel umfassender, nämlich bis in die Eigenart von Erfahrungen, Sprachmustern, Denk- und Vorstellungstraditionen von vorausgesetzten oder auch durchbrochenen Rezeptionsmustern ihrer Zeit geprägt. Es sind eben nicht nur alte Sprachen, es sind genauso auch Sehweisen und Rezeptionsmuster aus alter Zeit, in denen die biblische Gotteskunde weitergegeben ist. Nur in Kenntnis dessen und nicht anders kann verstanden werden, warum Bibeltexte so und nicht anders überliefert sind[20]. Nur Ahnungslosigkeit oder verdrängtes Wissen kann biblische Texte ohne diese vielseitigen Prägungen einfach in die eigene Zeit nehmen und dort argumentativ für neue Zwecke verwenden.

Wie Sprachen, Sehweisen und Erfahrungsmuster von damals sind auch die Adressaten biblischer Texte solche in ihrer Erfahrungs- und Wahrnehmungswelt von damals und nicht die Späteren, gar wir. Schon deshalb leuchtet ein, daß erst von Heute her gesteuerte Verdeutlichungen und Aktualisierungen in heutigen Bibelübersetzungen zugunsten derzeitiger Interessengruppen (»Brüder und Schwestern« statt »Brüder« im antiken Originaltext, »Israelitinnen und Israeliten« statt »Israeliten« im antiken Original) strikte zu unterlassen sind; alles andere wäre Desinformation der heutigen Leserschaft. Die Bibel

---

20 Eine Aufnahme dieses Sachverhalts in systematisch-theologische Überlegungen – allerdings mit Fokussierung auf das »Glaubensleben«, zeigt jetzt Herms, Bibel, 124: »Die Schriften der Schrift bezeugen eine irreduzible und letztlich unübersehbar große Mannigfaltigkeit sowohl von erfahrbaren Sozialgestalten des Glaubenslebens als auch des Glaubensbewußtseins, seiner Erfahrungsgrundlage und folglich auch der Erscheinung und Sichtweise seines Gegenstandes wie natürlich erst recht der Sprach-, Vorstellungs- und Denkformen. Das kann nicht erfolgreich bestritten werden.« In der Tat.

selbst verdeutlicht eben nicht und das hängt mit der Zeitbedingtheit ihrer Sicht, ihrer sozialen Welten, ihrer Formulierung zusammen, und die Späteren sind in der Formulierungswelt der antiken Texte eben überhaupt nicht direkt angeredet. Wollte man den Originaltext zeitgemäß aktualisieren oder auch nur zur Anrede an Heutige machen, müßte es für die Textaussage insgesamt geschehen; dann aber wäre viel, viel mehr als nur Adresse und Menschengruppen zu ändern!

Noch einmal zum Positionswechsel: Jedenfalls in den den Späteren abgeforderten, geistigen Klärungs- und Vergewisserungsvorgängen der Theologie ist Abschied zu nehmen von einer unmittelbar aneignenden Bibelfrömmigkeit früherer Zeiten. Für unser Wissen ist die Bibel ein altes Buch, und ein antiker Text, und sei es die Heilige Schrift, ist demnach ohne die dem entsprechende Vergewisserung historischer Exegese nicht zu wahren, wenn dieser Text er selbst bleiben soll.

Die Konsequenz ist zwangsläufig: Um der Sache willen und aus keinem anderen Grunde muß Exegese deshalb mit allem Nachdruck betonen: Historisch fragende Exegese ist nicht einer unter mehreren Zugängen zum Text, sondern der schlechterdings grundlegende und deshalb unverzichtbare[21], auf dem

21 S. dazu Steck, Exegese § 1 C. Vgl. von systematischer Seite jetzt z.B. Herms, Bibel, 102. Die dort maßgeblich ins Spiel gebrachte These von der »Abhängigkeit jeder Historiographie von einer jeweils selbst geschichtlich gewordenen positionalen Geschichtstheorie« (103) läßt gleichwohl Anfragen offen: Ihres eigenen Standorts bewußte historische Arbeit hat auf jeden Fall die Aufgabe, aber auch die Möglichkeit, sich in der Nachfrage nach ihrem historischen Gegenstand davon reflektiert zu unterscheiden, und außerdem muß sich auch die dogmatische Entfaltung des »christlichen Wirklichkeitsverständnisses« hinsichtlich ihres geschichtlichen Standorts hinterfragen; s. dazu schon oben II 1. Exegese, wie sie heute möglich ist, hat nicht nur in Grundfragestellungen, in geschichtlichen Perspektiven, in der Verfeinerung methodischer Fragen und in vielen historischen Einzelheiten dazugelernt, sondern auch in wesentlichen Grundeinsichten. Gegenüber dem Geschichtspositivismus ist erkannt worden, daß die biblisch entworfenen Geschichtsbilder Rezeptions- und Ausdrucksweisen eigener Art spiegeln und ihre Wahrheit nicht einfach im dargestellten Einzelereignis, sondern in Langzeiterfahrungen mit dem biblischen Gott haben (s. auch unten Anm. 56). Gegenüber Rationalisierungen ist erkannt worden, daß Gott und sein kontingent-kontinuierliches Handeln als Wahrheit der geschichtlichen Erfahrungswelt im Zentrum biblischer Überlieferung steht. In diesem Rahmen ist auch die existentialtheologische Auslegung zu sehen, deren Engführungen freilich offenkundig sind. Gegenüber einem zeitindifferenten, Denksysteme stützenden Gebrauch biblischer dicta probantia ist erkannt

jedweder weitere sachgemäße Bibelgebrauch beruht. Was der Grund dafür ist, ist offenkundig: Solche Exegese und nur sie fragt nach dem Ursprungssinn und den verschiedenen Komponenten seiner Entstehung, der damals zur gegebenen Formulierung und Textgestalt geführt hat. Man ist hier also Fachleuten ausgesetzt und auf deren Wissen und Arbeit angwiesen wie in ungezählten anderen Gebieten unseres Lebens auch. Eine Bestimmung des ursprünglichen Sinnes der Bibel daneben oder gar bewußt daran vorbei gibt es nicht, soviel es auch praktiziert wird. Natürlich können und sollen alle Nachdenklichen bei dieser Sinnbestimmung mitdenken, es gibt nichts zu verbergen. Aber klären, Gründe offenlegen, entscheiden müssen die, die es verantworten können, weil sie Exegese gelernt haben! Es wäre ein großer Gewinn für Glaubwürdigkeit und Akzeptanz der Bibel, wenn Kirche und Öffentlichkeit die Flut unbedarfter Ahnungslosigkeit in gut- oder böswilliger Bibelverwertung immer mehr erspart bliebe und wie in anderen Bereichen auch Sachverstand dirigiert, was gesagt wird, und Belanglosigkeit wehrt!

worden, daß biblische Aussagen in Formulierung und Kontext zeitbezogene, zeitabhängige, den jeweiligen Sprach-, Traditions-, Erfahrungshorizonten verpflichtete Aussagen sind, in denen Wahrheit immer eine zeitverhaftete Gestalt hat und sich deshalb in der Lebens- und Erfahrungsstimmigkeit und nicht in der abstrakten Systemstimmigkeit bewährt. Gegenüber der Engführung herausgerissener Einzeltexte oder Perikopen ist redaktionsgeschichtlich erkannt worden, daß Texte so isoliert nicht gegeben sind, sondern daß die Bibel als solche einen langzeitigen Überlieferungsvorgang darstellt und schon der innerbiblische Überlieferungsweg von den Anfängen bis zu den biblischen Büchern und Bücherzusammenhängen ein fortgehender Auslegungs- und produktiver Aneignungsvorgang ist, der unbeschadet neuer, innovativer Offenbarungsvorgänge Folgezeiten *sub specie Dei* im Lichte und in Fortschreibung von Tradition sieht. Dabei bleibt die zeitgebunden gefaßte Ursprungserfahrung Gottes im Rahmen der biblischen Überlieferung das bleibende, vorrangige Gegenüber und die später stets zu vergewissernde Grundlage; sie weist die Fragwürdigkeiten einer Rezeptionsästhetik in Schranken, die die Sinnkonstitution weg vom Ursprung in die späteren Hörerschaften verlegt. In all dem sieht historisch-kritische Schriftauslegung ihren Gegenstand als das, was er unbezweifelbar ist, eine historische Größe. Der grundlegenden Teilfrage nach deren historischer Ursprungssinngebung sucht sie gerecht zu werden und dadurch der Kirche im Blick auf die Grundlagen des Zeugnisses von Gott und der Öffentlichkeit durch geistig verantwortliche Auskunft über solche Grundlagen zu dienen.

(2) Die Vielstimmigkeit historischer Bibelexegese

Was bedeuten Vielfalt und Wechsel exegetischer Auskünfte und Hypothesen?

Das konkrete Bild, das Exegese im Zuge der ihr eigenen Nachfragen bietet, ist allerdings nicht ermutigend; wir hatten im Teil II schon davon zu sprechen. Zumal Außenstehende schreckt immer wieder, zu welch unterschiedlichen Ergebnissen exegetische Wissenschaftler kommen. Das ist im Sinne eines Ideals vereinheitlichter, zu steter Gültigkeit formulierter Wahrheit bedauerlich und hat zugegebenermaßen natürlich auch mit geschichtlichen und anderen Grenzen der beteiligten Personen zu tun.

Im Grunde ist dieses manchmal nachgerade konfus wirkende Bild, das Exegese abgibt, jedoch sachbedingt[22]. Solche Vielstimmigkeit in Forschungsbestimmungen historischer Exegese ist nämlich – wir sagten es schon – deshalb unausweichlich, weil sie mit der Eigenart ihres Gegenstandes zusammenhängt. Biblische Aussagen sind Lebensäußerungen komplexer Art aus alter Zeit und unterliegen damit auch einer Wahrnehmung und Bestimmung eigener Art. Sie sind als solche immer nur näherungsweise und, wenn sie aus unvertrauten Bereichen oder weit zurückliegender Zeit stammen, immer nur rekonstruktiv aus dem Quellenbestand und ohne die Möglichkeit direkter Rückfrage zu erreichen[23].

Man muß diesen Befund nicht nur beklagen oder, wie im Falle der Bibel meist, umgehen. Man kann ihn durchaus auch positiv sehen. Die unterschiedlichen Forschungsbestimmungen sind nicht einfach Entwertungen historischer Exegese, sondern sind Ausdruck einer sachnotwendigen Relativierung: Daß Rekonstruktionen historischer Vielfalt selbst dissonant oder – positiv gesehen – in einer Erkenntnisbeweglichkeit bleiben, die Umwege, Engführungen, Fehler, Widerspruch, Fortschritt und Rückschritt kennt, hängt nicht nur mit den Forschern und deren Erkenntnisgrenzen zusammen. Es hängt eben wesentlich auch mit dem Gegenstand solcher Arbeit und der Unabgeschlossenheit der Wahrnehmung von Lebensphänomenen zusammen. Diese Lebensphänomene und mit ihnen der Textgegenstand, der von ihnen handelt, lassen sich, wie wir in Teil II sahen, eben nur approximativ und in immer neuen Anläufen erfassen, weil sachliche Identität und geschichtliche, zeitab-

---

22 S. dazu schon oben II 2.
23 S. dazu schon oben in Teil II.

laufbestimmte Lebensvielfalt zusammen diese Aussagen konstituieren und nicht voneinander abzulösen sind. Dem entrinnt
auch nachträglich hergestellte systemare Stimmigkeit des biblischen Inhalts in theologischen Lehrgebäuden nur scheinbar.
Man braucht diese zunächst sehr störende, ja entmutigende
Divergenz in den Forschungsbemühungen demnach nicht zu
dramatisieren oder gar zum Anlaß des Verzichts auf historische Nachfrage zu nehmen: Die divergenten Forschungsbestimmungen historischer Exegese verdecken den Sachgehalt
biblischer Aussagen aufs Ganze gesehen weniger als man argwöhnt. Sachbewußte Rekonstruktion kann nämlich, wie das
identisch Eruierte in einer Fülle von Untersuchungen zeigt,
durchaus zum Kern und eigentlichen Gegenstand der Aussagen vordringen, obwohl die literarische und geschichtliche
Rahmung dessen in Diskussion bleibt. Die Wahrnehmung von
Leben ist eben hier wie sonst nicht anders und jeder Ausweg
ins mehr Gesicherte ist eher eine Verengung; ob begriffliche
Eindeutigkeit und systemare Einordnung etwa die Komplexität
von Lebensphänomenen überhaupt wahren kann oder nicht
eher viel zu viel verliert, ist durchaus die Frage.

(3) Gott als Gegenstand historischer Bibelexegese

Was ist Gegenstand der Bibelexegese, und wie redet die Bibel
von ihm? Was ist der Kern und eigentliche Gegenstand biblischer Aussagen, auf den Exegese trotz der Divergenz ihrer
Bemühungen und Ergebnisse immer trifft, wenn sie nur nach
ihm fragt?
Man muß darauf achten, wie die Bibel von Anfang bis Ende
alles übergreifend formuliert ist, um die textnahe Anwort zu
finden. Was der Gegenstand der Bibel näherhin ist, das wiederum hängt wesentlich von der Beantwortung der anderen
Frage ab: Was wird in dem umfassenden Traditionsvorgang
eigentlich überliefert, den die Bibel schon in sich darstellt?
Uns scheint, wie schon mehrfach angedeutet, die Bestimmung
am ehesten angemessen, die darauf sieht, wovon gemäß den
direkten und indirekten Aussageinhalten der biblischen Tradition selbst durchgängig und beide Testamente verbindend die
Rede ist. ›Das, was Christum treibet‹, wäre aus heutiger Sicht
und Wissen allerdings eine sehr einseitige, in der Gefahr der
Engführung stehende Bestimmung. Die Auskunft auf die Frage, wovon in der Bibel die Rede ist, muß weiter greifen und
deshalb anders lauten: Es ist, die genannte christologische
Antwort einschließend, umgreifend und natürlich auf sie zu

laufend, textnäher Gott, also nichts anderes als die zu bestimmter Zeit ergangene, Zeit und Leben zugewandte Kunde
von Gott, die da in den biblischen Überlieferungen bis hin zu
Gottes abschließendem Offenbarungshandeln in Christus weitergegeben wird[24]. Gott und sein zugewandtes Wirken, das ist
der tragende, durchgängige Inhalt der biblischen Überlieferung.

An der biblischen Überlieferung will in diesem Zusammenhang aber nicht nur der alles tragende Inhalt, sondern auch die
Art beachtet sein, wie dieser tragende Inhalt da weitergegeben
wird. Es sind in dieser Art Inhaltsübermittlung, wie oben
schon in III 2b hervorgehoben wurde, nämlich auffallenderweise immer Aussagen mit Blick auf eine handelnde Person
und ihre zeitlichen Handlungen. Und mehr noch: Diese Person
wird nicht in nachträglich geistig stimmig hergestellter Ordnung, sondern in der ganzen Weite der Lebensbereiche bibli-

---

24 S. dazu schon oben III 2b. Daß nicht in bestimmten Schriftformulie-
rungen und Schriftkonzeptionen, sondern in Gott als Gegenstand dieser
wie aller Formulierungen der Schrift die Einheit und somit die »reale
Synthese« der Bibel liegt, wird jetzt auch von Herms betont (Bibel,
104f.133–149). H. greift dabei Äußerungen von W. Eichrodt und R.
Smend auf (135) und bezeichnet als die »reale Synthese« »die einheitli-
che und kohärente geschichtliche (!) Wirklichkeit der Lebensbewegung
(!) des Jahweglaubens durch die Jahrhunderte hindurch in der Fülle seiner unterschiedlichen (!) Ausgestaltungen.« Wir würden mit dem Begriff
der »Wahrnehmung Gottes« (s. dazu die Hinweise in O.H. Steck, Wahrnehmungen Gottes, 7) in den biblischen Zeugnissen statt »Jahweglau-
ben« diese Feststellung etwas anders nuancieren und bei den unterschiedlichen Ausgestaltungen in diesen Zeugnissen auf die Zeitlichkeit
und den Wechsel, Erfahrungs- und Wissenswandel geschichtlicher Herausforderungen der Gotteswahrnehmung und damit für die Schriftaussagen auf maßgeblichen Gehalt und geschichtliche Relativität zugleich ab-
heben. Wir optieren damit für die zentrale und kontinuierliche Gottesper-
spektive der biblischen Überlieferung, die in theologischer Lehrtradition
seit langem exponiert wurde, freilich ohne immer die zeitliche Relativität
und Bedingtheit und die sachlich-geschichtliche, über Gemeinde und
Glaubensgemeinschaften weit hinausgehende, nicht weniger als Weltgeschehen umfassende Weite beizubehalten; insbesondere die bei Smend,
Mitte (s. unten Anm. 29), 20, zitierte Formulierung von K. Barth kommt
in ihrer Prägnanz, wenn auch nicht in der dogmatisch-kontextuellen Ausführung dem nahe, was wir als geschichtlich wahrgenommenen und gefaßten Gehalt der Bibel ansehen: »Nun ist die Offenbarung aber nicht
mehr und nicht weniger als das uns zugewandte (!) Leben (!) Gottes selber« (Hervorhebungen in den Zitaten von mir).

scher Zeit verbleibend, also – sachlichen Wandel einschließend – in weiträumiger Zeitbeweglichkeit, wahrgenommen.
Wir sagen damit nichts Neues. Es ist ja nichts anderes als das,
was G. von Rad immer wieder betont und der Theologie zu
bedenken gegeben hat in seinen berühmten, formgeschichtlich
gewiß einseitigen, aber sachlich zutreffenden Formulierungen:
»Das Alte Testament ist ein Geschichtsbuch«, das das Verhältnis Jahwes zu Israel und zur Welt nur in einer Hinsicht
darstellt, »nämlich als ein fortgesetztes göttliches Wirken in
der Geschichte«, weswegen »die Nacherzählung« die »legitimste Form« einer Theologie des Alten Testaments ist[25].

25 S. zu den Formulierungen G. von Rad, Typologische Auslegung des
Alten Testaments, EvTh 12, 1952/53, 17–33, dort 23; Theologie des Alten Testaments I, 1957, 112.126 (=⁴1962, 118.134); s. dazu jetzt auch H.-
J. Hermisson, Alttestamentliche Theologie und Religionsgeschichte Israels, ThLZ.F 3, 2000, 8f.
Gegenüber den auffallend doktrinären Ausführungen, die sich von neute-
stamentlich-exegetischer Seite bei O. Hofius, Das apostolische Christuszeugnis und das Alte Testament. Thesen zur Biblischen Theologie (in:
Chr. Dohmen / Th. Söding (Hg.), Eine Bibel – zwei Testamente. Positionen Biblischer Theologie, UTB 1893, 1995, 195–208) finden, kann man
nur betonen, daß statt willkürlicher Option für Hebr 1 vielmehr für das
Verhältnis beider Testamente die Größen Altes und Neues Testament als
ganze in Beziehung gesetzt werden müssen, daß hebräische und griechische Überlieferung des Alten Testaments nicht gegeneinander auszu-
spielen, sondern als geschichtliche Erscheinungen innerhalb eines Überlieferungsvorgangs zu sehen sind. Der These 6.1 »Das Alte Testament
bezeugt Gottes Geschichte mit seinem Volk Israel, die als solche keineswegs die Geschichte *aller* Menschen und mithin auch nicht ›meine‹, des
Heidenchristen, Geschichte ist« (198), als Inhaltsresumee des Alten Testaments, von dem lediglich anthropologische Aussagen wie Gen 1f, Gen
3ff und Gen 12,1–3 ausgenommen werden (198 Anm. 5: Ein anderes ist
es...« (!)), muß man bezüglich der zeitlichen, nationalen, personalen
Reichweite der Gottesaussagen im Alten Testament schlicht bibelkund-
lich Sachverhalte wie Weisheitsschriften, Psalmen und (trotz der mit
These 6.1 unvermittelten These 14.1 (205)) vor allem natürlich die Prophetenbücher und das Danielbuch entgegenhalten. Von der »Geschichte
Gottes«, wie sie H. für das Neue Testament reservieren will (198, These
6.2), »die ganz unmittelbar *alle* Menschen *aller* Zeiten und Zonen und
somit auch Juden und Heiden in gleicher Weise in sich schließt«, muß
man weithin auch für die alttestamentlichen Überlieferungen sprechen,
sofern man für das Alte Testament nicht irgendeinen von außen zurecht-
gemachten Bibelverschnitt benutzt, sondern Inhalt und Dimensionen des
Gotteshandelns in diesem Buch als ganzem näher zur Kenntnis genommen werden. Im übrigen ist die These, wenn man das überlieferungs- und
theologiegeschichtliche Werden des Neuen Testaments nicht vergißt,

Nur in wenigen Bereichen (Kult, Weisheit, Jahwe und Zeit in Jes 40–55) gibt es Aussagen, die scheinbar anders lauten. Aber selbst da sind es durchaus keine übergeschichtlich-ewigen, sondern Aussagen in zeitbezogenen, allzeit immergeltenden Sätzen, die resultativ ein für Gott immer wieder bezeichnendes Handeln (»von der fernsten bis in die fernste Zeit«) fassen. In den meisten Fällen, heißt vor allem in der geschichtlichen und der prophetischen Überlieferung des Alten Testaments und nicht minder in Evangelien, Apostelgeschichte, Johannesoffenbarung, aber auch in den Gottesaussagen der ansonsten auch traktathaft argumentierenden Satzfolgen neutestamentlicher Briefe, sind es jedoch sprachliche und sachliche Handlungen Gottes von mehr oder minder ausgedehnter räumlicher, personeller und zeitlicher Reichweite, die als tragender Inhalt direkt oder indirekt wiedergegeben werden.

Sieht man in dieser Hinsicht z.B. auf diese Aussagen in der prophetischen Überlieferung, dann zeigt sich: Sie werden so wiedergeben, daß sie nicht einfach immer gelten oder vom Neuen Testament her gesehen dann mit einem Schlag erst durch Christus abgelöst werden. Sie werden vielmehr so wiedergegeben, daß sie im Sinne der biblischen, binnenalttestamentlichen Wahrnehmung durchaus ihre bestimmte, eigene Zeit und ihre Aufeinanderfolge haben, auch wenn das nicht ausschließt, daß Entsprechendes wiederkehren kann oder gar soll (z.B. Jes 36–39 als das Rettungsparadigma für Folgehoffnungen) und jenseits der binnenalttestamentlichen Wahrnehmung noch einmal neue Perspektiven eröffnet werden – die zwischentestamentlichen Offenbarungstexte spätisraelitischer Zeit und das Neue Testament zeigen es als Akzent externer Rezeption prophetischer Überlieferung. Die biblisch kundgegebenen Handlungen überliefern Gottes Eigenart nicht abgeleitet aus Definitionen, sondern aus eben diesem seinem einmal, immer wieder oder resultativ in Langzeitwirkung wahrgenommenen Tun, dessen Weitergeltung oder auch dessen Ende. In diesen Gesamtvorgang biblischer Gotteswahrnehmung in seiner bezeichnenden Eigenart, der als solcher in Ganzheit und Ablauf im Sinne der Texte zu wahren ist, gehört schließlich auch abschließend maßgeblich das Gotteshandeln in Christus. – Zusammengefaßt läßt sich sagen: Es ist in dem Gotteswissen, wie es sich biblisch präsentiert, aufs Ganze gesehen

auch für das Neue Testament theologisches Wunschdenken. S. kritisch zu Hofius auch Herms, Bibel, 106 Anm. 14.

also ein Nachgehen mit Gottes langzeitiger Zuwendung im Ablauf[26]. Das ist es, was im Zusammenbestand beider Testamente verfolgt wird, und so wird Gott nachgegangen, nicht in ständiger Anwendung abstrakter Sätze, die die Verbindung und Einheit leisten sollen.

Doch bleiben wir bei der Rolle der Bibelexegese im Vorgang »Tradition«. Aus dieser binnenbiblischen Bestimmung des Gegenstandes der Heiligen Schrift selbst ergibt sich, was folgerichtig im Kern Gegenstand der historischen Bibelexegese ist und sachgemäß ihre Durchführung bestimmen muß.

Es ist der als solcher ohne vorentscheidende Religionskritik und gegen alle Uminterpretation als eigenständige Größe in seiner Eigenart vor aller präzisen Klärung offengehaltene Gegenstand »Gott«. Er ist es, der als transzendente Tiefe inkalkulabel erfahrener Wirklichkeit, als movens sinnhafter Geschehnisabläufe oder auch nur als Hypothese für den Hintergrund von Erfahrung und Wahrnehmung in der Absicht der biblischen Überlieferung erfaßt und gewahrt wird[27]. Fragt Exegese nach dem, was ihr als Gegenstand in der Bibel vorliegt, dann richtet sie sich – das zeigen, wie betont, die Texte nach Inhalt und Überlieferungsmovens mit aller Deutlichkeit – im wesentlichen auf Gott in der dargestellten Wahrnehmung, also in zeitbezogener Kundgabe, in zeitbezogenem Wirken und insgesamt in Langzeitvorgängen seines Handelns und seiner Wahrnehmung als den direkten oder indirekten Inhalt aller biblischen Aussagen.

Exegese richtet sich damit nicht auf das Wiederfinden exakt definierbarer Gottesbestimmungen anhand aus dem Zusammenhang gerissener Bibelsätze. Exegese richtet sich nicht auf zeit- und lebensumfeldentleerte und so scheinbar Gottes Ewigkeit sprachlich fassende Sätze, die es in der Bibel nicht gibt. Exegese richtet sich auf nichts anderes als auf lebensbezogene, lebensbreite Gotteswahrnehmungen, die sich auf Zeitliches, und d.h. auf im Fluß, im Wandel Befindliches mit Vorher und

---

26   Daß die neutestamentlich-christologische Deutung alttestamentlicher Texte in gewisser Hinsicht zu nicht weniger als einem neuen Sinn und zu einem neuen Text führt (so Hofius, Christuszeugnis, 207, These 15.1), mißachtet die Langzeitigkeit des Gotteswirkens, die beide Testamente zusammen bezeugen, und sieht im übrigen hier wie sonst in diesem neutestamentlichen Beitrag von der Zeitlichkeit, also Zeitbegrenztheit und Einseitigkeit in Fassung und Formulierung auch der neutestamentlichen Gotteswahrnehmung nicht zuletzt im Bezug auf das Alte Testament ab.

27   S. dazu Steck, Exegese, 25.

Nachher, richten, die in der Zeit wahrgenommen wurden und die zeitlich übermittelt werden sollen, wenn man die Texte beim Wort nimmt.

Diese biblisch eingebrachten Gotteswahrnehmungen werden, wie der Entstehungsvorgang der Bibel zeigt, im Laufe der Überlieferung nicht immer wieder überholt und getilgt, sondern bleiben erhalten; sie werden aber dem Weiterhandeln der Person Gottes entsprechend eingegrenzt und weitergeführt. Solche mit der Zeit eingebrachten, zu ihrer Zeit oder auch weit darüber hinaus bewährten und darum für Verstehen, Handeln aus weitreichender Orientierung als fortan maßgebend bewahrten Gotteswahrnehmungen sind es, die in den Texten überliefert werden. Sie sind eben wegen der lebendigen Gottesperson, der von ihr in Dienst genommenen Künder und den auf sie bezogenen Zeiten und Konstellationen entsprechend alles andere als uniform, sondern haben eigene Konturen. Exegese fragt diesen besonderen Konturen nach. In exegetisch überprüfbarer Methodik lassen sie sich aus der Relation von Textformulierung und bestimmter Zeit und Zeitgebundenheit, Verfasserschaft, Hörerschaft, Entstehungswelt für damals erfahrungsnah, lebenserschließend und geistig-sprachlich erfaßt profilieren[28].

Historische Bibelexegese ist also für die Nachzeichnung damaliger Wahrnehmung Gottes, von dem in ihrem Arbeitsbereich Bibel die Rede ist, und für die ihn damals Wahrnehmenden auf der Spur eines vielfältigen Lebensphänomens, das beide verbindet: die Zuwendung Gottes in Gewährleistung und Entzug als die wesentliche Lebenswirklichkeit *sub specie Dei*, die in der Textbildung erfaßt werden soll[29].

Man muß nachdrücklich betonen, daß bereits im Exegetischen und nicht erst in einer theologischen Arbeit danach Gott als

---

28 Die Interdependenz von formgeschichtlichen, traditionsgeschichtlichen und Bestimmungen des Historischen Orts spielt für diese exegetische Interpretation eine wesentliche Rolle, vgl. dazu Steck, Exegese §§ 7–9.10.

29 Zur Relation der direkten und indirekten Gottesaussagen zur Lebenswirklichkeit, der geschichtlichen Lebensbewegung s. auf seine Weise schon W. Eichrodt, Theologie des Alten Testaments 1, 7. Aufl. 1962, VIf, ferner die Ausführungen bei R. Smend, Die Mitte des Alten Testaments, ThSt(B) 101, 1970, (wiederabgedruckt in ders., Die Mitte des Alten Testaments. Gesammelte Studien Bd. 1, BEvTh 99, 1986, 40–84; wir zitieren nach der Originalausgabe), 18–21, und die positive Aufnahme dessen bei Herms, Bibel, 133–136.137–149.150.151.

dieser Gegenstand der Bibel zu wahren ist, weil es der Gegenstand der Bibel selbst ist. Weil ihr Gegenstand so ist, ist Exegese im Grunde nichts anderes als Nachfrage nach der biblisch-geschichtlichen Gotteswahrnehmung. Also Nachfrage nach Gott, von dem im Rahmen damaliger Welt- und Zeitwahrnehmung in aller Vielfalt die Rede ist. Also Nachfrage, wie von diesem Gott die Rede ist. Also Nachfrage, wie Weltbezug und Weltwirkung dieses Gottes begründet werden. Und dies alles im Bereich bestimmter, sich wandelnder geschichtlicher Konstellationen von damals, in die Gott fortwährend vorstößt.

Und nicht zuletzt: Die Frage nach Leistungskraft, nach Urteil, Modell, Option von Lebensbewältigung, die mit diesen Gottesaussagen zu biblischer Zeit, in die sie ursprünglich gehören, eröffnet werden sollten[30], ist auch schon eine wesentliche exegetisch-historische Frage, vor der Bibelwissenschaft als solche um der Wahrung ihres eigenartigen Gegenstandes willen gleichfalls nicht ausweichen darf. W. Pannenberg hat dies mit Recht in seiner Wissenschaftstheorie vorgewiesen: »Das Dilemma zwischen historisierender Entleerung des theologischen Gehaltes und historisch gewaltsamer ›theologischer‹ Deutung läßt sich nur dann überwinden, wenn die historische Methodik der Schriftexegese sich von vornherein im Rahmen einer *theologisch* orientierten Religionsgeschichte im Sinne einer Theologie der Religionen bewegt. In diesem Rahmen betrachtet gewinnen die biblischen Texte ihre theologische Dimension nicht erst durch Applikation auf die Gegenwart. Vielmehr sind die Phänomene der jüdisch-christlichen Religionsgeschichte schon von sich aus und in ihrem eigenen religionsgeschichtlichen Kontext als Selbstbekundung der göttlichen Macht über alles, der alles bestimmenden Wirklichkeit zu verstehen. Schon in Hinblick auf ihre eigene Situation läßt sich die Frage stellen, ob und inwiefern die in diesen Texten dokumentierten religiösen Auffassungen der Wirklichkeitserfahrung ihrer Zeit gerecht geworden sind, inwiefern sie also das von ihnen behauptete göttliche Handeln als Manifestation der alles bestimmenden Wirklichkeit zur Sprache gebracht haben.«[31]

---

30   S. dazu Steck, Exegese § 10.
31   Wissenschaftstheorie und Theologie, 1973, 381f, s. auch ebd. 352; s. dazu entsprechend auch Steck, Exegese § 10, besonders 160f.168f. In diesem Sinne verstehen wir die Aufgabe einer Theologie des Alten Testaments als historischer Disziplin, nämlich als Nachzeichnung von

Historische Exegese biblischer Texte ist im strengen Sinne demnach eine historische und eine theologische Disziplin zugleich. Oder anders gesagt: Historische Bibelexegese als theologische Disziplin wird auf allen Entstehungsebenen des biblischen Schriftganzen ihrem Gegenstand nur gerecht, wenn sie die Schriftaussagen nicht einfach aus Äußerungen von Frömmigkeit und Religion (um)interpretiert, sondern sie als das zu zeigen versucht, als das sie sich selbst geben, als Aussagen von Gott!

Damit ist historischer Exegese der Weg vorgezeichnet, wie er von der Eigenart ihres Gegenstandes her bestimmt ist.

Damit ist aus dem Gegenstand bestimmt, was Exegese als Kern des Ursprungssinnes zu wahren und zu zeigen hat.

Damit ist auch bestimmt, was sich rückvergewissernde Tradition an der Bibelwissenschaft vorwiegend sehen und beachten muß: in den Texten die Gotteswahrnehmungen in ihrer Zeitlichkeit und Lebendigkeit!

Sinnverstehen Gottes im Langzeitlauf der alttestamentlichen Überlieferungszeit und deren erfahrungsweltlicher Herausforderungen, wie es im Werden des Alten Testaments als Kanon angewachsen ist und komplex geblieben ist! Die Nachzeichnung ist eine im historischen Rahmen des werdenden Alten Testaments verbleibende und richtet sich also darauf, was das jeweilige, im Alten Testament entwickelte und überlieferte Konzept an Gottesklärung damals für ein zeit- und erfahrungsnahes Sinnverstehen (kritisch, aufdeckend, klärend) leistet oder eben nicht. Alttestamentliche Theologie als historisch-exegetische Disziplin ist unseres Erachtens notwendig in seiner konstitutiven Zeitnähe zu halten und deshalb unsystematisiert so darzustellen, daß gerade auch die verschiedenen Konzepte in ihrer Vielfalt zu alttestamentlicher Zeit nebeneinander erfaßt und belassen werden! Als an den Kanon gebundene unterscheidet sich eine solche Theologie von einer alle religiösen Phänomene – auch die kanonisch nicht erfaßten – einschließenden Religionsgeschichte des antiken Israel und in dieser ihrer kanonischen Maßgabe ist sie als Theologie nicht der Hebräischen Bibel, sondern des Alten Testaments für christliche Sicht auch geöffnet auf Gottes Ziel seines langzeitigen Offenbarungsweges im Christusgeschehen. Christliche Wertungen, Bewahrheitungen, Grenzziehungen aus dem Sachgefälle dieses Langzeitweges Gottes sind Sache gesamttheologischer Arbeit und Verantwortung und nicht nur vom Christusgeschehen, sondern auch von der jeweiligen Zeitkonstellation solcher Arbeit bestimmt; die alttestamentliche Disziplin aus sich heraus ist dazu aus Gründen sachlicher Überforderung nicht imstande; s. in diesem Sinne auch Steck, Prophetenbücher, 202 im Blick auf eine spätere, vermittelte Applizierung. S. zur ganzen Frage jetzt Hermisson, Theologie.

(4) Die exegetische Wahrung biblischer Darstellungsweisen
Welche eigentümlichen Wahrnehmungsmuster prägen die Bibel?
Natürlich treten bei solcher Eigenart biblischer Texte Unschärfen und Offenheiten in der Wahrnehmung auf, die mit dieser wie eben mit jeder Lebensbegegnung als Züge des Unpräzisen, Offenen verbunden sind, aber eben nur so auch das Faszinierende, Geheimnishafte wahren! Mit dem Gegenstand gehören auch sie zu dem, was exegetisch geklärt und gewahrt werden muß. Diese Offenheiten in der geschichtlichen Wahrnehmung von Lebensvorgängen sind – noch einmal sei es betont! – sachbedingt. Danach muß sich Exegese als Methodik richten und abweisen, was dem nicht angemessen ist.
Diese Offenheiten, so sehr sie ordnungsliebende Reflexion auch stören mögen, werden etwa durch unangreifbare, aber Aussagekraft einbüßende Präzisionen einer scheinbar suffizienten pseudoobjektiv-exakten Exegesewissenschaft oder durch pseudowissenschaftliche Bemühungen, die der Sachaussage ausweichen und an sprachlich-formalen Beschreibungsspielereien zu biblischen Texten ihr Genüge haben, nicht plausibler. Diese sachnotwendigen Offenheiten werden auf diese Weise zunichte gemacht, und der lebensvollen Gottesbegegnung, von der die biblischen Texte reden, wird damit *de facto* ausgewichen.
Nicht minder verfehlt wäre jede Anbiederung historischer Exegese bei der Moderne, um das sachliche Gewicht des biblischen Gegenstandes zu retten. Nicht Brücken bauend, sondern in hohem Maße Verständnis hindernd ist das Mißverständnis, die scheinbar für Zeit und Ewigkeit formulierten biblischen Überlieferungen hätten sich, wenn sie denn wahr und allem anderen überlegen sein sollen, in einem Verhör zu bewähren, in dem neuzeitlich-historische oder neuzeitlich-naturwissenschaftliche Nachfragen direkt an sie gerichtet werden. Viel späteres Wissen befragt da viel ältere Texte, das kann sich nicht treffen! Statt auf der Ebene der Formulierungen ist erst auf der Ebene des Lebenswissens und der Lebensbewältigung hier und da ein sinnvoller, zeitgerechter Vergleich möglich, aber nur, wenn dabei die zeitlichen und sachlichen Differenzen voll gewahrt bleiben. Nichtbeachtung dieses Sachverhalts, so populär sie ist, verrät nur Inkompetenz und sollte Bibel und heutiger Zeitgenossenschaft gleichermaßen erspart bleiben. Es kann auch erspart bleiben, wenn die Zeitlichkeit der Bibel beachtet und im Dienste sachgemäßer Vermittlung bearbeitet wird.

Man muß in diesem Zusammenhang nur in Rechnung stellen, was oben bereits betont wurde und exegetisch aus ungezählten Befunden ganz offensichtlich ist: Biblische Texte nehmen, wie Exegese sehr wohl weiß und zunehmend erarbeitet, noch anders wahr als die Späteren, gar in anderen Kulturen, von heute ganz zu schweigen!

Wer bei der Bibel selbst bleiben will, muß also ihre Formulierungen unter den Bedingungen damaliger Zeit erfassen und direkt auf altorientalisch-israelitisch-spätantike Wahrnehmungsmuster, wie sie aus einer Fülle von Texten und Bildern religions- und traditionsgeschichtlicher Nachfrage entgegentreten, und nur auf solche hin befragen!

Hier hätte man längst umlernen und von der Bibel als einem zeitlos-aktuellen Orakelbuch oder sich einem in den Formulierungen erst aus philosophisch oder naturwissenschaftlich spekulierenden Tiefensinn anderer in die Bibel nicht direkt eingegangener Kulturen und Zeiten erschließenden Wahrheitsreservoir Abschied nehmen müssen!

Wer die alten biblischen Wahrnehmungsweisen von erfahrenen Lebensbereichen in ihren Eigenarten (Stichwörter z.B.: Mythos, Sage, Hymnus) nicht zur Kenntnis nehmen will, der kann nur zu Stellungnahmen gelangen, die den Gegenstand Bibel, von dem sie vorgeblich reden, verlieren.

Man wird, um ein aktuell wieder ins Gerede gekommenes Beispiel anzusprechen, nicht erst zur Auferstehungsfrage lernen müssen, daß es in der biblischen Wahrnehmung nicht nachweisbare Tatsächlichkeit biblisch-sprachlich ausgedrückter Einzelvorgänge ist, die Aussagen von grundlegender Qualität begründet. Sinn und Gewicht der Aussagen sind anders zu dechiffrieren. Es ist zu lernen, daß es der aus Langzeitwahrnehmung von hinterher gewonnene Erfahrungsgehalt (Überlieferung des Exoduseinzelereignisses etwa als Ausdruck langzeitigen Befreitseins des staatlichen Israel), die Lebensbewährung, das Stehvermögen gegenüber anderen Denkwelten und die Überzeugungskraft von Werthaltungen das Medium weiterhin geltender biblischer Wahrheit sind, die die Basis bilden. Sie stiften in der Darstellung faktischer, aber auch als solcher fiktiver (!) Ereignisse (z.B. Jahwes Wasserchaossieg als Schöpfungsakt; im Neuen Testament wären in diesem Zusammenhang z.B. ›Jungfrauensohn und Krippenkind‹ zu erörtern) solche Qualität mit Langzeitlebensdeckung und Hoffnungspotential. Wir erinnern an dieser Stelle an das Motto, das wir für unsere Untersuchung gewählt haben.

(5) Die Frage der Bibelübersetzung und Bibelinformation

All das hat Folgen für die Frage sachgerechter Präsentation der Bibel selbst in der Folgezeit. Überprüft und begründet werden können biblische wie andere Texte auch nur an den Formulierungen in den Originalsprachen; das ist selbstverständlich. Im Sinne einer soliden Kenntnis der Bibel und einer über die Fachleute hinaus weiter gestreuten Beteiligung an der Frage der Traditionsvergewisserung muß man aber darüber hinaus fragen: Was kann, was soll eine Bibelübersetzung für den Vergewisserungsvorgang in späterem Rahmen zurück an der Bibel leisten?

Wenn nicht falsche Tatsachen vorgespiegelt werden sollen, betrifft die unerläßliche Einstellung der Späteren schon auf Sprachwelten aus viel früherer Zeit auch die verläßliche, überprüfungsfähige Übermittlung der Bibel selbst: die Übersetzung. Auch auf diesem Feld werden in naiver Wahrung der Dauergeltung der Bibel im konkreten Übersetzungsverfahren häufig nur zu gern und nur zu verständlich Zeiten einfach übersprungen und Produkte feilgeboten, die wie die Bibel aussehen oder vorgeben, die Bibel zu sein, mit ihr selbst aber nur mehr wenig zu tun haben. Weil Gott gleichzeitig bleibt, ist es die alte Bibel noch lange nicht! Was also kann, soll eine Bibelübersetzung leisten, die allen Interessierten Anteil an dem Vergewisserungsvorgang »Tradition« gibt?

Statt der sachgemäß selbstverständlich möglichen, leichter zugänglichen und insoweit unbestrittenen »Übertragung« der biblischen Botschaft für spätere Zeiten in andere Medien und andere Sprach- und Darstellungspräsentation wird gern der Mittelweg modernisierter Bibeln und in Form, Stil und Inhalt modernisierter Textverwertungen gewählt. Ein solch vermeintlicher Mittelweg gibt ja vor, immer noch die Bibel zu sein, was die »Übertragung« erklärtermaßen und ehrlicherweise so eben nicht mehr ist und deshalb auch nicht den Rang der Vergewisserungsgrundlage haben kann. »Die Gute Nachricht. Die Bibel in heutigem Deutsch« mit ihren zumal in der ersten Fassung das Original horrend verunstaltenden Textmanipulationen ist als vorgebliche Übersetzung ein abschreckendes Beispiel, von anderen Modernisierungen der alten Bibel ganz zu schweigen. Tatsächlich ist dieser Mittelweg modernisierter Bibel kein goldener, sondern ein Holzweg, der mit Veränderungen der Bibel selbst die Vermittlungsaufgabe nicht sachverantwortet zum Ziel führt, sondern heute nicht selten anbiedernd kaschiert.

Demgegenüber ist zu betonen: Das Alter der Bibel ist auch in einer Bibelübersetzung, die diesen Namen wirklich verdient, die verläßlich genau und nicht nur Übertragung und eine von vielerlei möglichen oder auch unmöglichen Aktualisierungen sein will, zu erhalten. Sonst ist es nicht mehr die Bibel, auf die man sich berufen und an der man sich vergewissern kann. Dazu gehört nach wie vor: Genauigkeit in der Wiedergabe der Formulierungen, Offenheit in der sprachlichen Fassung, die nicht vereindeutigt, wo der Text selbst offener formuliert oder wir Heutigen das Gemeinte nicht eindeutig wissen; nur so bleiben Spielräume des Verstehens von Fremden, Alten gewahrt, die nicht in der Übersetzung, sondern erst in der Auslegung diskutierend und begründet präzisiert werden müssen. Einbußen, Offenheiten, Uneindeutigkeiten oder Aspekte verschiedener historischer Verstehensmöglichkeiten – zwar nicht in der bestimmenden Wahrnehmung des Gegenstandes der Bibel, den charakteristischen Zügen, die der Gotteskunde hier eigen sind, aber doch in der konkreten Fassung auch dieser Züge – sind dabei unvermeidlich und für die nicht zuletzt auch darum immer unabgeschlossene Aufgabe einer genauen Bibelübersetzung hinzunehmen. Anders ist Altes auch im Falle der Bibel nicht zu haben. Auch das ist offen einzuräumen. Die biblischen Zeiten können für späteres Verstehen bei weitem nicht mehr voll eingeholt werden, und so sind auch bei der Übersetzung der Bibel wegen der Weitergabe in später gesprochene Sprache vielseitig-anderer Lebenswelten Restriktionen nicht zu vermeiden. Wie andere vergleichbare Aussagen aus anderen Zeiten und Kulturen so lassen sich auch biblische Aussagen dabei nicht ohne Schwund an geschichtsbedingter Ursprünglichkeit an Interessierte innerhalb und außerhalb der Kirchen weitergeben. Je ehrlicher dies zugestanden und vor jedweder Öffentlichkeit offengelegt ist, desto vorsichtiger müssen Rekonstruktionen des Unbekannten, desto sorgfältiger muß die Rückfrage in das für biblische Zeiten noch als wesentlich Erkennbare und desto entschlossener und innovativer muß die Suche nach der aktuellen Wahrheitsgestalt später sein. Solches Wissen bedarf nicht des Verbergens, damit ja niemand aufgeschreckt wird, es bedarf – natürlich nach Maßgabe kulturellen Fassungsvermögens und ohne historische Bilderstürmerei! – der Verbreitung. Kommentierte Bibelausgaben, die das alte Buch Bibel verständlich als solches erschließen, sind eine wichtige Hilfe, die für die sachgemäße Verbreitung der Bibel gar nicht überschätzt werden kann. Die »Stuttgarter Erklärungsbibel. Die Heilige Schrift nach der Übersetzung Martin Luthers mit Einführungen und Erklärungen« (2. Auflage 1992) oder von katholischer Seite eindrucksvoll »Die Neue Echter Bibel. Kommentar zum Alten/Neuen Testament mit der Einheitsübersetzung« scheinen mir – wie auch immer im einzelnen gelungene – heute herausragende Beispiele aus dem deutschen Sprachraum zur Verbreitung sachgemäß angeleiteter Bibelkenntnis. Gelerntes Wissen zum Bibelverstehen muß – wir sagten es schon – dabei auch jenseits der Fachkreise eingesetzt werden, wenn man sich um die Aussagen der Bibel selbst mühen und sich an ihnen für eigene Perspektiven, für Denken und Handeln vergewissern will. Eine verläßliche Bibelübersetzung zusammen mit Anleitung, Schulung ermöglichen die Beteiligung aller Interessierten an solchen Vergewisserungsvorgängen, auch wenn der Beizug von exegetisch ausgebildeten Fachleuten dabei unerläßlich bleibt; Vertrauen, Offenheit, Transparenz sind Ziele, die in solchem Zusammenwirken von Ausgebildeten und Interessierten in der Frage nach dem ursprünglichen, grundlegenden Sinn biblischer Formulierungen angestrebt werden müssen.

Etwas anderes und hier mitnichten Abgewertetes ist natürlich der ganz eigenwertige Gebrauch von übersetzten Bibeltexten (aber nicht modernistischen Bibelverunstaltungen) statt zur Vergewisserung am Ursprung vielmehr in Sekundär- und Tertiärverwendung im geistlich-liturgischen, seelsorgerlichen oder auch schulischen Rahmen. Hier hat der Bibeltext ja nicht exegetisch-vergewissernde Funktion. Er dient vielmehr der Kundgabe des Ursprungs nun im Rahmen späterer christlicher Lebensäußerungen, die ihrerseits auf eigenen gesamttheologisch erarbeiteten Vergewisserungen an der Bibel aufbauen, und vermag im Rahmen geklärten und gelernten christlichen Wissens Leben heute in Frömmigkeit zu klären, zu leiten, zu stärken. Wir werden auf die Frage des Bibelgebrauchs nicht zur Vergewisserung, sondern auf Grund dessen zur Lebensanleitung für Spätere am Ende von Teil III noch eigens zu sprechen kommen.

Zurück zur Frage der Bibelübersetzung. Es wäre mit befreiendem Effekt viel mit der Einsicht gewonnen, daß das biblische Wort in einer Bibelübersetzung, die diesen Namen wirklich verdient, entgegen verbreiteten Wunschvorstellungen nicht heutiges Wort wird in den heutigen Sprach- und Lebenswelten mit all den Rücksichten, die sich in ideologischer oder kommerzieller Vermarktung der Bibel lautstark bemerkbar ma-

chen. Das biblische Wort als Grundlage aller Vergewisserung
bleibt auch übersetzt vielmehr eigenes, altes Wort, dem die
Übersetzungssprache dient und sich anpaßt (und nicht umgekehrt!), um Wesentliches, zu dem Zeitlichkeit, und das heißt
immer auch Zeitbedingtheit, gehört, in seiner Besonderheit zu
wahren!

Aneignung dessen in spätere, unsere Lebenswelten ist selbstverständlich unverzichtbar. Solche Aneignung fordert aber,
wie bereits betont, weit mehr als Übersetzung von alten Formulierungen und hat ihren Platz nicht in, sondern auf der
Grundlage von Bibelübersetzungen dann erst jenseits der Bibel. Alles andere wäre unrealistisch und hinge Konstellationen
nach, die für heutiges Wissen vergangen sind! Beides wird leider nur zu gerne vermischt. Aus Angst, den Bibelgebrauch im
aktuellen Leben der Christen zu verlieren, wird dem Informa-
tionserfordernis Bibel als Vergewisserungsgrundlage aus alter
Zeit aus dem Weg gegangen. Es könnte sein, daß damit eher
das Gegenteil bewirkt wird. Wir verschweigen nicht die Gefahr, die droht, wenn man die Bibel in dieser Hinsicht immer
weiter als Tabuzone kirchlichen Herkommens betrachtet. Die
Bibel wirkt so nur immer abstruser, unplausibler und wird immer mehr Gegenstand aufbegehrenden Widerspruchs oder als
zeitfremde Belanglosigkeit heute von vornherein übergangen.
Wie kann der Gefahr begegnet werden? Die Bibel kann heute
durch reduktionistische Sakralisierung, Moralisierung oder
einfach durch unbedarfte Scheu vor ihrer Zeitlichkeit nicht
länger vor historischen Fragen abgeschirmt werden. In unserem eigenen geschichtlichen Rahmen, in dem historische Fra-
gehinsichten in jedwede Wissensbereiche auch sonst zum Bildungsgut gehören und in Medien ständig angesprochen werden, muß man sich der Eigenart der Bibel wie sie sich heutigem Wissen darstellt, also auch ihrer Zeitlichkeit, Geschichts-
prägung durch die Entstehungswelten, rückhaltlos aussetzen.
Wir sind dabei, daß uns in den geschichtlich-gegenwärtigen
Herausforderungen unserer mitteleuropäischen, evangelischen
Kirchlichkeit die Grundlagen entschwinden, wenn es nicht gelingt, endlich über Konstellationen des 16. Jahrhunderts hin-
auszuschreiten, auch in kirchlicher Praxis und öffentlicher
Medienarbeit ein Unwissen und Halbwissen früherer Zeiten
eingestehendes, unverkrampftes, auf schonungslose Information und Unterricht gestütztes Verhältnis zur Bibel als einem
alten Buch zu gewinnen und mutige, gegenläufige Bemühungen in Katechetik, Erwachsenenbildung und Medienarbeit je-

der Art kräftig zu unterstützen! Nur so kann den fatalen, die Bibel immer mehr zur hehren Bedeutungslosigkeit degradierenden Folgen des Verschweigens von geklärten Grundeinsichten des Bibelwissens unter uns gewehrt werden.

Es ist an Theologie und Kirche, hier nach Maßgabe der Verständlichkeit sachgemäß aufzuklären, statt dies unsachgemäßer, womöglich hämischer Aufklärung zu überlassen. Theologie und Kirche haben, wo immer historischer Sinn zu wecken ist, in diese Richtung vor jeder übereilten Aktualisierung Aufklärungsarbeit zu zeitbegründeten und aussagebestimmenden biblischen Darstellungs-, Denk- und Lebenswelten zu leisten, weil dies und nichts anderes unter uns Voraussetzung für jede ausgewiesene, sach- und zeitgerechte Orientierung an der Bibel ist.

(6) Zur Haltung des Exegeten

Zum Abschluß dieser Überlegungen zur Rückvergewisserung späterer christlicher Tradition an den biblischen Grundlagen sei im Sinne der für diesen Beitrag vor der Pfarrerschaft gewünschten Selbstvorstellung auch kurz auf die Einstellung, auf die Haltung des Exegeten eingegangen. Wie kann der Exeget selbst den Sachanforderungen dieser Rückvergewisserung gemäß seinem Gegenstand versuchen gerechtzuwerden?

Der alten Bibel als alter versuchen so nachzufragen, daß sie sie selber bleibt – das verlangt noch vor allen Differenzierungen einer historischen Methodenlehre[32] wegen der genannten Eigenart dieses Gegenstandes nach meinem Dafürhalten bestimmte Grundhaltungen des Verstehens.

Die wichtigste ist die folgende: Dieser Gegenstand fordert wie jeder andere auf uns treffende und zumal wie jeder andere aus älterer Zeit überkommene Text, daß wir uns von ihm bewußt und selbstkontrolliert unterscheiden. Daß also nicht wir bestimmen, wie man den Text lesen kann, von heute aus gesehen oder womöglich auch schon historisch gemäß eigenen Einfällen und Anliegen. Nicht was man kann, sondern was man dem Gegenstand gemäß muß, ist die Frage, und damit die Frage, wie der Gegenstand selbst gelesen sein will.

Dieser Gegenstand fordert weiter, daß man ihn nicht nur als sprachlich-linguistisches Analyseobjekt liest – zeitneutral nicht und historisch auch nicht. Der Bibeltext fordert angesichts sei-

---

32 S. dazu Steck, Exegese, 1–5.

ner ausgesagten Inhalte, wie wir sahen, vielmehr, daß man seine Aussagen als sprachlich zu bestimmter Zeit gefaßte Gotteswahrnehmungen im Konnex mit dem Erfahrungsumfeld der Entstehungszeit auffaßt. Damit sind Sinnaspekte im Verlauf von Zeiterfahrung angesprochen, auf die man zugehen muß, wenn Gott als Gegenstand biblischer Überlieferung in biblischer Exegese gewahrt werden soll.

Der Exeget muß sich damit auch bei der Bibel auf mehr als Worte und Sätze, Satzfolgen einstellen. Er muß sich für *Lebensfelder* öffnen, die von vornherein zu den Texten gehören.  Wie entsprechende Texte sonst bis hinein in unsere Kommunikationsvorgänge ist entgegen dem Augenschein ja auch die Bibel nicht nur Wort allein, auch wenn die theologische Hypertrophie und Inflation der Größe »Wort« das allzu oft vernebeln. Auch die Bibel ist eine Textgröße, die unausgeführt von vornherein auch außersprachliche Vorgänge, Lebenskonstellationen und unausgesagt, aber vorausgesetzt, sprachliche und auch andere Traditionen in ihrer Aussage bei sich hat. Das schwingt mit bei dem, was geschrieben, fortgeschrieben, gelesen wird, und gehört zu dem, was uns allein noch überkommen ist und ausformuliert dasteht. Das ist selbst bei unseren Kommunikationstexten nicht anders, wir machen es uns nur nicht bewußt. Der Exeget muß also immer auch auf Umgebung und Hintergrund sehen, die zur Textformulierung ursprünglich hinzugehören. Die sprachliche Fassung des Textes, die man liest, hat dies genauso wie heute für Verfasser und damalige Rezipienten in sich, überliefert dies in ausdrücklicher Andeutung oder stillschweigend für das Wissen der intendierten Leserschaft damals mit und verweist als historisch entstandenes Phänomen bleibend darauf. Die Nachfrage gilt dabei nicht Begleittönen des Textes, auf die man auch verzichten könnte. Die Nachfrage gilt den Selbstverständlichkeiten, die ursprünglich zum Text gehören, Tragendes nicht zuletzt für die Stimmigkeit seiner Aussage enthalten und somit unerläßlich für die Bestimmung des Sinns sind, den der Text bei seiner Formulierung konstituiert.

Nicht nur Wort und Formulierungen, sondern weitergefaßt diesen Phänomenen, den biblischen Aussagen sozusagen zusammen mit ihrem ursprünglichen Lebenshof, in dem sie stehen, gilt es historisch in der alten Bibel gerecht zu werden, wenn man erfassen will, was formuliert ist. Es gibt bestimmte Methodenschritte, wie man hier zu verläßlichen und überprüfbaren Bestimmungen kommt: Diese Phänomene werden wie ihr

Kern, die Gotteswahrnehmungen, in der Interdependenz der historischen Methodenschritte Formgeschichte, Traditionsgeschichte und Historischer Ort erarbeitet[33].

Ich will in unserem Rahmen der hier erwünschten Selbstvorstellung über diese Bemerkungen zur Bindung des Exegeten an gegenstandsgemäße, historische Methodik hinaus auch einmal ganz offen über die eigene Prägung und Einstellung reden, die bei solcher vergewissernden Aufnahme der alten Bibel und ihrer Gotteswahrnehmungen mit den Mitteln historischer Forschung exegetische Arbeit leiten können.

Wenn ich das eigene Herkommen richtig einschätze und die Prägungen aus der Ausbildung, dann war von früh auf vor allem bestimmend, daß die geistige Wahrnehmung immer mit einem aus Kunst und Erfahrung gelehrten Schauen und einer konstitutiven Bindung des Gedachten und Formulierten an Lebenskonkretion verbunden sein muß. Ganzheitliche Erfahrung, die die Auffassung möglichst vieler Lebensfelder und ihrer Zusammenhänge aufnimmt, steht dann im Vordergrund. Wahrnehmung als Begegnung und Erfassen von Geschehen als solches in Bewegung im Ablauf von Zeit werden einem mit dieser Sicht als die sich ständig verändernden, überraschenden Zugänge zu einer hochbeweglichen, zeitsensiblen Wirklichkeit wichtig. Wie lernt man, wie kommt man in solcher Haltung weiter? Widerfahrnisse, Eindrücke, Erfahrungen der genannten Art werden mit anderen verglichen und so geklärt und identifiziert, aber sie werden nicht zugunsten höherer Reflexionsebenen verabschiedet und hinter sich gelassen.

Solcher Art Zugänge helfen, auch der erforschten biblischen Gotteskundgabe in ihrer Eigenart als geschichtlichem Gesamtphänomen nahe zu bleiben, ohne es in nur noch Gedachtes zu abstrahieren.

Wie kann es gelingen, Erfahrungswelten nicht zuletzt in alten Texten möglichst weitreichend aufzunehmen? Wie läßt sich zu dem Lebenssinnhaften gelangen, das darin geborgen ist? Mir scheint, der ganzheitliche Hinblick, von dem hier die Rede ist, der ganzheitliche Hinblick, der auch in Denken und Sprache nicht verabschiedet, sondern bewahrt bleibt, vermag es am

---

33 S. dazu schon oben Anm. 28. Zur Verbindung von Text und Lebenszusammenhang s. unter Hinweis auf Ausführungen von G. Ebeling schon O.H. Steck, Gott-Mensch-Tier. Hermeneutische Überlegungen und Predigt zu Psalm 8, in: H.-F. Geisser, W. Mostert (Hg.), Festschrift G. Ebeling zum 70. Geburtstag, Zürich 1983, 51–64.219f.

ehesten. Also der Vergleich mit entsprechenden Situationen komplexer Lebenserfahrung, der Vergleich mit Phänomenen der Kultur, die ein Ganzes bergend zusammenhalten, mit tragfähig bewährter wie mit nur noch teilweise zureichend oder gar unzureichend gewordener Tradition solcher ganzheitlich-zeitlicher Wahrnehmungen.

Ich denke, Exegeten bleiben dann nahe an der Lebenswelt der Texte, wenn sie festhalten, daß Annäherung an Leben in historischer Arbeit noch anderes ist als Rezeption in Denkgenauigkeit und stimmige Folge von richtigen Sätzen, auf die ein geschichtlicher Lebenssachverhalt in Texten konzentriert, ich würde lieber sagen: reduziert wird. Ich denke, Exegeten sind in dieser Ausgesetztheit gegenüber Leben dem Wirklichen womöglich näher als jede präzise Schlußfolgerungswahrheit. Was Erfahrung als Aneignung von eigenen wie fremden Erlebnissen erfaßt, ist in begriffspräzise Satzfolgen offenbar nicht ohne weitreichenden Verlust zu bannen, und deshalb bringen Ableitungen, Anwendungen solcher Sätze zwar ordnende Elementarklärungen und Handlungsanweisungen in die Erfahrung von Lebenskomplexität, auf die niemand verzichten kann; zur Wahrnehmung, zum Verstehen solcher Lebenskomplexität als ganzheitlicher Erscheinungen genügen sie aber nicht. Mehr noch: Solcher Art zeitneutrale, allseits stimmige, geistiges Ordnungs- und Präzisionsbedürfnis befriedigende Satzfolgen sind es offenbar auch nicht, die die nachträgliche Weiterverwendung ermöglichen; sie bilden zwar zeitlose Scheinbrücken, es fehlt ihnen die Kommunikation als Lebensbegegnung, die schon zum biblischen Gegenstand selbst gehört.

Historische Arbeit an der Bibel richtet sich also auf frühere Lebensäußerungen Gottes wie der Menschen, die nach dem Willen der biblischen Überlieferung wie der rezipierenden Kirche auch Spätere noch wissen müssen. Als auf Lebensäußerungen gerichtete ist historische Arbeit im Sinne der Rekonstruktion und Vorführung von Lebensbegegnung auszuüben. Darin schließt sie methodische Klarheit der Fragestellungen und klärende geistige Reflexion selbstverständlich ein. Diese geistigen Vorgänge übergreifend muß Exegese aber die Gestalt von nachzeichnender Lebensanschaulichkeit haben und so die komplexen Aspekte des Gegenstandes zusammenhalten. Exegese ist im Endeffekt nicht Reflexion über den biblischen Gegenstand, sondern überlegte Nachzeichnung von geschichtlicher Lebensanschaulichkeit, »kritische Paraphrase«, wie G. von Rad sagen konnte, und wir erinnern uns, was dieser Große

der alttestamentlichen Wissenschaft und der brasilianische Romancier im Motto unseres Buches übereinstimmend exponieren: Erzählung als Wahrnehmungs- und Wiedergabegestalt des Wirklichen.

Was an früherer Lebensäußerung Gottes wie der Menschen durch historische Arbeit an der Bibel aufgenommen wird, die im Sinne von Lebensbegegnung ausgeübt wird, muß also noch in der zweifellos unumgänglichen, klärenden, aber keineswegs allererst die Wahrheit fassenden Reflexion die Gestalt von Lebensanschaulichkeit behalten und hält damit die komplexen Aspekte des Gegenstandes zusammen. Exegese erschöpft sich nicht in Reflexion, sie muß bis zur überlegten Nachzeichnung von geschichtlicher Lebensanschaulichkeit der Aussagen vorstoßen. Denn dorthin stößt Gott in den biblischen Texten vor!

Es gehört zur Eigenart der Lebensanschaulichkeit, wir sprachen schon darüber, daß sie weithin nicht erschöpfend sagbar ist, geschweige denn erst durch Abstraktion und Entzeitlichung gültig. Entsprechend ist auch der biblische Text in seiner historisch-ursprünglichen Aussage, im Sinne von Lebensbegegnung aufgenommen, gemäß exegetischer Wissenschaft eben nicht abschließend zu erfassen und in seinem ursprünglichen Sinn nicht einmal präzise formulierbar. Seine historische Nachzeichnung kann nur andeuten, begründen, abgrenzen und die Aussage selbst in geistiger Näherung wenn überhaupt dann sprachlich bestenfalls einkreisen, weil die wesentliche Wahrnehmung solcher Lebensphänomene auf der Seite des Wahrnehmenden und des Wahrgenommenen weiträumiger als jede suffiziente sprachliche Erfassung ist und schon allein zeitlich nichts Abgeschlossenes darstellt. Exegetische Nachzeichnung wählt textangemessene Worte so, daß sie Wesentliches zwischen den klärenden Worten und Sätzen übermittelt. Worte umstehen so Wahres, damit es aufrecht bleibt und statt von Begriffen von Lebenswahrnehmung erfaßt wird! Was die Dichterin Hilde Domin zum Stichwort Lyrik sagt, hat auch in der kulturelle Lebensäußerung und Lebensbewältigung wahrnehmenden Wissenschaft weitreichende Geltung: »Das Nichtwort ausgespannt zwischen Wort und Wort«[34]. So versteht sich, was so wahrgenommen erfaßt wird, auch nicht aus zwin-

---

34   Hilde Domin, Gesammelte Gedichte, 1987, 227.

gender Schlußfolgerung, sondern aus Einverständnis der Erfahrung[35].

In diesem Rahmen annähernder Lebensbegegnung mit Überkommenem steht für mich das Ziel aller exegetischen Arbeit: wie etwa auch im Musizieren das Bemühen, anderem als anderem zu begegnen, ihm mühsam, tastend, annähernd Wesentliches erfassend und es doch nie besitzend, in immer neuen Anläufen beglückt, bereichert, dienend gerecht zu werden, es im Nachvollzug sich also gleichsam ereignen zu lassen, statt es als lebensentleertes Präparat präzise zu definieren.

In dem Argwohn gegenüber abstrahierend-systematisierendem Denken als vermeintlichem Vorstoß zum eigentlichen, dauerhaften Kern der Wahrnehmung hat mich immer wieder Jacob Burckhardt sehr beeindruckt. In einem Brief an Karl Fresenius schreibt er: »Ein Mensch wie ich, der durchaus der Spekulation unfähig und zum abstrakten Denken auch keine Minute im Jahr aufgelegt ist, tut am besten, wenn er die höheren Fragen seines Lebens und seines Studiums sich auf die Weise klarzumachen strebt, welche ihm am nächsten liegt. Mein Surrogat ist eine täglich mehr auf das Wesentliche gerichtete, täglich sich schärfende Anschauung.« Und in demselben Brief heißt es etwas weiter: »Die Spekulation eines andern würde mich, auch wenn ich mir sie aneignen könnte, nie trösten noch weniger fördern. Ich werde von ihr berührt als von dem Geiste, der in der Luft des 19. Jahrhunderts herrscht, ja ich werde vielleicht unbewußt von einzelnen Fäden der neuern Philosophie geleitet. Laß mich auf diesem niedrigen Standpunkt, laß mich die Geschichte empfinden, fühlen, statt sie von ihren ersten Prinzipien aus zu erkennen.«[36]

Nach Überlegungen zur Rückvergewisserung späterer christlicher Tradition an den biblischen Grundlagen (2.) soll nun ein zweiter Gedankengang (3.) parallel dazu, aber im anderen Richtungssinn *von der Bibel aus nach vorwärts* blicken auf den Vorgang von Tradition als Weitergabe von Maßgeblichem in andere, neue Konstellationen der Folgezeiten. Wir wollen in diesem Blick von der Bibel aus voraus in den weiteren Traditi-

---

35 Vgl. dazu die Ausführungen zur Lebensbewährung in Ebeling, Dogmatik I, 15–17.

36 J. Burckhardt, Briefe, ausgewählt von W. Rehm, Insel-Bücherei 331, 1946, dort 14–17 der Brief an K. Fresenius aus Berlin, 19. Juni 1842; s. in diesem Zusammenhang auch den Brief an B. Kugler aus Basel, 30. März 1870, ebd. 47–50.

onsvorgang diesbezüglich Stärke und Grenze der exegetisch gewahrten, geschichtlichen Größe Bibel fassen, wie sie sich in Folgezeiten herausstellen. Und wir wollen festhalten, welche Wege späterer theologischer Aneignung aus heutiger Sicht der Eigenart der Bibel selbst nicht angemessen sind und welche doch. Der Exeget wird auch in dieser umgekehrten Blickrichtung ganz entsprechende Aspekte hervorheben müssen.

3. Theologie als zeitwache Tradition in der Weitergabe des Biblischen

Ein weiterer Zug eigener Selbstvorstellung diene als Einstieg. Wenn ich mich frage, was mich als Theologe bei der historischen Forschung im Alten Testament immer am meisten bewegt hat, dann sind es nicht in erster Linie die punktuellen Situationen wesentlicher Gottesbegegnung einzelner mit Zuspitzung auf Ich und Augenblick gewesen, sondern, wie es den großen Darstellungsfeldern des Alten Testaments selbst entspricht, das umfassendere Ganze Geschichte als weiträumiger, langzeitiger Bereich von sich änderndem Wissen, sich wandelnder Erfahrung und Wahrnehmung des Wirklichen, in den auch der einzelne gebettet ist. Im Verhältnis von Bibel und Folgezeit ist dies also der an die Bibel anschließende Bereich der nachbiblischen Überlieferung und Lebensgestaltung auf der Grundlage der Bibel.

Mit diesem Interesse kommt nun gewichtig auch der andere Aspekt von Tradition hinzu, den wir schon genannt haben: Tradition als Weitergabe des Rezipierten, und zwar weitergeben hinein in sich immer wieder ändernde geschichtliche Konstellationen. Was wir damit in Blick nehmen, ist im Grunde dasselbe, was in jeder Predigt geschieht – die Frage, wie man die biblische Gottesbotschaft als Lebensklärung am Ort ihrer Entstehung und ältesten Überlieferung erfaßt und ihr gerecht wird und wie man sie gleichwohl weiterzugeben hat als Lebensklärung im Fortgang und in Veränderungen der Zeit.

In jeweils eigentümlichen historischen Rahmenbedingungen ist es die Aufgabe, vor der verantwortliche Bibelüberlieferung allen Engführungen zum Trotz seit jeher steht: Die biblische Gotteskunde aus einem alten Buch soll aufgespürt und dann über die Zeitverhaftung des damals formulierten Ursprungssinnes und doch ohne Sinnverlust hinaus weitergetragen werden in spätere Zeiten. Weitergetragen in spätere Zeiten, das heißt: zu Menschen mit anderen, neuen Erfahrungen und zu Menschen in Herausforderungen verschiedener Lebensverhältnisse gleichzeitig in anderen Erdteilen, weitergetragen in andere, in ihrer Eigenart geachtete Kulturen, weitergetragen in immer wieder Besonderes, Singuläres, in Wissensbereiche und auf Problemfelder, die die Bibel so noch gar nicht kennt. Auch dieser Sachverhalt der Bewegung der Bibel hinein in andere Folgezeiten verdient weitere Überlegungen von exegetischer Seite, weil er die Eigenart der Bibel an den Herausforderungen späterer Weitergabe profiliert – eine Eigenart, die dabei in ihren Stärken und Grenzen zum Vorschein kommt.

a) Stärken und Grenzen der Bibel im Blick
auf die Weiterübermittlung

Allem voran steht die Einsicht: Wo für einen sachlichen Vorrang der Bibel optiert wird, wie es in den christlichen Kirchen der Fall ist, muß man bei der Weitergabe des Alten ins Spätere die Stärken der Bibel erkennen und wahren, aber ganz ebenso auch ihre Grenzen eingestehen und überwinden. Wir sehen hier eine immer noch gestellte, bislang aber mit einiger Breitenwirkung noch kaum ehrlich eingelöste Aufgabe. Stärken der Bibel – davon ist im innerkirchlichen Rahmen in herkömmlich großen, aber nach außen weniger und weniger nachvollziehbaren Behauptungen immer noch allzuviel und allzu schnell die Rede. Grenzen der Bibel – sie will man im kirchlichen Gebrauch der Bibel wider besseres exegetisches Wissen hingegen allzu oft nicht wahrhaben. Aber beides ist da. Für den, der es aushält, wird mit Stärken und Grenzen immer wieder ein Janusgesicht der Bibel sichtbar.
Dieses Janusgesicht zeigt sich schon im Blick auf den Inhalt der Bibel. Es gehört zur Grundüberzeugung christlicher Kirchen, von der sie ausgehen wollen: Die biblische Gotteswahrheit weiß als solche im Rahmen unseres kirchlichen und kulturellen Herkommens hierzulande, jedenfalls dem Anspruch nach, immer mehr als wir, weil sie nicht irgendetwas Überholbares, sondern weil sie Gott bezeugt. Das vor allem ist – bei allerdings rapide schwindender Akzeptanz – solcher Option und erwarteten Bewährung nach ihre Stärke. Darin tritt sie gemäß christlicher Überzeugung Meinungen und Handlungen der Menschen aller Folgezeiten, wie immer die geschichtlichen Ausprägungen dieser Zeiten aussehen mögen, und darin tritt sie nach evangelischem Verständnis auch allen christlichen

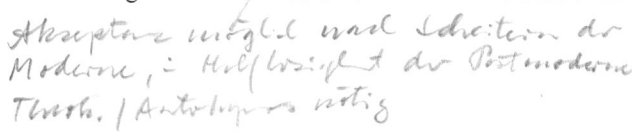

Akzeptanz möglich nach Schreiten der
Moderne, = Hilflosigkeit der Postmoderne
Theol. / Anthropologie nötig

Traditionsbildungen der Folgezeit kritisch, aufdeckend, klärend gegenüber. So jedenfalls sieht es die Sollbestimmung, die freilich auch heute in Erfahrungsnähe zu bringen wäre.

Aber es gibt auch die andere Seite, die sich trotz aller frommen Verdrängung aus realistischer Sicht der Entstehung biblischer Formulierungen zweifelsfrei ergibt: In Wissen, in Kenntnissen, in Problemstellungen und Handlungsmodellen vielfältigen konkreten Lebens weiß die Bibel ausweislich ihrer Formulierungen und ausweislich des Alters dieser Formulierungen aus historischen Gründen, die über jede Diskussion erhaben sind, noch anderes und im ganzen gesehen bei weitem auch weniger als wir. Das ist so, weil sich die Zeiten und mit ihnen die Bestände an Wissen und an Phantasie in menschlichem Handeln inzwischen so geändert haben und laufend weiter ändern. Daß in der Bibel von Gott die Rede ist, kann nicht länger Freibrief für naive Behauptungen einer unangreifbaren Überlegenheit der Bibel sein. Man muß aus Gründen der Zeitdifferenz bezüglich der Wissens-, Erfahrungs- und Formulierungshorizonte vielmehr auch von einer horrenden Unterlegenheit der Bibel gegenüber später reden. Auch wenn die Bibel wegen ihrer Gotteskunde nach christlicher Überzeugung in ihrem Sachgehalt allem anderen überlegen ist, gilt das nicht ebenso für die zeitbegrenzten Wahrnehmungen und Formulierungen der Bibel. Es geht nicht an, daß Eigenartiges von später christlicherseits nur insoweit erfaßt und ausgesagt wird, als es Bibelformulierungen und unsere Auffassungen von diesen erlauben! Diese Unterlegenheit der Bibel ist ihre in historischem Nichtwissen oder Nichtwissenwollen bis heute immer noch viel zu wenig bewußtgewordene und eingestandene Grenze, die nur zum Schaden der Sache ängstlich verschwiegen wird. Beliebige für ungezählte Beispiele zeigen es.

In biblischen Zeiten war die Natur noch voller Gefahr für die Menschen, heute sind die Menschen die große Gefahr für die Natur – eine Konstellation, die die Bibel noch gar nicht kennt und nichts dafür vorsieht. In biblischen Zeiten waren noch die Tiere die Bedrohung der Menschen, heute bedroht der Mensch die Tierwelt bis zur Vernichtung – auch vom ganzen Ausmaß dieser Misere weiß die Bibel noch gar nichts, der Mensch hatte damals noch nicht die Gelegenheit, sich so kreaturvernichtend aufzuführen. In biblischen Zeiten gab es zu wenig Menschen, darum: »seid fruchtbar«, heute sind wir zuviel Menschen – ein Fall, biblisch noch nicht vorgesehen, der heutzutage nachgerade zu einer Umformulierung der biblischen Aussagen in ihr

Gegenteil führen muß, wenn man unter heutigen Konstellationen dieselbe schöpfungsethische Aussage machen will! In biblischen Zeiten war ein König alles, heute wollen wir demokratisch entscheiden, selber Verantwortung tragen; das uns immer Übergeordnete, das »Herrsein«, dem wir nach wie vor dienen, bleibt – hoffentlich – Gott und den großen, bewährt lebensklärenden Werken der Kultur gleichwohl vorbehalten. In biblischen Zeiten war wie heute die soziale Not groß unter den Menschen, aber die Gründe in Arbeits- und Wirtschaftsvorgängen sind heute ganz andere oder zumindest komplexere, der Bibel so überhaupt noch nicht bekannt. In biblischen Zeiten wurde der Mensch in Planen, Wille und Tat erfaßt, wie der Sintflutprolog in Gen 6,5–8 in dichten Formulierungen feststellt, inzwischen hat Psychologie längst noch ganz andere Tiefenbereiche des Menschen, des Individuum aufgedeckt, von denen in der Antike so noch niemand wußte.

Daß die nachbiblischen Folgezeiten Erfahrungen brachten, die der Bibel noch ganz fremd und deshalb überhaupt nicht berücksichtigt sind, daß diese Zeiten Muster der Wahrnehmung des Wirklichen ausbilden, die die Bibel nicht kennt, und umgekehrt Gestaltgebungen von Wahrheit verloren, verdrängt, preisgegeben haben, die für biblische Aussagen grundlegend sind, daß die Bibel eine Sprache spricht, die uns zunehmend unverständlich wird – all das will bedacht sein, als Einsicht in die Grenze der Bibel wirken und als Anreiz zur Überwindung dieser Grenze ermutigen!

Aber nicht nur in ihrem Inhalt, auch für die Anforderungen ihrer Weiterübermittlung hat die Bibel ein Janusgesicht. Die Welten, in die weiterübermittelt werden soll, sind von sehr anderer Art. Die Wissens- und Erfahrungskonstellationen ändern sich in nachbiblischer Zeit dauernd, und doch soll dieselbe biblische Gotteskunde auch in die sich wandelnde Welt, auch in neue soziale Einsichten, auch in die abgründige Seele des Menschen weitergereicht werden.

Wie können Bibel und Folgezeit gleichwohl zusammenkommen und sachlich aneinander gewinnen? Zwei unlöslich zusammenhängende Grundfragen stellen sich dabei:

Wie bleibt solche Weitergabe, die auf die Folgezeit eingeht, legitim, wie bleibt sie auch unter Wandlungen, Änderungen, die von späteren Konstellationen einfach evidentermaßen erzwungen werden, biblisch? Die eine Seite des Janusgesichts.

Und wie bleibt solche Weitergabe so, daß binnenbiblische Grenzen überwunden werden, wie bleibt sie statt antik nach

wie vor lebendig, auch heute noch zeitnah, menschennah? Die
andere Seite.

b) Fehlwege späterer Aneignung der Bibel

Von exegetischer Sicht der Bibel aus gesehen gibt es gängige,
bemüht verantwortliche Antworten auf diese Doppelfrage lebendiger Aneignung der Bibel in Folgezeiten, die allein schon
auf Grund der Eigenart der Bibel, wie sie Exegeten zu wahren
haben, schwerlich länger dienlich sind.

(1) Aufhebung der Zeitlichkeit der Bibel
durch Modernisierung
(aa) Recht und Grenze aktueller Einlesungen in die Bibel
Eine dieser Antworten ist heute auf allen Ebenen des Bibelgebrauchs überaus häufig anzutreffen: das sich Einlesen, das
unmittelbare Wiederentdecken der eigenen heutigen Lage
schon in der Bibel.
Die theologische Wertung dieser Antwort erfordert Differen-
zierung.
Auch als Vertreter historischer Exegese muß man solche Art
Aneignung nicht sogleich verteufeln; sie hat zweifellos ihr
Gutes. Wir haben schon lange unser Methodenbuch vor allen
historischen Bestimmungen sogar mit Anleitungen zu solchen
Direktbegegnungen zwischen Text und heutiger Leserschaft
begonnen[37]. Solche Sehweise kann nämlich ohne Zweifel Augen öffnen, sie kann sensibel machen, sensibel und selbstbe-
wußt, das läßt sich von ungezählten kreativen Aneignungen
der Bibel und fern aller europäischen heute gerade auch im
Blick auf situationsnahe Bemühungen in Lateinamerika sagen,
die allen Respekt verdienen. Historisch orientierte Forschung
verurteilt solch direkt aneignende Lesung der Bibel oft voreilig.
Aber das muß auch klar sein: Solche Art Aneignung ist ein
erster heuristischer Schritt, der noch nicht direkt zum Gültigen
führt, sondern selbst Überprüfung und Legitimierung erst noch
vor sich hat. Denn solche Art direkter Aneignung steht immer
auch in Gefahr, die Eigenart der Bibel zu verfehlen. Mißbrauch und Mißverstehen sind bei solchem aktuell engagierten,

---

37 S. zur Aufnahme aktueller Begegnung von Text und Leserschaft vor
den methodengeleiteten exegetischen Arbeitsgängen im Rahmen der
Methodenlehre Steck, Exegese § 1B II.

kreativen Bibelgebrauch selbst aus bester, humaner Absicht mangels zureichender Kenntnisse und ausreichenden Problembewußtseins keineswegs ausgeschlossen, und die Frage nach der legitimen Weitergabe der Bibel in deren eigenem Sinne ist damit nicht beantwortet, sondern allererst gestellt.

Man muß sich ja ganz nüchtern eingestehen: Keine politische Option unserer Zeit läßt sich schon in der Bibel wiederfinden, und heutigentags sogar von Exegeten propagierte Lesungen biblischer Texte unter Parteinahmen für die Armen, die Dritte Welt, die Frauen, die christlich-jüdische Verständigung usw. sind von außen eingelesene Positionen der heutigen Leserschaft in Texte, die von solchen Solidarisierungen und Gewichtungen so noch nichts wissen und deshalb auch nicht entsprechend ausgerichtet und formuliert sind. So geschehen solche Einlesungen nur zu leicht ohne direkte Nähe zu Positionen der biblischen Texte selbst aus ganz anderer Zeit, wie sie dort Formulierung und Aussage der ursprünglichen Sachverhalte und Aussageabsichten bestimmen. Sie stehen nur allzu oft überhaupt nicht im Text, der ursprünglich von anderem redet, und liegen selbst bei großherziger hermeneutischer Betrachtung nicht einmal auf der Linie des Textes. Sie sind einfach nur heute en vogue. Solche Einlesungen bedeuten das Gegenteil von dem, was sie wollen. Sie geraten in die Ferne zu den konkreten Bibeltexten und damit zu Sachverhalten der Eigenart der Bibel selbst, denen Exegese als grundlegende Teilaufgabe theologischen Verstehens primär und vorrangig verpflichtet ist. Deshalb: Nicht auf Wiederfinden der eigenen Anliegen in der Bibel, sondern auf das Auffinden aktuell gebotener Optionen auf der Grundlage der Bibel aus früherer Zeit sollte das Bemühen ausgerichtet sein.

Oder sollte man sich und seine Gläubigkeit der eigenen Christenwelt einlesen, in der alles wie immer bleibt? Aber Konzentration direkter Weitergeltung biblischer Aussagen unter Umgehung der zeitlichen Differenz wenigstens auf Kirche, Gemeinde, fromme Gruppen, einzelne ist auch kein Ausweg. Es wären nur abgedichteten Vereinsideologien ähnliche Verengungen der umfassenden, längst auch Säkulares einschließenden Weite des Wirklichen, auf die sich Gott in der biblisch überlieferten Reichweite seines Handelns bezieht[38].

---

38 S. dazu oben unter III 1 a.

Es ist heute vielmehr geboten, sich zum Besten der Bibel hier
gegen einen verbreiteten Trend ihrer Aneignung in späterer
Zeit zu stemmen. So oder so aktualistische Einlesungen drängen gerade unter dem Eindruck schwindender Akzeptanz des
Christlichen bestimmend in den Vordergrund, mag man sie
fromm suchen oder sie unfromm ablehnen, und die Theorie-
formulierungen solchen Vorgehens in den Engführungen halb-
verstandener Rezeptionsästhetik und des eher simplen *reader
response criticism* sollen das fördern, sollen Text und Leserschaft heute sogleich näher zusammenbringen und dabei sogar
historische Sicht und Bildung verzichtbar machen. Aber es
sind im Grunde nur Scheinlegitimationen[39]. Es bleibt eben die
Gefahr, daß die Bibel wie anderes Kulturgut dann nur noch das
sagen darf, was wir heute unter uns, oder bestimmte Gruppie-
rungen unter sich, ohnehin schon im voraus wissen und dabei
für wahr halten, was man von der Bibel womöglich in aller-
bester, humaner oder auch arg ichverliebter Absicht will.

Mit Nachdruck abzulehnen sind auf jeden Fall Einlesungen,
die mit dem Anspruch auftreten, auf diese Weise unmittelbar
die aktuelle Gültigkeit biblischer Aussagen schon gefunden zu
haben. In dieser Spielart von Modernisierung wird die Zeitdifferenz zwischen Bibel und später nicht nur heuristisch oder
auch naiv überspielt, sondern überhaupt negiert. In diesem Fall
sind es im Grunde nämlich die Späteren, also auch wir Heutigen in unseren sehr verschiedenen Lebenskonstellationen, die
sich nicht nur für die Bibel aus aktueller Erfahrung sensibili-
sieren, das mag man den elementar-heuristischen Einlesungen
zugute halten, sondern selbst nachgerade den Maßstab bilden
und sich selbst fromm oder unfromm, auf die eine oder andere
Art in die Bibel bestimmend einlesen und damit Gültigkeit
usurpieren, wie man es vielfach bis zum Überdruß erlebt.

Dann geschieht es, daß wir Späteren uns unkontrolliert aktuellen Modetrends in Denken und Lebensauffassung folgend
des biblisch Überkommenen nach unserem Gusto bemächtigen
und eine Auswahl des uns so oder so Ansprechenden im Unterschied zum Abstoßenden, eine Auswahl des heute Interes-
santen und ein zeitgerechtes Mißverstehen der alten Formulierungen propagieren. Der Bibel wird in solchem Vorgehen eine
Modernität unterstellt, die heutigen Interessen und engagierten
Optionen so oder so scheinbar entgegenkommt. In Wirklich-

---

39   S. dazu Steck, Exegese, 2.25.

x) Mit der Bibel kann man
alles beweisen oder rechtfertigen

keit aber hat die Bibel in ihrer konkreten Wahrnehmung von Lebensbereichen und entsprechend in ihren Formulierungen diese Interessen noch nicht in sich und kann sie als Buch aus früheren Zeiten vernünftigerweise auch gar nicht in sich haben. Derlei Unterstellungen zur Selbstbestätigung der Späteren verringern wider bessere Absicht die Lebensfortwirkung der Bibel selbst und nähern sich höchst bedenklich einer nachgerade magischen Auffassung von Geltung und Wirkung des Bibelbuches.

So ist dieser Zugang, wenn er die beherrschende Lösung sein soll und sich für aktuelle Optionen sogleich das Gewicht der Bibel leiht, im Grunde doch nichts weiter als eine Ausflucht, die Lesernähe vortäuscht und das Eigengewicht der Bibel trotz gegenteiliger Absicht weiter entwertet. Diese Art Aneignung auf dem Weg der Weitergabe der Bibel in die Folgezeit ist abzulehnen. Hier geschieht, daß die Bibel uns nach dem Munde reden muß, daß wir aus der Bibel im Grunde also uns selbst zuhören und nicht der Kunde Gottes als einer, die uns aus dem Abstand des Gegenübers von Gott und Mensch und überdies aus dem Abstand eines alten Buches entgegentritt.

Schnelle, einfache Modernisierung, Aktualisierung, Ideologisierung, Konfessionalisierung, Ichverwertung der Bibel über heuristische Einstiegssensibilisierung hinaus mit dem Anspruch bereits erreichter Gültigkeit, ist, wo immer sie unternommen wird, nichts anderes als Pseudomodernisierung und deshalb keine Lösung für den Transfer des verbindlich Biblischen in Gestaltwerdungen der Folgezeit.

Noch einmal: Im Sinne der Bibel beim Wort genommen ist der sich einbringende kreative Leser von heute für den ersten Kontakt mit dem Alten und Fremden, und sei es die Bibel, gewiß wichtig. So entsteht erste Nähe und Interesse an Nachfrage. Stehen aber Eigenart und legitime Wirkung der Texte auf dem Spiel, dann ist der kreative Leser von heute eben wirklich nicht das, was beim Verstehen der Texte primär gefragt ist! Theologisch im Sinne der Selbstaussagen der Texte gefragt ist statt dem heute favorisierten Leser nichts anderes als der Autor, und das ist im Sinne der Bibel selbst kein anderer als Gott aus dem Mund seiner biblischen Zeugen![40]

---

40 S. dazu schon oben III 2c (1).

(bb) Grenzziehungen für die Vergewisserung an der Bibel
als zeitlicher Größe

Wir müssen die Frage einer Modernisierung der Bibel, die den
Graben Zeitlichkeit, Veränderung, Wandel im Zuge der Weitergabe überwinden sollte, noch etwas näher erörtern.

Mit der Aufgabe, sich in späterer Zeit an den biblischen Ursprüngen aus weit zurückliegender Zeit zu vergewissern und
deshalb die Bibel mit später zusammenzusehen, ist auf jeden
Fall eine Grenze gezogen, die in all der Ängstlichkeit, der Bibel doch auch heute noch Gehör oder gar wieder etwas Attrak-
tivität zu geben, beachtet sein will, wenn der Gegenstand nicht
über kurzatmigen Verbreitungsstrategien verloren gehen soll.
Was ist die Grenze?

Sie ergibt sich daraus, daß man die Bibel selbst in Folgezeiten
nicht einfach verschieben kann. Die Bibel bleibt an ihrem eigenen geschichtlichen Ort der Entstehung. Daran ändern auch
alle Übersetzungen, Prachteinbände und liturgischen Bibelpla-
zierungen nichts. Man kann die Bibel nur als altes Buch präsent halten. Oder anders gesagt: Die Grenze für alle Aneignung der Bibel ergibt sich daraus, daß der Aspekt der Formulierung der Bibel in ihrem Sachgehalt vom Aspekt der Zeitlichkeit der Bibelentstehung nicht zu trennen ist.

Vergewisserung der Späteren an der alten Bibel darf nicht länger so geschehen, daß Nähe vorgetäuscht und die geschichtliche Begrenztheit dieser alten Bibelformulierungen möglichst
verschleiert und fromm oder spekulativ überspielt wird.

Wir sagten schon in den beiden vorangehenden Kapiteln dieses
Teils III: Wo immer man sich innerhalb oder außerhalb der
Kirche argumentativ im Wahrheitsbewußtsein unserer Breiten
heutigentags auf die Bibel bezieht, muß die geschichtliche Eigenart der Bibel auf allen Ebenen nachdenklichen Bibelgebrauchs rückhaltlos zur Geltung gebracht werden. Entsprechend muß auch die Eigenart der Gotteswahrnehmung zu biblischer Zeit als einer zeitbedingt gefaßten vorgeführt, erläutert
und so und nicht anders als Basis für die heute gesuchte Aneignung aufgezeigt werden.

Man muß den ungewohnten Gedanken immer wieder betonen:
Einsicht in die geschichtliche Eigenart der Bibel verhindert in
unserer heutigen Lage nicht ihre Wirkung, wie voller Angst
und Ratlosigkeit aus Sorge um die Bibel nach wie vor be-
fürchtet wird. Die Einsicht in die geschichtliche Eigenart der
Bibel ist, offen und ehrlich eingestanden, sachgemäß erfaßt
nichts weniger als die unverzichtbare Voraussetzung, der Bibel

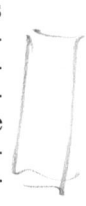

heutigentags weitherum überhaupt wieder Aufmerksamkeit zu verschaffen! Man muß nur begreifen, daß diese geschichtliche Eigenart nicht stört oder alles relativiert, sondern der Lebensbewegung selbst entspricht und die Aufforderung zu einem kreativen Transfer bedeutet, der sich des zur Entstehungszeit zeitbedingt formulierten und erfaßten biblischen Inhalts für spätere Zeit sachgemäß annimmt.

Nur eine Bibel, die man nicht kaschieren oder durch Schutzzäune sichern muß, nur eine Bibel, die rückhaltlos den heutigen Anforderungen an freimütige, nichts verschleiernde, Voraussetzungen und Optionen offen legende Begründungen ausgesetzt wird, kann im vergewissernden Rückbezug von Theologie und Kirche weiterreichende Beachtung und in öffentlicher Meinungsbildung Anspruch auf Diskussionswürdigkeit und Geltung erheben.

Nur ein Aktualisierungsvorgang für biblische Aussagen in heutige Herausforderungen, der seine Grundvoraussetzung in der eigenen Welt der Bibel und seinen Argumentationsweg ohne jede Scheu offenlegt und damit so präsentiert wird, daß er prüfend nachgegangen werden kann, wird wirksam Anspruch auf Aneignung erheben.

Und im Anschluß daran schließlich ein drittes Postulat: Nur wenn es gelingt, biblisch Wesentliches in seiner zeitgebundenen biblischen Erfassung unmodernisiert vorzuführen und es auf Grund solcher Sicht deshalb in veränderten Herausforderungen in einem öffentlichkeitstransparenten Begründungsvorgang dann dem Wandel jeweils zeitgerechter entsprechend anders zu fassen, umzuformulieren, ja selbst gegenüber sakrosankten Mustern kirchlicher Gründungszeiten auch anders zu gewichten, kann dies Ziel als erreicht gelten.

Die Notwendigkeit, christliche Traditionsbildung an den biblischen, neu- und alttestamentlichen Ursprüngen zu überprüfen und rückzuvergewissern, schließt ferner die theologisch gebotene Entschlossenheit ein, sich nicht am neutestamentlichen Teil der Bibel genügen zu lassen. Es schließt vielmehr die Mühe ein, heute aktuell herausgeforderte Klärungen des Christlichen über noch längere Zeiträume hin zurückzuvermitteln und dabei auch dem Alten Testament als Teil der biblischen Gotteskunde mit neutestamentlich durchaus nicht überholten Zügen des Gotteswirkens mehr Qualität als lediglich die unverzichtbarer Vorgeschichte des Christusgeschehens zuzugestehen. Wir sprachen oben schon zum Thema Gott als Gegenstand historischer Bibelexegese davon.

Solche weitreichende Rückvergewisserung wird unter einseitiger Beschränkung auf das Neue Testament ja leider nicht selten zuungunsten des Alten Testaments vereinfacht, als ob nicht
auch das Alte Testament voll an der Qualität des christlichen
Kanons Anteil hätte! Mit der einseitig christologischen Sicht
und damit der faktischen Vernachlässigung des Alten Testaments aber werden weite Felder unserer Erfahrung in nach wie
vor gedehnter Zeit nicht aus Zügen entsprechenden göttlichen
Wirkens geklärt, die sich so nur im Alten Testament finden;
sie werden vielmehr aus der biblischen Gottessicht weitgehend
entlassen oder auf Existenz und Jetzt verengt.

Wir müssen umdenken: Die Vergewisserung der Späteren an
der alten Bibel kann sich, wennanders ein zweiteiliger Kanon
Ursprung und Grundlage christlicher Überlieferung bildet und
sola scriptura wirklich meint, was es sagt, also nicht nur am
Neuen Testament (und schon dort nicht nur an bestimmten
theologisch-konfessionspolitischen Lieblingsbelegen) orientieren, wie es *de facto* immer wieder geschieht.

(2) Aufhebung der Zeitlichkeit der Bibel durch Selektierung
und Systematisierung
(aa) Die vermeintliche Zeitlosigkeit konfessionell erwünschter
biblischer Spitzensätze

Auch eine andere Art Antwort auf die oben[41] gestellte Doppelfrage gibt in dem erforderlichen Vermittlungsvorgang »Tradition« schon im Ansatz zu viel von der Eigenart der Ausgangs-
größe Bibel auf. Gleichwohl ist diese Antwort immer noch äu-
ßerst verlockend und im Bibelgebrauch christlicher Lehrbildung und Lebenspraxis weit verbreitet. Es ist das Verfahren,
das Redeweise und Zeitlichkeit, Zeitgebundenheit der Bibel
nun nicht im Dienste der Aktualisierung, sondern im Dienste
einer vom Zeitwandel ungestörten Systematisierung *de facto*
ausblendet. Es ist das Verfahren, das Bibeltexte verwertet, wie
man sie theologisch brauchen kann. Bibeltexte werden dabei
ausgewählt danach, ob sie für spätere Lehre wichtig sind, sie
werden auf zeitlich indifferente Wahrheiten hin scheinbar
verwesentlicht, sie werden *de facto* aber reduziert.

Das Verfahren ist deshalb so attraktiv, weil es so die eminente
Komplexität biblischer Aussagen auf das theologisch Er-
wünschte, Gebrauchte oder klar und zusammenhängend Denk-

---

41   S. oben III 3a.

bare zurückschneidet und mit dem so zeitimmun Erstellten sogar beansprucht, Gottes Ewigkeit und Unvergänglichkeit zum Ausdruck zu bringen. Dieses Verfahren gewinnt so gegebenenfalls rasch ganz freie Hand zu einer Auswahl entsprechend neu zusammensetzbarer Bibelbelege für die bereits im voraus feststehende Lehrtradition und für verewigte Verallgemeinerungen biblischer Einzeltexte, die auch für die eigenen aktualisierten Anwendungen passen oder den konfessionellen Essentials entsprechen.

Es ist der handliche Vorteil dieses Verfahrens, daß man auf der Metaebene solcher Reflexionssätze über biblische Aussagen das für die Folgezeit jeweils aktuell oder eben nach wie vor Gültige einfach immer wieder daraus ableiten kann. Es ist der Vorteil, daß man auf dieser Ebene biblische Sätze mit anderen für zeitlos genommenen Sätzen aus der Bibel zu einem stimmigen Ganzen christlicher Lehrwahrheit zusammendenken kann. Voraussetzung dabei ist, daß die Sätze über den Zeiten stehen oder über diese hinausgehoben werden können und sich als systemstimmige scheinbar zeitlos bewahrheiten lassen. Schon graphisch hervorgehobene Aussagen in Bibelausgaben spielen diese Rolle und von den biblischen Büchern das, was man aus Paulus oder Johannes oder Epheser oder bestimmten biblischen Mittelpunktsoptionen[42] für Deuteronomium, Erstes Gebot, Bund, Jesus Christus usw. gemäß dem jeweiligen

---

42 Vgl. zur Frage der Mitte der Schrift nach wie vor wegweisend Smend, Mitte, und die weiterführenden Überlegungen jetzt bei H.-J. Hermisson, Jesus Christus als externe Mitte des Alten Testaments. Ein unzeitgemäßes Votum zur Theologie des Alten Testaments, in: Festschrift O. Hofius, BZNW 86, 1997, 199–233; ders., Theologie. Die Meinung, daß der apostolisch bezeugte Christus die Mitte oder wenigstens der Schlüssel zum Verständnis des Alten Testaments sei, käme allenfalls als Ziel einer theologisch gewahrten Selbstbewegung der Kundgabe Gottes in Betracht; es ist aber eher eine Vereinseitigung, die der komplexen Ganzheit des biblisch Gegebenen nicht gerecht wird. Daß Gott diese Mitte des Schriftganzen sei, ist demgegenüber insoweit zutreffend, als Gott, wie oben schon betont wurde, direkt oder indirekt Inhalt, movens und Subjekt aller Schriftaussagen ist; doch sollte man für diesen Sachverhalt nicht von Mitte sprechen. Uns scheint der eher der Geometrie verhaftete Begriff »Mitte« für das Wesentliche der Bibel unangemessen; daß die Bibel als ganze eine literarische, zeitliche, lebendige, sachliche Bewegung als Kundgabegeschehen einer Person darstellen will, wird so nicht erfaßt. Der Begriff »Mitte«, wie immer er optional gefüllt wird, vereinseitigt, was die Bibel selbst dokumentieren will: die geschichtliche Selbstbewegung Gottes in seiner Hinwendung zur Welt.

kirchlichen und theologischen Herkommen eben bevorzugt. *Sola scriptura* verkommt dabei freilich zur Auswahlsendung für höhere Zwecke! //

Es sind in Sachen Wahrheit der Bibel vielfach diese anderen, nicht einmal nach-, sondern von vornherein nebenexegetischen Bemühungen um gültige Sätze, die für geistige Bewahrheitung aus dem Zusammenhang herausgelöster, schöner, tiefer, konfessionell jeweils konformer Spitzenformulierungen der Bibel auf Latein oder Lutherdeutsch einstehen sollen. Nicht selten sieht es sogar so aus, als habe man in Lehre und Bekenntnis die Wahrheit eigentlich schon fix und fertig für Zeit und Ewigkeit erfaßt und brauche Biblisches in vermeintlich dadurch sachgesteuerter Auswahl oder Reduktion nur noch als Zustimmung dazu und könne es nach Belieben in der Beschränkung da heranziehen, wo es diesen Dienst leistet. Hehre Konfessionstradition als Bleigewicht und Sehschlitz!

Dieses Verfahren hat eine lange Geschichte und mag in vormodernen Zeiten sein zeitbedingtes Recht durchaus gehabt haben. Jetzt aber immer noch fortgeführt trägt es nicht wenig zu der Lebensferne der lehrhaften Selbstpräsentation christlicher Kirchen bei, in der man ängstlich Gott nur dem Altherkömmlichen gemäß lebendig sein läßt und nichts falsch macht, weil man bis hinein in aktuelle Verkündigung steril gewordene Formeln, traditional-christliche Sprachmuster und theologisch früher goldrichtige, heute aber ausgelaugte Begriffe bedient.

Auch diese Antwort ist aus der Sicht exegetischer Wahrung der Eigenart der Bibel im ganzen nicht nur in der ihr eigenen Bibelselektion, sondern auch im Blick auf die Art der biblischen Aussagen eine Ausflucht. Sie liegt auf dem Stand heutigen Wissens nicht mehr auf der Linie der Bibel und verläßt in ihrem Bibelgebrauch das Eigentümliche dieser Texte. Denn die Bibel – man muß nur den Gattungen und Formulierungen standhalten, in denen diese sich selbst präsentiert – ist kein zeitloses System und hat auch keines in sich[43]. Die Formulierungen der Bibel sind – wir sprachen schon davon[44] – eben nicht zeitenthoben, sie sind in längerer (Altes Testament) oder kürzerer (Neues Testament) Dehnung durchweg zeitbezogen, ja zeitablaufbezogen und im Alten Testament selbst noch in

43 S. dazu Ebeling, Dogmatik I, 19f.28!.30–33, und jüngst z.B. Herms, Bibel, 104f.123–149; Hermisson, Theologie, 25–34; vgl. zur Sache auch F. Stolz, Einführung in den biblischen Monotheismus, 1996, 18f.
44 S. oben III 2c (2).(3). S. auch Jes 44,6, vgl. 41,4; 48,12f; 46,4.

Gottesprädikationen der Psalmen oder Weisheitsüberlieferungen als Summe vieler zeitlicher Erfahrungen bewußt allzeitig im Sinne von immergeltend gefaßt. Sie sind als solche zu wahren, sonst sind es nicht mehr die Sätze der Bibel.

Und auch in diesem Zusammenhang ist auf Grund der Einsichten historischer Forschung erneut zu betonen: Die Formulierungen der Bibel sind nicht nur zeitausgerichtet und zeitbezogen, sie sind auch allesamt zeitbedingt, aus der Beschränkung ihrer Zeit formuliert und selbst unter besonderen geschichtlichen Bedingungen geworden. Sie sind alt, sind ihrer Zeit verhaftet, ja sind im kanonischen Rahmen der Gleichzeitigkeit des Ungleichzeitigen gleichgewichtig verglichen schon in sich nicht selten einfach widersprüchlich.

Ganz deutlich muß noch einmal an den Sachverhalt erinnert werden, wie er sich zeigt, wenn man die Bibel aus ihrer Zeit sieht: Nicht nur in den alten Sprachen, sondern, so wäre auch von der Bibel aus nach vorne in die Folgezeit gesehen endlich zuzugestehen und für den Bibelgebrauch allseits zu lernen, auch im Wissen und Noch-nicht-Wissen, in Sozialsystemen, Wirtschaftssystemen, im Ichbewußtsein, in Traditionsmustern und deren zeitverhafteten Bedingungen und Voraussetzungen, im Denken, in der Erfahrung von Lebenswelten, in Vorstellungen, Konkretionen, Lebensherausforderungen hat man es mit einer Vergewisserungsgrundlage aus alter, sehr alter Zeit zu tun. Auch in die Richtung späterer, anderer Zeiten gesehen ist und bleibt die Bibel in der Eigenart schlechterdings all ihrer Formulierungen ein altes Buch, das sich nicht einfach von den Konstellationen anderer, späterer Zeiten rahmen läßt!

Dies gilt nicht zuletzt auch im Blick auf die wie nur etwas durch ihre Zeit geprägten, theologiegeschichtlich zu biblischer Zeit wirksamen Konzeptionen umfassender Gotteswahrnehmungen, die komplex im Alten wie im Neuen Testament nebeneinander belassen sind. Auch das gehört zur Bibel als Grundlage aller Weiterüberlieferung, sich dieser Gegebenheit zu stellen und dabei zu bedenken: Diese Gegebenheit ist nur scheinbar durch Abstrahierung und Entzeitlichung oder durch selektive Zitierung des besonders Passenden oder Tiefsinnigen, und sei es aus Hiob oder dem Römerbrief, zu beheben und wird durch keine scheinmodernisierte Bibelverwertung aus der Welt geschafft – wir sprachen in III 2b schon davon.

Solange dieses hier kritisierte Verfahren, Biblisches zu selektieren und, unter Aufhebung seiner Zeitlichkeit zu systematisieren, nicht weicht, werden historische Exegese, christliche Leh-

re und Bibelvermittlung in der Praxis nie zusammenkommen.
Als Exeget muß man in dieser Lage immer unversöhnlich geltend machen, daß die geschichtliche Größe Bibel bei dieser Art
Antwort der Selektierung, Systematisierung und Verewigung
ihres nach späterem theologischen Dafürhalten wirklich bleibend Gehaltvollen nicht im Blick bleibt. Alle sollten wir das
gegenüber einem älteren Bibelgebrauch bis hinein in die Re-
formationszeit inzwischen aus historischer Bibelforschung
wissen. Solche Forschung zeigt es, wie immer ihre Ergebnisse
ausfallen, seit langem. Aber solche Nachfrage spielt für den
Weitergebrauch der Bibel eben keine oder höchstens eine er-
schreckend geringe Rolle.

Deshalb wollen wir die Kritik an dieser seit langem verbreiteten Art Bibelgebrauch, von dem hier die Rede ist, aus exegetischer Sicht noch weiter ausführen. Die Differenzen, die sich
hier einer unbeschönigt schonungslosen Sicht zeigen, sind
größer, als man wahrhaben will. Bibelwissenschaft in ihrer
eigentümlichen Wächteraufgabe muß sich in diesem Zusammenhang nämlich nachgerade fragen, was historische Exegese
der geschichtlichen Größe Bibel in diesem theologischen
Transferverfahren verewigter biblischer Auswahlzüge eigentlich noch leisten soll. Bleiben mit der Bibel im ursprünglichen
Sinn auch die Exegeten auf dem Transferweg zurück?

(bb) Die Marginalisierung historischer Exegese
Der Platz, der Exegeten im gesamttheologischen Zusammenhang hier zugewiesen ist, ist ja immer noch weithin lediglich
das Philologische, ein bißchen biblische Zeitgeschichte für das
prima vista Unbekannte und neuerdings – obwohl nach aktuellem Forschungsstand auch schon wieder veraltet – noch etwas Formgeschichte als vermeintlicher Direktweg zum unmittelbar Kerygmatischen von Bibeltexten. In solchen Fragen
sind Exegeten mit ihrer Sprachkenntnis und ihrem Ge-
schichtswissen für die Bibelbenutzung unentbehrlich.

Für den eigentlichen Aussageinhalt der Bibel und für die bleibend gültige Wahrheit der Bibel aber wirken historische Exegeten mit ihrem historischen Wissen und ihren Rekonstruktionen – so muß man es als Exeget aus ungezählten systema-
tisch-theologischen Bibelverwertungen und einer Vielzahl sogenannt interdisziplinärer Arbeitsprozesse empfinden – eher
störend und theologisch praktisch funktionslos, weil es keine
gemeinsame Ebene außer der Unterwerfung unter Lehrsätze
und vermeintlich Identität stiftende Definitionen aus dieser

oder jener Phase der Dogmen- und Theologiegeschichte gibt.
Doch damit wäre im Vorwege abgefordert, was ja unter Beteiligung des Ursprungssinnes der Bibel immer wieder erst zu
vergewissern wäre. Die gemeinsame Ebene des Geschichtlichen, die die Bemühungen wirklich zusammenbrächte, spielt
als Verbindung leider kaum eine Rolle.
Für die wesentlichen Fragen nach Aussageinhalt und Wahrheit
der Bibel in ihrer unverrückbaren Gültigkeit braucht man, wie
es nach dem hier kritisierten Modell scheint, die Zeitlichkeit
der Bibel nicht mehr. Man braucht andere Sparten von Theologie, die erst jenseits historischer Arbeit liegen. Man braucht
andere theologische Arbeitsvorhaben, die biblischen Formulierungen nicht im Sinnrahmen der Entstehung und zunächst im
Blick auf die damalige Bewährung historisch nachdenken.
Man braucht nach- oder eher von Anfang an nebenexegetische
Arbeitsvorhaben, die biblischen Formulierungen zur Wahrung
ihrer theologischen Geltung und des konfessionellen Herkommens sogleich umfassender auf höherer Ebene abstrahierend
nachdenken, damit das Niveau einer abgehobenen Verbin-
dungsebene über den Zeiten erreicht wird.
Diese theologischen Arbeitsvorhaben ›höherer Art‹ verwandeln zu diesem Zwecke ausgewählte biblische Aussagen in
Sätze, die deshalb wahr sind und unangreifbar immer gelten,
weil sie den Zeitbezug abgestreift haben, um so an Gottes Un-
veränderlichkeit und Ewigkeit teilzuhaben. Erst so fügen sie
sich konvergent in ein immer noch mehr oder minder ge-
schlossenes theologisches Denksystem, das über eine »Denk-
bewährung des Glaubens« (G. Ebeling) als dem ganz unbestritten notwendigen Bemühen um eine jeweils kohärente, sich
an Philosophie und Lebenskultur jeder Art bewährende, geistige Gesamtsicht des Christentums weit hinausgeht[45]. Aber dem
Leben und Geschichtlichem in seiner Eigenart zugewandten
Exegeten will scheinen: Der Gewinn solchen Verfahrens ist
keiner – Wahrheit wird durch Abstraktion und Entzeitlichung
nicht wahrer, sondern nur leerer.
Von einer exegetisch bewachten Bibel aus muß solche Art
Antwort in ihrem Widerstreit mit der Heiligen Schrift, wie sie
in ihrer inhaltlichen Ganzheit ist, in ihrem Widerstreit mit der
Heiligen Schrift als Kanon ganz offen charakterisiert werden.
In solchem Verfahren wird von heute aus gesehen und nicht

---

45 S. dazu Ebeling, Dogmatik I, 15–17 zur Abgrenzung der Dogmatik
von der Philosophie.

nur erst seit heute nicht mehr die Heilige Schrift zugrunde ge-
legt. Hier wird eine Auswahl sanktioniert, die das sogenannte
Schriftprinzip nur in Verruf bringen kann. In solchem Verfahren sind – wir sprachen schon davon – eingestanden oder un-
eingestanden Optionen theologischen, konfessionellen Herkommens am Werk, sind theologisch-philosophische Vorlieben und Vorverurteilungen zu biblischen Texten wirksam in
einem Maße, daß sie der christlichen Option für die Bibel als
ganze, wie sie ist, eklatant widersprechen. Hier ist die sogenannte Orientierung an der Bibel, die evangelischerseits so
hochgehalten wird, alles andere als eine Orientierung an der
Bibel als ganzer. Was da unter der Flagge »Schriftprinzip« orientieren soll, ist *de facto* nicht mehr als nur eine Selektion von
biblischen, jeweils ihres Kontexts, ihrer geschichtlich-
konzeptionellen Prägung und ihrer Zeitbindung beraubten
Texten und Textbereichen. Die Heilige Schrift als Kanon in
ihrer Ganzheit und Zeitlichkeit und das Interesse an einer immergeltenden, heißt scheinbar zeitneutralen Stimmigkeit konfessionell geprägter Lehrganzheiten stehen in dieser Lage hart
gegeneinander.

(cc) Die spekulative Überfremdung der Bibel

Auch der Bereich, in dem sich Bibel bei dieser Art Vergewis-
serungsverfahren im Traditionsprozeß bewahrheiten soll, stellt
sich, obwohl er immer noch eine dominante Rolle spielt, vom
Wissen historischer Bibelwissenschaft aus gesehen als pro-
blematischer Bereich dar. Dieser Bereich, in dem die Bibel in
all ihrer Komplexität auf einmal scheinbar stimmig wird, erscheint gegenüber historischer Exegese als der Bereich ›ei-
gentlicher‹ Theologie und entspricht doch so gar nicht der Art
biblischer Wahrnehmung. Es ist ja nichts anderes als der Bereich abstrakter, gegenüber Zeit und Lebenskonkretion immu-
ner Systeme, in denen die Bibel mit der verwirrenden Vielfalt
ihrer Aussagen und Vorstellungen sich bewahrheiten muß und
scheinbar endlich ›auf den Begriff‹ gebracht wird. Nicht zuletzt diese Systeme sind es, aus denen dann jeweils konkrete
Lebensanwendungen der Bibel abgeleitet werden.[46]

---

46 S. dazu schon oben III 2c (3).(4). – Obwohl auch ich selbst seinerzeit noch zu Abmilderungen und Verbesserungen nach Kräften beizutragen versuchte, ist für mein Urteil bei »Schriftverständnis und Schriftgebrauch. Abschließender Bericht« des Ökumenischen Arbeitskreises
evangelischer und katholischer Theologen (in: Verbindliches Zeugnis III.

Exegetisch gesehen muß man jedoch feststellen, daß in solchem Verfahren die Wahrheit der Bibel nicht mehr wie in dieser selbst auf dem geschichtlichen Boden von Leben und Erfahrung evident werden soll, sondern nach einer vorgängig auf höherer Ebene scheinbar schon erreichten Evidenz auf diesem Boden dann nur noch angewendet wird.

Die Anfrage von exegetischer Seite an solches Verfahren betrifft also sowohl den geschichtlichen Boden der Entstehung, Ausrichtung und Bewährung der biblischen Formulierungen selbst zu ihrer Zeit als auch den geschichtlichen Boden der aktuellen Konstellationen späterer Zeit, auf dem sich Entsprechendes ereignen soll. Beides aber schwindet in solchem Verfahren. Die Anfrage deckt auf, daß in solchem entzeitlichenden Verfahren aus exegetischer Sicht der umfassende, zeit- und lebensverhaftete Traditionsvorgang zugunsten des Reflexionsbereichs einer systemaren Metaebene unterbrochen wird, die freilich auch nur scheinbar solcher Lebensverhaftung entrinnt: Theologie, geistige Errichtung von Systemen unter Absehen von der eigenen Zeitverhaftung mit dem Anspruch von Allzeitgeltung wird ja auch an sich selbst nicht indifferent gegenüber der Zeit. Sie ist als Vorgang und Ergebnis vielmehr auch selbst immer schon Theologiegeschichte, die gegen oder mit ihrem Willen in ihrem beschränkten, überholbaren zeitlichen Lebensumfeld verbleibt auch da, wo sie darüberhinaus denkt.

Aus exegetisch-historischer Sicht der Bibel ergibt sich, daß solche Präsentationsgestalt biblischer Wahrheit in zeit- und lebensabgehobenen Systembildungen begrifflich-schlußfolgernder Art nicht beim Eigentlichen biblischer Selbstpräsentation von Wahrheit steht, sondern von der Bibel selbst weit mehr verliert, als sie zu gewinnen meint. Das gilt auch dann und von heute aus gesehen dann erst recht, wenn sie sich immer noch spekulativ unterfängt, gar binnengöttliche Handlungsabfolgen mythisch-heilsgeschichtlicher Dramatik womöglich noch in trinitätstheologischer Rückspiegelung fassen zu wollen. *De facto* entfernt sich solch vermeintliche Präsentationsgestalt biblischer Wahrheit von der Bibel, weil diese

Schriftverständnis und Schriftgebrauch, hg. Von Th. Schneider und W. Pannenberg, DiKi 10, 1998, 290–389) das Endergebnis enttäuschend geblieben und in seinen arg traditionalen Beschränkungen bei weitem nicht das Wort zur Sache geworden, das im Jahre 1997 auf Grund exegetischer und theologischer Kenntnis und allgemein-geschichtlicher wie kirchlicher Herausforderungen geboten gewesen wäre.

selbst mit ihren Aussagen den geschichtlichen Zeit- und Lebensrahmen ihrer Entstehung gerade nicht abstreift, sondern
unbeschadet weiterreichenden Geltungsanspruchs ihrer Aussagen in ihm verbleibt. Die Bibel selbst hält damit die geschichtliche Bodenhaftung ihrer Aussagen bewußt, die bei der Transformation in zeitabgehobene Denksysteme gerade zurückge-
wiesen wird.

Man könnte einwenden, daß das nur so ist, weil sich philosophische Denksysteme, die sich ihrem Zeit- und Lebenskonnex
nicht mehr direkt aussetzen und nachbiblisch die dominieren-
den Bewährungspartner der Theologie in Sachen Wahrheit
darstellen, in der Bibel selbst nicht spiegeln. Alles sähe anders
aus, so meint man, wenn sich solche Denksysteme noch in
Kontakt zur Bibel selbst gebracht hätten.

Aber dieser Kontakt hat eben nicht stattgefunden und das
schwerlich nur aus Unkenntnis, und deshalb spielen solche Systeme und ihre Art zu denken als vermeintlich eigentliche Erfassung der Wahrheit im biblischen Bereich und dessen Zeit
(noch) keine bestimmende Rolle.

Spekulationen darüber, wie es gewesen wäre, wenn es diese
Wechselbeziehung damals doch gegeben hätte, sind müßig.
Nicht müßig ist es aber, exegetisch zu bedenken zu geben, ob
der Preis eines Verzichts auf die Eigenart biblischer Wahrnehmung von Wahrheit zugunsten eines externen Durchden-
kens einer Auswahl biblischer Aussagen in Satzfolgen zu einem stimmig geistigen Zusammenhang so oder so nicht auf
jeden Fall zu hoch ist.

Der Anspruch, über sachpräzise und als solche natürlich auf
ihre Weise notwendige begrifflich-definitorische Klärungen
durch Sätze hinaus auf diese Weise logisch schlußfolgernd
Satzverbindungen in geistigen Systemen und in diesen Gedanken und Hintergründe von nicht weniger als dem biblisch bezeugten Gotteshandeln selbst offenlegen zu können, dieser Anspruch muß heutzutage doch eher als Anmaßung denn als
Durchbruch zur Klärung wirken.

Der Anspruch, mit theologischen Systembildungen einer Bin-
nengesamtstimmigkeit christlicher Wahrheit der Weitergabe
der Bibel in späterer Zeit essentiell gedient zu haben und damit
auch heute noch Wettstreit und Sieg sogar gegenüber säkularen Denksystemen leisten zu können, muß doch eher als naiv,
in der Sache allzu einfach und gegenüber biblisch gesetzten
Zielen als zu einseitig erscheinen. Der ausbleibende Effekt
zeigt es längst.

*Exegese lebt v. d. K   d geb   [handwritten notes]
best   t Zit
aber es gibt zeitlose Kunst

Spekulative Überfremdung   109

Ob Sollbestimmungen von Theologie, wie sie eindrucksvoll
und präzise W. Pannenberg vorsieht mit Formulierungen wie
»Die Frage nach der Wahrheit ... fragt notwendig nach der Zu-
sammenstimmung der verschiedenen Inhalte der Überlieferung
untereinander und mit der jeweiligen gegenwärtigen Wirklichkeitserfahrung. Das um Wahrheit bemühte Denken muß sy-
stematisch sein, um der Einheit der Wahrheit, der Übereinstimmung alles Wahren untereinander, zu entsprechen«[47],
theologischer Erfassungs-, Aussage- und Darstellungsmög-
lichkeit wirklich erreichbar sind, läßt sich füglich bezweifeln.
Im Blick auf eine nicht abstrakt verdünnte ›gegenwärtige
Wirklichkeitserfahrung‹, aber auch im Blick auf die geschichtliche Komplexität biblischer Überlieferung selbst ist eine derartig hoch angesetzte Sollbestimmung bis jetzt allerdings noch
nirgends auch nur versuchsweise vorgeführt, geschweige denn
im Blick auf die Wahrung geschichtlicher Lebenskomplexität
gelungen. Historische Exegese kann dazu nur immer wieder in
Erinnerung rufen: Die Bibel selbst ist bis hinein in die bewußt
komplexe Kanonformation ohne solche herkulische Einheits-
systematik ausgekommen. Und das wohl nicht nur, weil ihre
geistige Bildung noch vorphilosophischer Art war, sondern
eher deshalb, weil sie Wahrheit nicht in Sätzen und Systemen,
sondern eben im Nachgehen der Person Gottes im Willen und
Handeln ihrer zeitlichen Zuwendung wahrgenommen hat!
Wieder sei jeder Rigorismus abgewehrt: Natürlich hat exegetische Bibelwissenschaft die sachliche Berechtigung der »Denk-
bewährung des Glaubens«, der geistigen Vergewisserung des
konstitutiv Christlichen, das im Zeitlauf mit sich identisch
bleibt, auch da nicht zu bestreiten, wo diese im Eingehen auf
den Fortgang der Geistesgeschichte in nachbiblischer Zeit zu
systematisch-zeitübergreifenden Rahmen- und Grenzbestim-
mungen führt. Die Anfrage von Seiten historischer Bibelwissenschaft richtet sich aber darauf, ob dieses sich durchhaltend
Bleibende auch beim Stand heutiger Einsicht immer noch be-
grifflich-systemar-stimmig-zeitneutral isoliert werden kann.
Muß es nach dem Stand heutigen Wissens zwangsläufig und
unentrinnbar nicht eher geschichtlich gefaßt werden, so daß
das Überkommene und der Rezipient immer wieder in wech-
selndem Zeit- und Lebensbezug zu stehen kommen? Oder anders gesagt: Zu fragen ist, ob das sich durchhaltend Bleibende

---

47   W. Pannenberg, Wissenschaftstheorie und Theologie, 1973, 350.

110

heute angesichts unseres geschichtlichen Bibelwissens und einer Wirklichkeitskomplexität, die über philosophische Distinktionen weit hinausgeht, immer noch in derartigen theologischen Systemen gefaßt werden soll. Wir kommen unten III 3d noch einmal eigens auf die Frage zu sprechen.

In Frage gestellt wird damit also nicht die Fragestellung, wohl aber der immer noch eher hilflos entrichtete Preis bei Aussagebildungen für die Darstellung des permanent Gültigen, der Preis nämlich der Abblendung des Zeitlichen an der eigenen aktuellen theologischen Positionsbildung, an den voraufgehenden Positionsbildungen der Tradition, auf die man sich bezieht, und entsprechend der Preis der Abblendung des Zeitlichen schon am biblischen Ursprung.

Unsere kritischen Anfragen von exegetischer Seite an eine Position, die die Zeitlichkeit, heißt Zeitausgerichtetheit wie sachlich-sprachliche Zeitbedingtheit der Bibel durch Selektion und Systematisierung aufhebt, müssen leider eine besondere Erscheinung noch eigens ansprechen, in der das besonders augenfällig zum Ausdruck kommt. Für exegetisches Wissen besonders ärgerlich ist nämlich die Art, wie bis in offizöse Verlautbarungen hinein auch heute immer noch der Anschein biblischer Begründung für systemar-theologische Schlußfolgerungen bewerkstelligt wird: durch eine scheinbar nach wie vor beweiskräftige dicta-probantia-Mixtur systempassender Bibelzitate, die aus ihrem literarischen, konzeptionellen, geschichtlichen Rahmen herausgerissen werden und oft von weither zusammengesucht als Baumaterial für scheinbar höhere Konklusionen herhalten müssen.

Aus exegetischer Sicht kann beim heutigen Stand historischen Bibelwissens solchem biblisch drapierten Begründungsverfahren keinerlei direkter Argumentationswert mehr zukommen. Es wirkt auf Kenner der biblischen Gegebenheiten in der heutigen Zeit gelinde gesagt ahnungslos.

Ein auf der theologischen Metaebene von Wahrheitssystemen eingesetzter Bibelgebrauch, von dem wir hier sprechen, hat bei Licht besehen vielmehr alle Mühe, sich Alter und Geschichtlichkeit der Bibel wie jeder Gotteswahrnehmung in der Zeit einzugestehen. Er ist nichts anderes als anachronistisch, er ist wider besseres Wissen. Er ist nichts anderes als Ausdruck von engem Sicherungsbedürfnis. Er ist von heute aus gesehen eher psychologisch als theologisch zu erklären. Es sollte sich inzwischen doch auch über die exegetische Zunft hinaus herumgesprochen haben: Alte Sätze, selbst die aus der Bibel, sind ob des Sachkontextes ihres konstitutiven Überlieferungszusammenhanges und ob ihrer zeitlichen Eigenart in leitender Konzeption und im Erfahrungsbezug aus exegetischer Sicht nicht mehr so einfach zu transplantieren, wenn man ihr Alter und ihre Geschichtlichkeit ernstnimmt.

(dd) Zusammenfassung

Fassen wir abschließend unsere Bemerkungen zu dieser Art Antwort auf die Frage nach sach- und zeitgemäßer Tradierung der Bibel zusammen.

Einer derartig aussondernden Bibelverwertung, wie sie in solchem Leben und seiner Vielfalt und Geheimnishaftigkeit aus dem Weg gehenden Verfahren immer noch am Werk ist, lassen sich die sehr anderen biblischen Sachverhalte selbst entgegensetzen.

Von der biblischen Überlieferung aus gesehen weiß man mit dem Sprung in die systematische Metaebene nämlich mehr, als die biblische Überlieferung ausweislich ihrer Formulierungen selbst wissen will. Man füllt auf dieser logisch-syllogistisch scheinbar in der ganzen Fläche zugänglichen Ebene mit konsequenten Folgerungen nach wie vor Leerstellen aus, die Bibel und Erfahrung in wechselnder Zeit nach allem, was man sehen kann, doch deshalb offengehalten haben, um dem freien, heißt dem verläßlichen und doch zugleich unberechenbaren, also dem auch über die Offenbarungszeit hinaus weiterhin entsprechend handelnd-lebendigen Gott nach wie vor Zeit und Raum zu lassen. In dem hier exegetisch kritisierten Verfahren wird offenbar die Aufgabe gesehen, in der sachlichen und zeitlichen Komplexität der Bibel nunmehr systematische Ordnung zu schaffen und die vielfältigen Einzelvorstellungen der Bibel in ein geistig kohärentes Ganzes von zeitindifferenter Geltung zu bringen. Aber man übersieht dabei, daß die Bibel nicht nur Einzelvorstellungen bietet, die nach externer Ordnung rufen. Die Bibel bietet vielmehr selbst schon nicht weniger als auf ihre Weise umfassend durchdachte Theologien, die als religionsgeschichtlich geprägte, damals zeitbedingte, im biblischen Rahmen nach und nach ausgebildete selbst ihre zeitverhaftete Eigenart haben. Aus ihnen kann man sich nicht für eigenes Passendes bedienen; diese Theologien müssen als solche und ganze weiterbedacht werden. Es sind nämlich – Einzelaussagen weit umfassend und sachlich ortend – Konzeptionen von Gott und seiner Zeit mit Welt und Gottesvolk, die die Bibel als ganzes genommen bietet. Das ist der Ort, in dem die Einzel-

vorstellungen ihren Rahmen, Platz und Sinn haben; daraus
sind sie sowenig wie die Einzelformulierungen, die sie ausdrücken, herauslösbar! Und man übersieht dabei in Überschät-
zung theologischer und philosophischer Tradition die des eigenen zeitlich bedingten Standorts bewußte, selbstkritische
Frage, ob systemar-geistige Ordnung das ist, was der Offenbarung als dem zugewandten Leben Gottes[48] aus heutiger Sicht
und theologischer Verantwortung überhaupt gemäß ist.

Früher, im ontologischen Nahkampf mit Konzeptionen philosophischer Wahrheit wußte man es mangels historischen
Wissens nicht anders. Da hatte der jetzt besprochene Typ sy-
stematisierenden Vorgehens auf die Frage nach dem umfassenden Traditionsvorgang der Bibel die Antwort, die andere
Denksysteme ›taufte‹ und ihnen zugleich mit Sätzen des biblischen Gottes argumentativ entgegentrat, und solche Art Antwort hatte zu ihrer Zeit gewiß auch ihr Recht.

Die gebotene Auseinandersetzung mit anderen Wahrheitssystemen, und zwar keineswegs nur mit philosophischen, könnte,
ja sollte heute unter dem Eindruck von Impulsen biblischer
Eigenart aber anders gewahrt werden, wenn hinsichtlich der
Verwendung der Bibel mehr als Insiderplausibilität in stetig
schwindendem Rahmen angestrebt wird und stattdessen offene, rückhaltlose Information zur Bibel nach dem Stand gegenwärtigen Wissens Platz greifen soll. Bibelwissenschaft – nicht
verdrängt, sondern in ihren unstrittigen Grundeinsichten aufgenommen – führt auf diesem Feld zu unausweichlichen Folgerungen: An der Bibel als einer geschichtlich gewordenen
und insofern in Wahrnehmung und Aussage immer auch begrenzten Größe kommt in solchen notwendigen geistigen Aus-
einandersetzungen früher oder später niemand vorbei. Heute
immer noch fortgesetzt ist geistige Bibelverwertung in eklekti-
schem Verfahren gemäß nachgängigem systemarem Kohä-
renzbedürfnis ein Mißbrauch, der Zeitlichkeit, Erfahrungsbezug, Offenheit für Wandel und Veränderung, geistige Eigenart
und Gesamtheit der biblischen Aussagen mit Füßen tritt und
seinerseits durch eindrucksvolle Denkleistungen philosophisch
geschulter Theologie in keiner Weise wettgemacht wird.

Als Fazit bleibt somit der Eindruck, daß die Vermittlung des
Biblischen in die anderartigen Konstellationen späterer Zeiten
auf dem Wege herkömmlicher, abgehobener theologischer Sy-

---

48   S. zu dieser Formulierung K. Barths oben Anm. 24.

stembrücken jedenfalls heute nicht mehr der Vorgang ist, der den Traditionsprozeß sachgemäß wahrt. Wenn man an exegetischen Einsichten in die Geschichtlichkeit der Bibel festhält, wird fraglich, ob solche Bemühungen um gültige theologische Systeme beim heutigen Wissensstand die Aufgabe überhaupt noch lösen können, die Bibel als geschichtliche Größe mit ihrer maßgeblichen Tradierung bis in sehr veränderte Konstellationen der Folgezeiten sachgemäß zu verbinden.

Auch von der exegetischen Sicht der Bibelwissenschaft aus wäre es demnach an der Zeit, daß die historischen, systematischen und praktischen Disziplinen der Theologie um der Sache, aber nicht zuletzt auch um der theologischen Praxis willen einen Aufbruch wagen, das Traditionsvermittlungsproblem biblischer Wahrheit sachkohärent, geschichtlich, zeit- und erfahrungsbezogen, für besonders und singulär Begegnendes offen und ebenso denkbewährt gemeinsam anzugehen. Und zwar so, daß Identität des Christlichen und fortgehende Aktualität des nach wie vor, auch über die biblische Zeit hinaus, lebendigen biblischen Gottes zu Vorschein und Geltung gebracht werden.

c) Anwege zu einer sachgemäß vergewisserten Aneignung der Bibel

Einige Gedanken aus exegetischer Sicht zu dieser Aufgabe, die sich theologisch nur gemeinsam angehen läßt, seien im Folgenden angefügt.

Sie kreisen alle um die Frage, wo in unserem derzeitigen Rahmen eines historischen Bibelwissens Anwege für Theologie und Kirchen lägen, die eine sachgemäße Weitergabe der Bibel in ihrer Eigenart unter uns ermöglichen.

Wird dieser grundlegende Aspekt sach- und zeitgemäßer Weitergabe der Bibel in Breite aufgenommen, so lassen sich, so denke ich aus exegetisch-hermeneutischer Sicht, Auswege aus der skizzierten Lage nur finden, wenn man die Bibel sein läßt, was sie ist: für spätere Rückschau einerseits ein immer noch faszinierendes, lebensbreites, erfahrungsgesättigtes, auch für Folgezeiten noch weit jenseits der Entstehungszeit überaus anregendes, gegenüber jeder späteren Zeit immer noch blick-öffnendes und für christlichen Glauben überdies grundlegendes Buch, aber andererseits ebenso auch ein altes und zeitverhaftetes, an seinen Entstehungsrahmen gebundenes Buch mit Erfahrungs-, Wissens-, Formulierungsgrenzen und auf keinen

Fall ein Reservoir isolierbarer Sätze, die zur Neuverwendung als Bausteine in externen Wahrheitskonstrukten ausgewählt werden können[49].

(1) Grundeinsichten für Brückenschläge

Brückenschläge geistiger Vergewisserung für die Weitergabe der alten Bibel in den Gebrauch bei Späteren bis hin zu uns lassen sich im Rahmen des umfassenden Traditionsvorgangs, von dem wir hier handeln, anscheinend nur so vornehmen, daß bestimmte Bedingungen und Gegebenheiten eingehalten werden. Brückenschläge lassen sich dann vornehmen, wenn die zeitliche Distanz ernstgenommen ist, die geschichtliche Welt aber als verbindender Zeitbereich in Bewegung mit Öffnung für Veränderung gesehen wird. Brückenschläge lassen sich dann vornehmen, wenn weiter Blicke auf gleichartige Lebensfelder und Vorgänge sachliche Verbindungslinien zwischen der alten Bibel und unserer Gegenwart zeigen, auf denen sich Späteres biblisch kritisch sichten und umgekehrt Biblisches um spätere Wissens- und Erfahrungskonstellationen erweitern läßt. Brückenschläge lassen sich dann vornehmen, wenn nicht zuletzt der zentrale Gegenstand der Bibel, Gott in seiner Verbindung und in seinem Gegenüber zu einer geschichtlich bewegten Welt, hier wie dort die zentrale Blickrichtung bestimmt. Warum gerade diese Grundbedingungen? Im Blick auf spätere Wissens- und Erfahrungskonstellationen muß das biblisch Grundlegende immer wieder erneut gesehen, erneut ausgesprochen, als Gotteshandeln erzählt und erneut konkretisiert angeeignet werden, weswegen dem Motto unserer Untersuchung entsprechend statt von »Tatsachen« eben von »Geschichten« zu sprechen ist. Und umgekehrt müssen je veränderte Wissens- und Erfahrungskonstellationen im Sinne christlicher Option immer wieder erneut mit den zeitvermittelt vergewisserten biblischen Maßstäben konfrontiert werden, die erschließen, was in den späteren Vorgängen wesentlich widerfährt oder widerfahren soll. Was wären weitere Kennzeichen für Anwege zu einer sachgemäßen Weitergabe der Bibel?

---

49   S. dazu Ebeling, Dogmatik I, 64f, und die wichtigen Klärungen und Perspektiven zur geschichtlichen Fassung der Wahrheit in der Zeit bzw. zu Gott und Zeit im Zusammenhang von Geschichte und Erfahrung bei Th. Krüger, Geschichtskonzepte im Ezechielbuch, BZAW 180, 1989, 1–10.11–61.473–488, mit denen unsere Überlegungen im vielem parallel gehen.

(2) Geschichtliches Standortbewußtsein aktueller theologischer Arbeit

Allem voran ist hier der Aspekt des Zeitrelativen in den Phasen der Traditionsweitergabe bis hin zur Traditionsübermittlung heute zu nennen. Aktuelle Traditonsweitergabe, auch wenn sie es oft vergißt oder nicht wahrhaben will, arbeitet selbst nicht im zeitlosen Raum, sondern jeweils jetzt an ihrem eigenen, besonderen, zeitbedingten und so auch wieder überschreitbaren Standort. Es muß hier nicht weiter ausgeführt werden, wie notwendig für das Erfassen des eigenen geschichtlichen Standorts in solcher verantwortlich vergewisserten Traditionsweitergabe zwischen Bibel und später auch ein ausgebildeter Sinn für Eigenart und Wandel geschichtlicher Konstellationen einschließlich der jetzigen in unserem Bereich ist. Nicht jede sachgemäße, aber jede sachgemäß verantwortete Bibelrezeption ist in unserem Lebensbereich nur in solchem Rahmen bewußter geschichtlicher Klärung des eigenen Standorts des Rezipienten möglich.

Auch für unsere Bearbeitung der Frage sachgemäßer Weitergabe der Bibel, für den Traditionsvorgang also, darf man nicht aus dem geschichtlichen Gesamtrahmen springen. Man muß diese Frage im Blick auf uns, die heutigen Fragesteller, vielmehr gleichfalls standortbewußt und zeitrelativ sehen. Wir stellen die Frage ja deshalb heute als Traditionsproblem, weil Bibelforschung und Bibelanwendung heutzutage soweit auseinanderdriften. Wir stellen die Frage unter unverkürztem Einbezug historischer Bibelforschung, weil an deren Ergebnissen heute niemand mehr vorbeikommt. Wir stellen die Frage mit Blick für alle echten Lebensgestaltungen des Biblischen herkömmlicher oder neuen Herausforderungen zugewandter Art, weil wir die faszinierende Wirkung der Bibel auch heute immer noch erleben. Und wir stellen unser Frage als Traditionsproblem im Bewußtsein auch der eigenen Zeitbindung nur für die gegenwärtigen Konstellationen unseres mitteleuropäischen Bereichs – mehr nicht, in dem Wissen, daß es zur Geschichtlichkeit des Christlichen gehört, zur selben Zeit auch für unterschiedliche Herausforderungsräume unterschiedlich ausgeprägte und gewichtete Antworten zu suchen. Nur so läßt sich wenigstens inskünftig verhindern, daß zeitbedingte, kulturelltraditionell begrenzte Ordnungs- und Lebensgestaltungen des Christlichen aus der biblischen Zeit und aus dominanten Missions- und Eroberungskulturen für allezeit allüberall als gültig erachtet, tatsächlich aber anders geprägten Lebenswelten eige-

x) wer ist wir? ot fy ware so, daß die Welt das erlebt

nen Rechts und Gewichts aufgezwungen werden. Grundperspektiven des Biblisch-Christlichen wie die Lebenswahrung durch Gottes Schöpfung mit allem, was es einschließt, und wie die externe Ichbestimmung in Vergebung durch Gottes Erlösung können im Laufe der Zeit, im Bereich unterschiedlicher Kulturen sehr vielfältige Lebensmodelle und Gewichtungen für Kirchen und einzelne in sich schließen.

(3) Die geschichtliche Einlagerung der biblischen Gottesaussagen in ihrem Lebensumfeld

Ein weiterer Aspekt ist die Zeitrelativität speziell der Gottesaussagen in allen Phasen der Traditionsweitergabe. Wir haben von Gott als dem wesentlichen Inhalt, den die Bibel direkt oder indirekt zum Ausdruck bringt, und dem Lebensumfeld der Textformulierungen schon oben bei der Frage nach dem Gegenstand historischer Bibelexegese gesprochen[50]. Näher einzugehen ist jetzt jedoch auf die geschichtliche Einlagerung der biblischen Gottesaussagen.

Es handelt sich dabei um ein biblisches Phänomen, das eigentümlich zur Bibel gehört und auch für die Frage der Weitergeltung der Bibel besonders beachtet sein will. Ist es doch gerade dieses Phänomen, das einer Verbindungslinie zwischen Bibel und Folgezeiten durch abstrahierte, zeitentleerte Gottesaussagen wehrt und dem oben bereits eingehend erörterten Verfahren entgegensteht, in Horizont und Formulierung zeitbedingte biblische Aussagen durch Abstraktion scheinbar zu verewigen und sie als solche dann wieder für spätere Zeitbedingungen zur Anwendung zu bringen.

Es ist auf diese konstitutive geschichtliche Einlagerung der biblischen Gottesaussagen also deshalb näher einzugehen, weil Wesentliches der Bibel selbst sonst auf dem Transferweg verloren ginge.

Was gewinnt man, wenn man dies beachtet?

Nicht in einer höheren Abstraktionsebene, sondern eben in dieser exegetisch erarbeiteten, zeitbezogenen Fassung der biblischen Gotteswahrnehmung ist die Perspektive eröffnet, die Zeitlichkeit der Bibel und Zeitlichkeit der nachfolgenden Überlieferungswelten verbindet – die Größe Tradition durch die Zeiten, von der wir hier handeln. Wir haben am Ende von II diese Ansicht eingehend exponiert.

50 S. dazu III 2c (3).

Diese Perspektive, die biblische Gottesaussagen und deren
Zeitbezüge ungetrennt zusammennimmt, vermag aber noch
mehr. Unter dem Aspekt der Zeitlichkeit von Tradition verbindet sie nicht nur, sie kann auch Wechsel, Veränderungen,
Wandlungen in Bibel und späteren geschichtlichen Traditions-
bereichen in sich schließen, die sich aus je eigenen Konstellationen ergeben. Sie vermag damit auch Zusammenhänge und
Unterschiede in der Weitergabe der grundlegenden Gotteswahrnehmungen und deren Folgeaussagen zu erfassen, wie sie
der Zeitwandel mit sich bringt, und sie als sachgemäße oder
unsachgemäße vor dem Forum der biblischen Traditions-
grundlage zu prüfen. Zeitlauf, Zeitwandel auch im Blick auf
die Gotteswahrnehmungen – das verbindet unbeschadet der
einzigartigen Maßstäblichkeit der Heiligen Schrift Bibel und
Folgezeit und bildet den übergreifenden Rahmen, in dem sich
Exegese und Aneignung der Bibel vollziehen müssen.
Was meint solche geschichtliche Einlagerung der Gottesaussagen, die es demnach nicht zu verflüchtigen, sondern als solche
trotz allem Wandel der Konkretionen dieser Einlagerung in der
Weitergabe festzuhalten gilt?
Die Bibel ist, in der Eigenart ihrer Zeitlichkeit gewahrt, – wir
wiederholen es, um eingeschliffenen Bildern einmal mehr entgegenzutreten – nicht nur keine Ansammlung von zeitneutralen Sätzen, die in wahrer Interpretation erst auf ihren krypto-
philosophischen Wahrheitsgehalt zu bringen wären. Biblische
Texte sind im Dienste ihrer Dauergeltung beileibe auch nicht
einfach auf ihren abstrahierten, womöglich existentialen
Denkgehalt als ihre vermeintlich eigentliche, immergültige
Wahrheit zu reduzieren[51]. Wie historische Bibelwissenschaft
im ganzen unwiderleglich zum Vorschein bringt, ist Bibel gegen den Augenschein auch nicht nur ein Literaturwerk isoliert
für sich, das sich aus sich und sonst nichts verstehen ließe.
Vielmehr – in ihren Formulierungen, in ihrem Werden, in ihrer
Formation hat – direkt angesprochen oder indirekt vorausgesetzt – die Bibel ein Umfeld um sich, das Lebensumfeld einer
sehr komplexen Erfahrungswelt schon damals, die sich auf die
Textbildung umfassend auswirkt[52]. Texte, auch biblische, stehen nicht für sich autonom offen für die verschiedensten Relationen im Raum. Texte, auch biblische, sind vielmehr mit den
Lebensverhältnissen zusammenzusehen, die sie voraussetzen,

---

51 S. in diesem Zusammenhang jüngst Herms, Bibel, 123–149.
52 S. dazu schon oben II 2; III 2c (1)–(4).(6).

in die sie wirken, deren Folgen sie aufzeigen, deren Gründe sie aufdecken. Texte, wenn man ihnen gerecht werden will, sind mit den Lebensverhältnissen zusammenzunehmen, wie sie in und hinter der Bildung ihrer Formulierungen traditionsgeleitet oder traditionsüberschreitend wahrgenommen werden. Auch biblische Texte sind nur zu haben und zu behalten, wenn sie mit den Lebensverhältnissen zusammengenommen werden, die zu ihnen gehören. Und diese Relation ist nicht zuletzt auf die Erfahrungskonstellationen zu befragen, die für Transzendenz und Kontingenz und somit für Gott stehen, von dem im Text lebensbezogen kundgebend neu oder Tradition weiterführend die Rede ist.

Nicht nur Zeitlichkeit an sich, sondern näherhin dieses geschichtlich konkrete Lebensumfeld der Bibel und biblischen Zeit ist es, das Beziehungen zu unseren gewiß sehr anderen Erfahrungswelten mit ihren je eigenen Lebensumfeldern heute eröffnet und damit eine Ebene der Vergleichbarkeit. Es ist ja die Ausrichtung am Zeitlauf und die Lebensweite, die Lebensrelationalität der biblischen Aussagen in sich und als solcher, die in Theologie und Leben den Bezug zu späteren, heutigen Lebenswelten herausfordern, weil beide, das Damals und das Heute, in dem Bereich liegen, in dem sich Gottes zugewandtes Leben äußert. Die Differenz der Zeit und der Wissens- und Erfahrungswelten ist in solcher Vergleichbarkeit der Lebenswelten natürlich nicht aufgehoben, aber sie läßt sich auf dem Boden gemeinsamer Hinsichten – und wir meinen nur auf ihm – trotz aller bewußtgemachten Unterschiede und Wandlungen in Beziehung setzen und sachgemäß bearbeiten.

Für eine nähere Anschauung der geschichtlichen Einlagerung der biblischen Gottesaussagen in ihr Lebensumfeld muß man sich vor Augen stellen, was biblische Exegese seit langem und zunehmend deutlicher weiß: Biblische Aussagen stehen bis hinein in den Bereich homogen traditionalen palästinischen Urchristentums trotz aller Wandlungen der Zeitläufte und Erfahrungen in dem langen Zeitraum des Werdens der Bibel nicht nur in ihrem je besonderen Lebensumfeld, sondern weiterreichend in einem größeren Lebensrahmen, der im wesentlichen konstant geblieben ist, der Bibel später in nachbiblischer Zeit aber fehlt, von heute ganz zu schweigen.

Zeitliche Entstehung auch der biblischen Aussagen heißt diesbezüglich, daß die Bibel historisch gesehen in der ganzen Zeit von den Anfängen der Überlieferungsbildung bis zu ihrer abschließenden Formation für das Verständnis von vornherein immer umgeben war von Gedächtnis, Wissen und Erfahrung dieses sich erweiternden, verändernden, aber im ganzen doch mehr oder minder konstanten Lebensrahmens rezipierender, formulierender, tradierender Menschen. Dieses weitere Lebensumfeld entsprach dem der Texte unbeschadet des internen Wandels biblischer Zeit und war bei der Rezeption ganz selbstverständlich mit den Texten verbunden. Deshalb bedurfte es interner Klärungen aus Gründen eines Transfers in zeitlich-kulturell ganz andere Bereiche noch nicht. Seit dem Transfer biblischer Überlieferung in weitreichend veränderte geistige Kontexte, wie es schon die Übersetzung der Bibel in griechische Sprache darstellt, und seit den tiefgreifenden Umbrüchen spätantiker Zeit spätestens ist diese homogene Textumgebung geschwunden, sogar, wie nicht selten übersehen wird[53], auch bei einem toratreuen Judentum jüngerer Zeit, das sich an der nachbiblischen Größe des Talmud und aus dieser Sicht an der Tora sowie den anderen Texten der Hebräischen Bibel orientiert.

Heute hat die die Bibelformation begleitende, homogene Textumgebung antiker Zeit im weiteren wie im engeren textspezifischen Sinn selbstredend alle Präsenz und Selbstverständlichkeit eingebüßt; sie ist ganz und gar nicht mehr mitgegeben. Sie darf aber von uns als Rahmen der Texte aus Gründen des Verstehens nicht vergessen und sie darf von uns nicht verloren und schon gar nicht aufgegeben werden, weil die biblischen Texte unter dieser Voraussetzung formuliert sind und hier ihre Lebensbrücke haben. Eine solche Lebensbrücke sollen die Texte unter veränderten Umständen der Aneignung auch weiterhin behalten. Diese Textumgebung muß von uns also auch in einer

---

53 In diesem Zusammenhang wären kritische Anfragen geltend zu machen gegen die im Ductus anachronistischen Redeweisen von »jüdischer Bibel« und »Kanon« besonders in den Teilen A, B, C der von E. Zenger herausgegebenen Einleitung in das Alte Testament (3. Aufl. 1999) für historische Sachverhalte, die tatsächlich zu den in Wahrheit noch sehr vielfältigen und damals keineswegs fest formierten Ausprägungen von maßgeblicher Überlieferung und Erscheinungsweisen von ›Judentum‹ vor Ende des 1. Jhdt.s n.Chr. gehören. Bei allem Respekt vor dem in diesem Lehrbuch ausdrücklichen Verständigungswillen muß von einer Einleitung in das Alte Testament eine historisch abständige, quellengerechte, problemorientiert auch das Werden der Texte analysierende und von daher Endformationabsichten nicht nur behauptend und als lesemöglich erfassender, sondern in geschichtlicher Reflexion präzisierender Darstellung erwartet werden.

inhärent anhaftend, innewohnend

völlig veränderten Welt zu sachgerechtem Verständnis der alten Texte und ihrer selbstverständlichen Verständnisumgebung historisch-rekonstruktiv vielmehr wieder dazugewonnen werden. Nur so können biblische Texte zu allererst ihr inhärentes Leben wieder im Sinne ihrer selbst, ihrer Absichten und Formulierungen entfalten. Und nur so können sie damit ihrerseits auch noch für sehr andere Verhältnisse, für eine andere Rezeptionsumgebung, für eine aktualisierte Textanwendung später weiterhin lebensanregend wirken.

Wie gelangt man zu Einsichten in solchen ursprünglichen Lebenskonnex, der zur Formulierung und Formierung der biblischen Schriften gehört? Die Antwort kann wieder nur lauten: durch die Arbeit historischer Exegese. Das wollen wir noch etwas näher entfalten.

(4) Historische Exegese als Rekonstruktion der ursprünglichen Lebensverbindung der Texte

Im Falle des Alten Testaments, auf das wir uns hier wie sonst auch in diesem Teil III vor allem konzentrieren, sind für die Frage nach dem Lebenskonnex, der zu Formulierung und Formierung der biblischen Schriften gehört (s. oben II 2), verschiedene Teildisziplinen des Faches in historischer Nachfrage aufeinander zu beziehen und zu synchronisieren.

Es ist auf der einen Seite vor allem die Rekonstruktion der Textwerdung des Alten Testaments in einer analytischen und synthetischen Einleitungswissenschaft.

Und es ist auf der anderen Seite die Rekonstruktion der Geschichte des Alten Israel, aber (s. oben I) nicht einfach nur so, wie sie der Historiker heute rekonstruiert – nicht selten immer noch in der problematischen Weise, daß biblische Berichte nach Abzug des Unwahrscheinlichen, unbekümmert um ganz andere Seh- und Darstellungsweisen als heute, direkt für Wiedergaben des Historischen gehalten werden –, sondern so, wie sie unter erfahrungsanleitenden Traditionen von Israel damals selbst wahrgenommen werden konnte.

In der historischen Bibelwissenschaft ist damit eher Ungewohntes zu beachten: Lebenskonnex in den überlieferten Texten bestand für die Textbildung nicht nur zu Ereignissen, die historisch nachweisbar tatsächlich geschehen sind, also nicht nur zu dem, was herkömmlicherweise in der alttestamentlichen Disziplin »Geschichte Israels« geschichtsverkürzend nur an sogenannten Fakten rekonstruiert wird, als ob Emotionen und geschichtlich zunächst noch offene Konstellationen keine

Fakten wären. Lebenskonnex der Textbildung und Textüberlieferung bestand im Fluß der noch offenen Möglichkeiten in
einer Situation genauso auch zu dem, was dann doch nicht
oder noch nicht eingetreten ist, also zu Ängsten, Befürchtungen, Erwartungen, Hoffnungen, die traditionsangeleitet damals
wie heute Leben nicht weniger als die sogenannten, oft von
Verschiedenen ganz sinnverschieden wahrgenommenen Tatsachen bestimmen.

Alles in allem: Bei der Weitergabe der biblischen Ursprünge in
die Folgezeit ist die Sinnerfassung der biblischen Texte aus
exegetischer Sicht also sachgemäß so vorzunehmen, wie es
sich für einen geschichtlich entstandenen Text gehört, und
dementsprechend auch für die biblischen Aussagen als Gotteskunde ganz weiträumig und ganz textspezifisch nach dem zu
ihrer Überlieferung ursprünglich gehörenden Lebenskonnex zu
fragen[54].

54 Daß es in der Aneignung von Texten darum gehe, durch Interpretation noch nicht eingeholte Sinnpotentiale biblischer Formulierungen zu
erfassen, ist unseres Erachtens mit Nachdruck zu bestreiten (s. schon
Steck, Prophetenbücher, 196f), weil damit die Zeitbedingtheit und geschichtliche Begrenztheit biblischer Formulierungen verniedlicht wird.
Natürlich ist zwischen initialer Verfasserintention und Sinn eines Textes
im schon zu seiner (damals zu alt- oder neutestamentlicher) Zeit veränderten literarischen und erfahrungsmäßigen Kontexten zu unterscheiden
(s. schon Steck, Exegese § 10); Verfasserintentionen wandeln sich im
Fortgang von Erfahrungen zu Sinn, der sich erweitert und breiter über-
zeugen kann. Natürlich können alte Texte später ursprünglich nicht gegebene Bezüge aufnehmen und in andere Erfahrungsbereiche vergegen-
wärtigt auch ursprünglich nicht gegebene Assoziationen auslösen; das ist
aber nicht schlummerndes Potential der Texte in sich, sondern Veränderung aus veränderten Relationen zwischen Text und (!) neuer Textsituati-
on, Erfahrungs-, Wissenslage und zieht zur Fixierung in aller Regel
zwangsläufig später Veränderungen sachlicher und sprachlicher Fassung
auf dem Weg der Textänderung oder der beigefügten Interpretation nach
sich.
Nicht aus Potentialität des Textes allein, sondern aus den Relationen
weitergehender Beziehungen, in die er treten kann, sind wir durchaus der
Meinung, daß ein biblischer Text seit seiner erstmaligen Formulierung
und Sinngebung eine weitergehende Sinnbewegung bis hin zu seinem
Einbezug in spätere, heutige Wahrnehmungswelten durchläuft und daraus
(!) bei gleichbleibendem Wortlaut wachsende, veränderte Sinnaspekte
zugeführt erhält, wie schon die inneralttestamentliche Überlieferungs-
und Redaktionsgeschichte, wie die Rezeptionsgeschichte der Folgezeit
und wie die neu hinzukommenden Sinnaspekte aus dem Christusgeschehen und dessen ursprünglicher Überlieferung zeigen. Solche Sinnbewe-

Diese Rekonstruktion erscheint gemäß den genannten Hinweisen auf Methodik und Teildisziplinen für die exegetische
Nachfrage durchaus nicht unmöglich. Man muß in historischer
Rekonstruktion und dynamischer Verbindung der Komponenten dafür das Lebensumfeld der Menschen damals samt seinen
üblichen oder überraschend geschehenen oder erwarteten Vorgängen zusammensehen mit den wahrnehmungsanleitenden
Traditionen des bei ihnen geltenden Symbolsystems. Geht man

gung bleibt legitim, wenn sie in anderer geschichtlicher Konstellation auf
der sachlichen Linie der ursprünglichen Sinngebung und deren Lebenskonnex liegt, s. dazu schon O.H. Steck, Bereitete Heimkehr. Jesaja 35 als
redaktionelle Brücke zwischen dem Ersten und dem Zweiten Jesaja, SBS
121, Stuttgart 1985, 98f; ders., Exegese § 10 A.C II. Wir unterscheiden
deshalb bei alttestamentlichen Texten den grundlegenden, formulie-
rungskonstitutiven Sinn der ersten Verlautbarung mit seinen Assoziationen und vorausgesetzten Elementen für Stimmigkeit der Aussage bei der
Entstehung der Formulierung und unterscheiden danach die um Folgeerfahrungen erweiterten Sinnakzente aus seinen biblisch wachsenden
Kontexten noch in der Zeit etwa der binnenalttestamentlichen Überlieferung, wir unterscheiden als christliche Theologen weiter die Sinnakzente,
die alttestamentliche Aussagen neu durch das Christusgeschehen, nicht
einfach identisch mit den zeitbedingten Besonderheiten urchristlicher
Überlieferung, gewinnen, von den applikativen, zum Text sozusagen von
außen hinzutretenden Sinnaspekten nachkanonischer Folgezeiten, wie sie
sich schließlich aus veränderten zeitlichen Herausforderungen in deren
Eigengewicht durch Verbindung mit anderen Erfahrungen, Assoziationen, durch Einbezug von Gegenerfahrungen, durch Einschränkungen,
sachgerechtere Gegenformulierungen aufdrängen.
Geraten Zeitverhältnisse, Konstellationen, Vorstellungen, die in den biblischen Formulierungen liegen, durch veränderte Verhältnisse später in
Bewegung, so ergibt sich, daß die alten Formulierungen trotz Weitergabe
und Übersetzung so nicht bleiben können, sondern als solche verändert,
in jedem Fall aber kommentiert und ergänzt werden müssen. Es ist dabei
nicht ausreichend, die alten Formulierungen lediglich zu interpretieren,
als sei auf der Formulierungsebene auch die Geltung für die Folgezeit
immer schon mitenthalten. Die biblischen wie alle früheren Texte sagen
unbeschadet einer womöglich sachlichen Überlegenheit älterer Einsichten nicht nur weniger als später gebraucht wird, sie wissen auch weniger,
deshalb ist es erforderlich, eine Texte und Gegenwart verbindende Sinnlinie zu erarbeiten, die bei wechselnden zeitlichen Kontexten wahrt, daß
das seinerzeit für seine Zeit formulierte Sachanliegen als solches (!) in
aktueller Fassung und Erweiterung weitergeführt wird. Würde diese
Sinnlinie einer vergewisserten Sachidentität nicht gewahrt, wäre der Zusammenhang mit dem Sinn des ursprünglichen Textes nur das Mißverständnis dessen; wird die ursprüngliche Formulierung des alten Textes
unmittelbar in ganz andere Wirklichkeitskontexte transferiert, wird der
Text in sich unverständlich.

so vor, dann kommen durch exegetische Arbeit in den Texten als geschichtlichen Lebensäußerungen Grundzüge damaliger Erfahrung als Bereich von Gottesaussagen zum Vorschein. Die Textäußerungen selbst aber lassen sich erkennen als Wahrnehmung und Verarbeitung von damaligen Vorgängen mit Mitteln der Tradition, und zwar in traditionsgeleiteter oder traditionsüberschreitender Eigenart, insofern sich Tradition und Erfahrungswelt wechselseitig erhellen, aber auch korrigieren. Darauf muß sich Exegese als Wiedergabe des biblisch Gewollten richten. Und das muß sie ihrerseits in der verantwortlichen Sicht der biblischen Grundlagen für die Weiterüberlieferung bereitstellen.

Zum Schluß dieses Gedankengangs bezüglich der Lebensverbindung der Texte ein Wort zum Effekt solcher Nachfrage. Sieht man exegetisch biblische Texte mit ihrem Lebensumfeld zu biblischer Zeit zusammen, sieht man sie zusammen mit den Bewältigungen von Lebenskonstellationen damals, die sie vorweisen, und sieht man sie zusammen mit der traditionsangeleitet oder traditionsdurchbrechend wahrgenommenen Gottespräsenz in Nähe und Distanz zu damals Gegebenem und Erfahrenem, dann bleiben die Texte nicht länger nur Wort und Buchstabe. Sie geraten nicht länger in die Gefahr, Objekt späterer Maßnahmen zu werden, ihnen erst durch Mittel von außen zu der erwünschten Größe zu helfen. Nein – mit solcher Zusammenschau beginnt, daß die Texte selbst wieder anfangen zu leben und selber Einsicht geben in die ursprünglich in ihnen eingeschlossene Erfahrungsbewegung und Erfahrungsdynamik. Geht man der ursprünglichen inneren Dynamik der Texte exegetisch nach, dann gewinnt man den Blick für Realitätsfelder, auf denen die Bibel Gott antrifft. Sie sind zumal im Alten Testament sogar zeitlich wie räumlich ganz weit. Man gewinnt den Blick für diese Realitätsfelder, für die die Bibel sich zu ihrer Zeit je um eine angemessene Sprache und um eine angemessene Gotteswahrnehmung bemüht hat, wie die unterschiedlichen Textsorten und theologiegeschichtlichen Konzeptionsrahmen für die direkten und indirekten Gottesaussagen zeigen.

Die Bibel ist in solcher rekonstruierten, lebendig-dynamischen Sicht dann immer noch ein altes Buch – gewiß. Aber alt heißt nicht tot. Historische Forschung, wie immer sie rekonstruiert, zeigt in der Zusammenschau von Textbildung und Lebensumgebung für die biblischen Überlieferungen bis hin zur Endgestalt vielmehr durchaus sehr Lebendiges und gerade damit auch später noch Faszinierendes und Wegweisendes – wir haben es oben bei der Prägung und Einstellung im Zuge der Forschung schon angedeutet[55]. Sie zeigt als die selbstverständlich vorausgesetzte Umgebung eben den ursprünglichen Lebenskonnex der Aussagen, wie ihn nicht einfach Denken, sondern umfassender und vielschichtiger Erfahrung ganzheitlich erfaßt. Sie faßt mit allen Offenheiten, Vieldeutigkeiten, Klärungen sehr realistisch und erfahrungsnah die Lebensverbindung von Aussagen, wie sie der biblischen Botschaft zu längst vergangenen Zeiten bei der Formulierung und Formierung der Bibel konstitutiv eigen war. Historische Forschung öffnet so die konstitutive Lebensverbindung der Aussagen des Alten und Neuen Testaments zu einzelnen Ereignissen und Gegenwartskonstellationen für die Menschen, die hier im Auge sind, und sie öffnet sie gerade im Alten Testament nicht minder zur Wahrnehmung ganzer Langzeitereignisfolgen, deren Effekt Israel durchaus auch in seine Überlieferung von Einzelvorgängen aufnimmt[56].

---

55 S. dazu oben II 2; III 2c (1)–(4).(6); 3c (3).

56 S. zu dieser gegenüber einer punktuellen Sicht von Ereignissen, die die Überlieferung darstellt, resultativen Sicht als langzeitiger, überlieferungsangeleiteter Erfahrung, die in die Überlieferung grundlegender Einzelvorgänge einbezogen wird als gleichsam erfahrungsgesättigte Bestätigung aus der Folgezeit, immer noch grundlegend G. von Rad, Offene Fragen im Umkreis einer Theologie des Alten Testaments (1963), wieder abgedruckt in ders., Gesammelte Studien zum Alten Testament II, ThB 48, 1973, 289–312, und zu Begriff und Sache des Resultativen in den Traditionen des Alten Israel eingehend Hermisson, Hofius-Festschrift, 217–221; ders., Theologie, 40f. H. definiert (Theologie, 41) präzise: Resultative Sicht der Geschichte im Alten Testament und seinen Traditionen heißt: »sie gehen vom Ergebnis aus und beziehen die Wirkungen eines Ereignisses bereits in die Darstellung dieses Ereignisses mit ein«. Bereits von Rad wies darauf hin, daß die alttestamentlich entworfenen Geschichtsbilder Rezeptions- und Ausdrucksformen eigener Art spiegeln, die es eigens zu würdigen und dechiffrierend zu bedenken gilt; sie haben ihre Wahrheit nicht einfach im Vorgang des dargestellten Einzelereignisses, sondern in den in ihm ausgedrückten Langzeiterfahrungen mit dem biblischen Gott. Entsprechend ist es gerade für das Alte Testament bezeichnend, daß Gottes Weg und Entsprechungen seines Handelns in der Erfahrungswelt *ex post* erkannt, formuliert, bezeugt und gepriesen werden.

(5) Optionen historischer Exegese in einer Neubesinnung auf den Traditionsvorgang

Ist dem so, dann muß auch um der Einsicht in die ursprüngliche Lebensverbindung der Bibel und ihrer Teile und der in sie eingegangenen Vorstufen willen der Part historischer Bibelwissenschaft in dem erforderlichen Aufbruch theologischer Disziplinen dafür eintreten, was seines Amtes ist.

Er muß dafür eintreten, daß biblische Texte für ihr grundlegendes Verständnis auch im Blick auf die Weitergabe ihrer Gotteskunde in Folgezeiten da zu plazieren und dort zu belassen sind, woher sie kommen: in der Zeit der Entstehung ihrer Formulierung und ihrer biblischen Formation. Und er muß die Grundlagen dabei so präsentieren, daß deren Eigenart und die Notwendigkeit gewandelter Weiterüberlieferung in einem sichtbar werden. Dabei ist zu beachten, daß biblische Texte ursprünglich nicht als ständige Wiedergebrauchstexte für alle Folgezeit etwa im Sinne von Predigtgrundlagen gedacht sind.

Historische Bibelwissenschaft wird desgleichen hervorheben, daß man sich die biblische Grundlage nicht historisch unbedarft so zurechtmachen kann, daß zeitimmune Texte entstehen, die bereits für alle Folgezeit ihre gültige Gestalt schon haben, und Interpretation sie nur noch hervorholen muß. Historische Bibelwissenschaft wird also hervorheben, daß auch eine philosophierende Neulesung der alten biblischen Texte nicht das ist, was sie selbst für ihren Transfer fordern; solches Vorgehen, das dem Tiefensinn antiker Formulierungen statt durch Klärung der form-, religions- und traditionsgeschichtlichen Hintergründe vielmehr mit Interpretationen aus philosophischer Sprache und Denkmustern anderer, jüngerer Zeit oder gar mit der Unterstellung neuzeitlich-aktueller Sinnprägungen von Wörtern aufhelfen will, sichert nicht den Wahrheitsgehalt antiker Formulierungen, sondern verstellt ihn in einem Gebrauch der Texte wider deren Entstehung. Solches Vorgehen verrät viel über den Interpreten, aber nichts über den Text.

Aber vergrößert solches Beharren auf dem Ursprungssinn der alten Texte nicht nur die Entfernung zwischen alter Bibel und Übermittlung ihres Gegenstandes später? Wir denken, unsere These in dieser Untersuchung sei soweit verdeutlicht, daß sich zusammenfassend sagen läßt: Für eine verantwortliche Weitergabe der viel älteren biblischen Ursprünge in unsere heutigen Herausforderungsbereiche ist in der Zusammenschau der Bibel als Text mit ihrem ursprünglichen Lebensumfeld eine Grundlage gegeben, die ganz bewußt die Vermittlungsaufgabe aus der geschichtlichen Distanz zwischen Bibel und Folgezeit, Jetztzeit einbezieht. Wir weichen der Entfernung nicht aus, der niemand entgehen kann. Aber wir versuchen, im Vorgang vergewissernder Tradition die Brücke zu zeigen, die gleichwohl verbindet.

In diesem Rahmen sei abschließend noch einmal auf den Aspekt der Lebensverbindung der Texte hingewiesen. Das historische Bemühen um Einsicht in den ursprünglichen Lebenskonnex biblischer Texte hat bis heute seinen großen Gewinn. Es zeigt, wie wir sahen, Texte in ihrem konstitutiven Rahmen, nämlich ihrer wahrnehmungs- und formulierungskonstituierenden Lebensdynamik. Das wirkt weit bis in die Folgezeit. Es schafft Nähe, weil sie im Lesen von Texten über Geschriebenes, Gedachtes hinaus Lebensbegegnung eröffnet. Und es zeigt nicht zuletzt, daß die Sacheinheit vielfältiger biblischer Aussagen nicht auf der abgehobenen Ebene ein- für allemal stimmiger Satzzusammenhänge zum Vorschein kommt. Vielmehr wird sichtbar, daß diese Sacheinheit auch später nur im Rahmen des Zeitlaufs der Lebens- und Erfahrungsebenen biblischer Zeiten und nur in diesem geschichtlichen Langzeitrahmen verbleibend bestimmt werden kann. Nur das ist ja der Raum, in dem sich die biblischen Formulierungen von Gottesaussagen bewegen.

Diese historische Einsicht hat natürlich ihren Preis. Auch was so für die Bibel als Teil einer Verbindung und gemeinsamen Ebene von damals und heute gewonnen wird, ist dem Wortlaut nach, so muß man feststellen, eine Nähe zu Leben nicht heute, sondern zu Leben damals und somit für uns heute trotz verbindendem Blickwinkel der Größe Tradition, von dem wir gesprochen haben, und trotz Lebensumständen und Lebensmustern von einer gewissen Konstanz im Allgemeinmenschlich-Individuellen durch die Zeiten immer auch Ferne. Und diese Ferne wächst, je näher man hinschaut und je mehr man weiß. Man kommt nicht daran vorbei und muß es sich in unseren Ausführungen gegen alles Übersehen immer wieder unverblümt vor Augen stellen: Die Traditionsvorprägungen für die Wahrnehmung, die Vorgänge, die Formulierung, die Darstellungsmuster – etwa das für Israels Schöpfungs- und Geschichtsdarstellungen prägende Darstellungsmuster des Anfangs als des für alle Folgezeit grundlegenden Anfangs unterschieden von geschichtlich-linearem Anfang als nur Anfang von etwas –, die Weltsicht, die Lebenskonkretion, die Adressaten, die die Formulierung direkt aufnehmen können, die

Gottesauffassung der Bibel – all das ist alt, bleibt alt und stammt aus einer fernen, ganz anderen Zeit als heute. Je genauer man auf die biblischen Texte achtet, desto deutlicher, unausweichlicher wird diese Einsicht. Das ist nicht zu ändern.

Man muß es sich also rückhaltlos eingestehen: Der Transfer der alten Bibel, wie sie ist, in jüngere Folgezeiten, gar in die unsrigen einer schwindenden Christlichkeit, bleibt schwierig. Die Bibel ist für uns Christen Gottes Wort, aber aus einer alten Zeit und in einer Sprache und Erfahrungswelt, die auch schon alt sind. Oder anders gesagt: Wir empfangen unsere Kunde von Gott aus der Kunde von Leuten, die nach ihrer und unserer christlichen Überzeugung einmal durch seine Selbstkundgabe von ihm gewußt haben und das auch weitergesagt haben. Aber das ist lange her, zwei- bis dreitausend Jahre. Wenn wir auf Gottes biblisches Wort hören, auf die kanonische Schriftensammlung, auf Bücherreihen innerhalb dessen, auf Bücher, auf Vorstufen derselben – immer und unentrinnbar hören wir auf ein Altes, dem man sein Alter lassen muß, wenn man es behalten will.

Das reformatorische *sola scriptura* hat längst, weit mehr noch als den Reformatoren selbst bewußt sein konnte, etwas unentrinnbar Historisches und damit auch etwas Unverständliches, Fremdes, ja Vergängliches, Überholbares in sich, und alle evangelische Vergewisserung des Glaubens vergewissert sich an älteren, viel früheren Zeugnissen dieses Glaubens.

(6) Die von der Bibel selbst intendierte Weitergeltung in nachbiblischer Zeit

Dieser alte Text Bibel ist, auch das muß von exegetischer Seite nun endlich gesagt werden, in seiner Ausrichtung jedoch gerade nicht auf seine Entstehungs- und kanonische Überlieferungszeit beschränkt. Man sieht es schon daran, daß die ganz konkret-punktuellen zeitlichen Rahmenbedingungen biblischer Texte bis hin zu den konkreten Situationen erstmaliger Verlautbarung biblischer Überlieferung im Unterschied zu archivierten Texten wie etwa den Prophetentexten aus Mari oder den neuassyrischen Prophetien[57] hier im Hintergrund bleiben,

57 S. zu diesen in Mari archivierten, ca. 50 Briefen prophetischen Inhalts die Übersetzung ausgewählter Texte in TUAT II/1, 1986, 84–93 (M. Dietrich) und zur Charakterisierung besonders den Überblick in AncB V, 478–481 (H.B. Huffmon). Zu den neuassyrischen Prophetien s. jetzt S. Parpola, Assyrian Prophecies, State Archives of Assyria IX, Hel-

auch wenn die Beziehung zu dem geschichtlichen Zeitlauf damals ganz und gar nicht verlassen ist. Vielmehr: An dieser Stelle biblischer Überlieferung zumal ist alt eben nicht einfach vergangen. Das liegt schon daran, daß die Bibel nicht weniger als Kunde von Gott in der Sicht nicht nur eines auf die Antike beschränkten Zeitrahmens präsentieren will, sondern in der Sicht des gesamten Zeitlaufs von Wirklichkeit überhaupt! Gott und sein zugewandtes Wirken sind für die biblische Wahrnehmung nicht nur mit damaliger Zeitlichkeit, sondern mit dem Zeitraum im ganzen bis in alle Ferne als dem Raum göttlichen und menschlichen Handelns korreliert. So betrifft die Bibel zeitlich schon in sich selbst auch alles Spätere nach ihrer Formierung und vertritt den Anspruch, die grundlegende Kunde von dem Subjekt zu sein, das ohnehin auch vorausweisend künftig alles zu aller Zeit betrifft – Gott.

Die Bibel hat in dieser ihrer Eigenart, über die Entstehungszeit selbst vorauszuweisen, Vorstufen in ihrer eigenen Entstehungsgeschichte. Schon die Bewegung des inneralttestamentlichen Überlieferungsvorgangs und die frühe Rezeption in ältesten Handschriften zeigen dies. Dieser alte Text Bibel will demnach fortan Gültiges nicht in begrenzte Zeitkonstellationen, sondern – diese auch unexpliziert einschließend – in offene Zeit übermitteln. Der alte Text Bibel umschließt, wie die späte, bis an die Grenze der Zeit reichende Prophetie und Psalmenprädikation oder mit zeitlich erheblich verkürzter Perspektive die Johannesoffenbarung zeigt, in seiner Blickweite also alle Folgezeit überhaupt und somit der Sache, wenn auch nicht der geistigen Erfassung nach, die Lebenswelten als Zeit lebendigen Gotteshandelns auch noch weit über die Offenbarungszeit der Formierung biblischer Bücher hinaus.

Fortgehende Orientierung an der Bibel auch jenseits der Formulierung und Formierung der Bibel ist, wie auf ihre Weise schon die innerbiblische Überlieferungsbildung zeigt, an sich also ganz im Sinne dieser Überlieferung selbst. Entsprechend gehört zu unserem reformatorisch geprägten Glauben diese Selbstqualifizierung des biblischen Wortes natürlich auch und so sagen wir: Das biblische Wort ist in diesem Sinne auch noch auf alle Folgezeiten und somit auch auf uns gerichtet und

---

sinki 1997, und dazu M. Nissinen, Die Relevanz der neuassyrischen Prophetie für die alttestamentliche Forschung, in: Festschrift K. Bergerhof, AOAT 232, 1993, 217–258. S. zur Sache J. Jeremias, Die Anfänge der Schriftprophetie, ZThK 93, 1996, 481–499.

zielt mit seinem Denken auch auf unser Denken und weit darüberhinaus mit seiner Lebensumgebung auch auf die Lebensumgebung noch in den Eigenarten unserer Zeit.
Aber auch das gilt: Das biblische Wort ist in gar keiner Weise
direkt auch noch für uns formuliert. Dieses alte Wort muß vielmehr bei Späteren auf eigene Weise und in jeweils lebensnaher
Fassung erst wieder ankommen. Es muß über lange Zeit hin-
weg auf eigene Weise erst wieder Gottes Wort zu uns, zu unserer besonderen Zeit werden! Dieses Gotteswort an die Späteren, an uns legitimiert sich an der Bibel, aber es steht in der
Bibel selbst so noch nicht. Es muß erst zeitgemäß für uns gefaßt werden und kann dann in der Frömmigkeit in diesem erweiterten Sinn mit der direkten Aufnahme von Bibeltexten
auch wieder verbunden werden. Von den Späteren wird also
bei der theologisch verantwortlichen, vergewissernden Aneignung der Bibel nicht einfach Wiederholung, es werden vielmehr darüberhinaus auch Offenheit, Denken, Sensibilität, Sinn
für jeweils Besonderes, Phantasie und Kreativität für die Folgezeiten gebraucht. Das Ziel dabei ist, daß die Lebensnähe der
Bibeltexte damals weiter in andere, spätere Zeiten, Sprach-
und Erfahrungsbereiche entfaltet wird und dort wieder zu konkreter Lebensnähe findet in der eigenartigen, andersartigen
Welt, in der Sprache, in den Denkmustern, der besonderen Erfahrungswelt von später, das Heute eingeschlossen![58]
Anders gesagt: Die biblische Überlieferung braucht auf ihrem
Weiterweg ins Heute Wachstum, sie braucht nicht Auslegung
im strengen Sinn des Wortes, als sei schon in den biblischen
Formulierungen alles weitere enthalten. Sie braucht statt sogenannter exegetischer Auslegung, die näherhin nur die Klärung
der Ursprungssinngebung zu biblischer Zeit ist, und statt systematisch-theologischer Schriftanwendung, die notwendig für
die Nachfrage nach dem bleibenden Wahrheitsgehalt der Bibel
und deren Wahrheitsgestalt unter den geistigen Herausforderungen jeweils aktueller Erfahrung steht, genauer gesagt
Wachstum in einem besonderen Sinn: Wachstum nämlich
durch fortgehende, geschichtlich-vielfältige Lebensanwendung
des Grundlegenden, das die Bibel als ganze trotz zeitbedingter
sprachlicher Erfassung maßgeblich in sich hat. Die biblische

---

58 S. dazu jüngst Herms, Bibel, 149–152, und seinen im Anschluß an
Smend gebrauchten Begriff des Paradigmas, das freilich in sehr verän-
derten Zeiten auch die Möglichkeit sehr veränderter Lebensformen des
Glaubens einschließen muß.

Überlieferung braucht damit Veränderung im Wortlaut, Veränderungen in geistigen Aneignungen, in Konkretionen, weil sich Zeiten, Sprachen, Erfahrungen, Kenntnisse und Herausforderungen ändern und sich der biblische Gott in späteren Zeiten bis hin zu unseren Bereichen in verändertem Rahmen zeigt. Und die biblische Überlieferung braucht damit Vorgänge geistiger Vergewisserung, daß die späteren Aneignungen auf der Sachlinie der biblischen Aussagen liegen und im Sinne des Sach- und Zeitgefälles der Bibel im ganzen legitim sind.

Es ist der Kirche in Bezug auf die eigene Glaubwürdigkeit und Lebensnähe für Erfahrung und Handeln im Einzelleben wie im weiteren Rahmen gut bekommen, wenn man dem biblischen Gott die Freiheit und Lebendigkeit gelassen hat, sie anderen Zeiten entsprechend zu zeigen. Es ist ihr aber nicht gut bekommen, wenn diese Herausforderung durch den Wandel der Zeit ängstlich übersehen und durch quasijuristische Vorkehrungen in Lehre und Moral vermeintlich abgefangen wurde.

(7) Hinweise der Exegese auf notwendige Veränderungen im nachbiblischen Traditionsvorgang

Wir wollen zum Abschluß dieses exegesebezogenen, ja exegesebeschränkten Blickes in den Traditionsvorgang von der Bibel aus nach vorwärts in spätere Zeiten einige Überlegungen zu den notwendigen Veränderungen im Traditionsprozeß späterer Zeiten nennen, und zwar wieder nur von Seiten unserer historischen Disziplin.

Aus exegetischer Sicht ist ein Stand von Bibelwissen erreicht, der nicht nur von Seiten heutiger Verständnisvoraussetzungen, sondern schon von Seiten der Bibel selbst herkömmliche Erwartungen an eine sachgemäße Wirkung unmittelbarer und direkter Bibelpräsenz bei den Menschen in Frage stellt. Man muß es heutzutage eben eher aufgeben, dem Phantom nachzujagen, die grundlegende Fassung des Gültigen, die die Bibel nach christlicher Überzeugung darstellt, ließe sich trotz all ihrer Zeitbedingtheit als solche einfach für alle Zeit in der Bibel direkt greifen und zitieren.

Das heißt aber nicht, daß die Bibel im öffentlichen wie im kirchlichen Wissen in den Hintergrund treten müßte. Sie muß bekannt bleiben, weil sie unsere Kultur und nicht nur die unsere wie nur etwas geprägt hat. Und sie muß erst recht für jeden nachdenklichen, gar christlich argumentierenden Gebrauch als ein faszinierendes, lebensvolles, aber eben altes Buch nach wie vor vorgestellt und bekanntgehalten werden.

Auf diesem Boden müssen statt der vermeintlich gegebenen unmittelbaren Beziehungen zwischen Bibel und heutiger Vergewisserung nun mittelbare Beziehungen geschaffen werden. Das heißt ganz elementar: Zwischen der Bibel und den Menschen späterer Zeit ist im Sinne verantwortlicher theologischer Vergewisserung gerade auch aus exegetischer Einsicht immer wieder eine Überbrückung nötig. Oder anders gesagt: Zur Bibel gehört angesichts der Überzeugung ihrer Weitergeltung von vornherein mehr als die Bibel selbst. Hinzu gehört veränderte Konstellationen wahrnehmende und wahrende, weitertragende, Aneignung eröffnende und insoweit auch über die Bibel selbst hinausschreitende Tradition[59] – eben der Sachverhalt, der die Überlegungen in diesem ganzen Teil III bestimmt. Und zwar Tradition, die nicht bloß bleiern wiederholt, sondern in Rezeption und Weitergabe Tradition, von der gilt: Sie lebt! Die Bibel braucht Kenntnis, natürlich, das ist das, was hierzulande immer mehr schwindet; dem muß nach Kräften entgegengewirkt werden – wir sagten es eben schon. Aber die Bibel braucht nicht sterile Repetition. Sie braucht keinen Kniefall der Moderne vor Bibelsätzen und seien es die größten. Die Bibel braucht produktive, zeitwache, heutzutage am Ursprung offen ausgewiesene und so auf Begehren auch jedermann vorgeführte Tradition desselben Gottes. Des Gottes, der kritisch auf sich wandelnde Gegebenheiten zugeht, aber dabei nicht in seinen von früher überlieferten Worten gefangen bleibt, sondern wie die Tradition von ihm sich lebendig bewegt durch die Zeiten.

In diesem Sinne – der anhaltende Vorgang Tradition als das umfassende, Bibel und Folgezeiten umspannende Geschehen wird gebraucht. Tradition also, die dasselbe nur dadurch festhalten kann, daß sie es in anderen Zeiten verändert. »Nur was sich ändert, bleibt«, hat Goethe gesagt. Jeder Theologe kennt das Phänomen aus der Dogmengeschichte, der Theologiegeschichte – wenn man die Orthodoxie von gestern nur repetiert, kann sie die Häresie von morgen sein! Lebendige Tradition ist deshalb notwendig das Gegenteil von ängstlicher Wiederholung der ewig gleichen Formulierungen![60]

---

59 S. dazu schon Steck, Prophetenbücher, 194–198.
60 S. dazu die Bestimmung zur Struktur des Traditionsgeschehens als Auslegungsgeschehen, die G. Ebeling in seinem Artikel Tradition. VII. Dogmatisch, RGG VI, 3. Aufl., 976–984, dort 983 gibt: »daß, damit *dasselbe* gesagt wird, um der geschichtlichen Differenz willen es *anders*

Zeitbezogene Tradition ist vonnöten. Tradition, die lebt. Tradition, die scheinbare Selbigkeit in Gestalt zeitenthobener Sätze ersetzt durch immer wieder umformulierte, zeitbegleitende, erfahrungsnahe und an der ihrerseits zeitbedingten biblischen Formulierungsgrundlage rückvergewisserte Aussagen. Ja, mehr noch – was gebraucht wird, ist theologisch im strengen Sinn des Wortes: Auf ihrer in der Bibel vorgegebenen Grundlage entspricht lebendige Tradition ja nicht weniger als dem auch über biblische Zeiten hinaus nach wie vor und weiterhin lebendigen Gott! Tradition muß lebendig weitergehen, weil Gott lebendig bleibt. Der will sich gemäß seiner grundlegenden biblischen Selbstkundgabe, wie sie Christen in der Bibel sehen, immer wieder so zeigen, daß er mit dem Wandel der Zeiten auch *post Christum natum* selbst mitgeht in wechselnder, immer lebensnaher Gestalt! Der lebendige, Leben zugewandte Gott als der Gegenstand aller biblisch orientierten Tradition von der biblischen angefangen fordert in seiner fortgehenden Lebendigkeit eben diesen Vorgang »Tradition«!

Weitergabe der biblischen Gotteskunde im Fortgang der Zeit geht infolgedessen – insoweit ganz entsprechend dem, was Bibelwissenschaft im Fortgang bereits binnenbiblischer Traditionsbildung feststellt – konsequent darauf ein, daß Weltwahrnehmung, Wissensstände, Sprachmuster, Erfahrungsräume, Widerfahrniskonstellationen nicht zuletzt die ganzheitlich-mythisch gesehenen, die die Bibel prägen, und von anderer Art nicht anders die Wahrnehmung heute, Veränderungen unterworfen sind.

Weitergabe der biblischen Gotteskunde im Fortgang der Zeit geht darauf ein, daß sich politische, soziale, gesellschaftliche Handlungsfelder, daß sich kulturelle und psychische Prägungen von Menschen mit der Zeit tiefgreifend wandeln und sogar zur selben Zeit in unterschiedlichen Erfahrungsfeldern komplex nebeneinanderbestehen, was bei Bestrebungen weltweit gültiger Einheitsformulierungen allzu oft übersehen wird.

Weitergabe der biblischen Gotteskunde im Fortgang der Zeit geht konsequent auf die historische Erkenntnis ein, daß biblische Formulierungen sogar selbst nicht von alledem enthobener Art, sondern von derselben zeitbedingten Art sind. Sie haben also selbst vieles noch nicht in sich, weil sie es nicht ken-

gesagt werden muß, daß aber, um *neu* gesagt werden zu können, der überlieferte *Text* in der Weise der Auslegung zur Geltung kommen muß.«

nen, dafür aber anderes, was später womöglich nur zum Schaden und unter Verlust von Gültigem übergangen worden ist. Weitergabe der biblischen Gotteskunde im Fortgang der Zeit geht damit nicht zuletzt darauf ein, daß die Folgezeit die Suche nach veränderten, an verschiedenen Orten auch zur selben Zeit durchaus nicht uniformen Optionen und Konkretionen der Lebensnähe des biblischen Gottes fordert, wie es die Sachkomplexität des Kanons selbst schon vorweist.

Exegese führt durch ihren Aufweis der zeitlichen Bedingtheit, aber ebenso auch der theologischen Leistungsfähigkeit der biblischen Texte im Rahmen der Lebens(!)konstellationen der Entstehungszeit[61] schon in sich darauf hin, welch wesentliche Aufgabe Theologie und Kirche in der Weitergabe biblischer Gotteskunde ganz entsprechend haben. Die Aufgabe nämlich, immer wieder die der jeweiligen Zeit und Erfahrung entsprechende oder auch widersprechende, in jedem Fall aber zeitnahe Sprach-, Glaubens-, Denk- und Lebensgestalt der blicköffnenden biblischen Gotteswahrnehmungen nun in der Zeit nach der Bibel zu suchen und zu ihrer Konkretion anzuleiten.

Mit dieser Aufgabenstellung könnte die Art biblischer Gotteswahrnehmung auch Vorbild für die theologische Fassung christlicher Wahrheit sein[62] und für die Art, wie sie der biblischen Grundlage entsprechend ihre Ganzheit und stete Gültigkeit ausdrücken kann und wie nicht. Für diese Fassung wäre zunächst wichtig, daß das Zeitbedingte in den Formulierungen des biblischen Ursprungs nicht als entbehrliches Beiwerk vom Wahren gelöst wird; das Wahre der biblischen Botschaft bleibt von Anfang an immer in zeitbedingter Fassung gegeben und damit immer auch auf einen je zeitnahen Wechsel in der Fassung und einer zeitnahen Gewichtung angewiesen. Eben dieses zeigt der Zusammenbestand kanonischer Schriften als solcher, eben dies lehrt Exegese für die Bibel selbst und für Eigenart und Bewertungsbedürftigkeit des nachfolgenden Traditionsvorgangs.

Was in diesem und nur in diesem zeitorientierten Rahmen zur christlichen Tradition konstitutiv hinzugehört, was stets wachgehalten und dargeboten werden muß oder nicht, wird im Gang zeitnaher Gotteswahrnehmung als Kontinuum in je eigengeprägter Gestalt erfaßt und nicht gelöst davon. Und bei der Frage, was durch die Zeiten stetig gilt bis in die christliche

---

61 S. dazu oben III 2c (3); 3c (3).
62 S. dazu schon oben in III 2a und unten IV.

Gestalt der Wahrheit, sind die Rahmenkennzeichen genauso,
wenn in all dem dem biblischen Beispiel und Vorbild gefolgt
wird. Wir werden am Ende dieses 3. Kapitels auf die Frage
nach dem Bleibenden eigens noch näher zu sprechen kommen.
Ist dies erkannt, so auch dies, daß hier nicht weniger als der
Weiterschritt vom zitablen Gott zum immer noch lebendigen
biblischen Gott ansteht und die Einsicht abgefordert wird, daß
die Entfaltung der Lebens- und Erfahrungsgestalten biblischer
Wahrheit mitnichten schon abschließend in der Bibel selbst
zuende formuliert ist! Warum? Ganz einfach, weil es gilt, die
konstitutive Lebensnähe des biblischen Gottes, Gott in seiner
Zuwendung, den lebendigen Gott also, in diesem Übermitt-
lungsvorgang selbst zu erhalten.
Zwischen dem Überlieferten und der aktuellen Lebensgestalt
stehen eben nicht prinzipielle Wahrheiten, gut gedacht, ortho-
dox goldrichtig, die nur einmal mehr praktiziert werden müssen. Dazwischen steht vielmehr Handeln einer Person im Fortgang von Zeit. Und das heißt im Blick auf die Person Gottes:
Überraschung durch Unbekanntes. Dazwischen steht – Bibel
hin oder her – Wahrnehmung von Widersprüchlichkeit, Zwei-
deutigkeit, Unabgeschlossenheit, Rätselhaftigkeit des überlie-

ferten Gottes angesichts des wieder Besonderen. Dazwischen
stehen immer wieder Staunen, Bewundern, Freude, Ermüdung
ohne Erwartung, Schrecken, Entsetzen und wieder und wieder
sprachloses Grauen, was Menschentun in immer veränderter
Gestalt vermag. Das ist im Fortgang der Zeit immer wieder
eigens wahrzunehmen, es ist in seiner Eigenart auszuhalten, als
Infragestellung Gottes, wie er bisher überliefert wurde, anzu-
nehmen. Das ist ganz einfach offenzuhalten, in eine aktuelle
Gestalt der Gotteswahrnehmung als Belastung wie als Bereicherung aufzunehmen. Das ist jeweils in eine eigene, angemessene und angesichts ihres Gegenstands auch brechende
Sprache zu fassen und nicht durch biblische, theologische Sätze der Überlieferung wegzureden, die in der aktuellen Erfahrung so formuliert ihre Deckung eingebüßt haben. Aneignung,
Wachstum, Erweiterung von Tradition ist gefragt, ohne den
zeitlichen Erfahrungsrahmen je zu verlassen. Und in diesem
Rahmen ist die Aufgabe gestellt, die lebendige Erfahrungs-
gestalt des biblischen Gottes, wie sie jetzt ist und entdeckt
werden soll, allererst erneut wahrzunehmen, an der biblischen
Grundlage zu vergewissern und aktuell immer wieder zur
Geltung zu bringen.

d) Züge gesamttheologischer Zusammenarbeit im Dienst sachgemäßer Tradierung

Damit tut sich hier eine veränderte Sicht gesamttheologischer Zusammenarbeit zumal zwischen exegetischer Bibelwissenschaft und systematischer Theologie auf.[63]

(1) Die Zusammenarbeit im Vorgang »Tradition«

Was wäre, wenn solche Zusammenarbeit einmal dem biblischen Vorbild auch darin mehr folgte, daß sie ihre Gottesaussagen als zeitlich unter dem Einfluß von Zeit geprägte erfaßt und nicht als Ausdruck eines Absoluten jenseits dessen? Daß sie ihre Gottesaussagen also nur so findet, daß sie im zeitlichen Rahmen von den Anfängen der maßgeblichen biblischen Überlieferung bis heute verbleibt? Daß solche Zusammenarbeit diese Gottesaussagen an den grundlegenden Ursprungsaussagen in der Abfolge alt- und neutestamentlicher Überlieferung vergewissert und statt an immer wieder wiederholten

---

63 S. dazu Pannenberg, Wissenschaftstheorie, 380; vgl. Steck, Prophetenbücher, 199–203.

Voraussetzung des Zusammenwirkens ist, daß die Exegese sich immer wieder wesentlich auf die tragende geschichtliche Gotteswahrnehmung richtet, die in biblischen Texten erfaßt wird. Die Untersuchungen historisch-kritischer Exegese erwecken nicht selten den Eindruck, daß die Nachfrage nach diesem Zentrum der Texte über der sich immer mehr verselbständigenden Erörterung von Vor- und Teilfragen historischen Verstehens verloren geht. Orientierung an dem, was der biblischen Gotteskunde selbst wesentlich ist, wird die Aufnahme exegetisch-historischer Einsichten im Rahmen der gesamttheologischen Arbeit befördern. Voraussetzung des Zusammenwirkens ist aber nicht minder, daß in systematischen Darlegungen Schriftworte nicht länger vorwiegend als zeitlose und kontextamputierte Beweismittel in scheinbar zeitindifferenten theologischen Systemen erscheinen. Man muß erwarten, daß auch die Systematische Theologie die unüberwindliche Geschichtlichkeit der Bibel ebenso wie ihre eigene Zeitbedingtheit von vornherein zur Kenntnis nimmt und sich zeit- und grenzbewußt von der scheinbar zeitindifferenten Konstruktion und Formulierung von theologischen Wahrheitssystemen löst, in der Bibelstellen nur noch längst Vorgedachtes garnieren. Es wird das Gespräch mit den Exegeten erleichtern, wenn in solchem Zusammenwirken Bibeltexte zusammen mit ihren ursprünglichen Kontexten und Konzeptionen gesehen werden als Elemente biblischer Gotteswahrnehmung in der Ganzheit der Bibel je zu ihrer Zeit, die auch in Folgezeiten als grundlegende Gotteswahrheit immer wieder weiter theologisch bedacht, formuliert, bezeugt und geistlich gelebt werden wollen!

Formeln an der Komplexität und unverstellten Lebensnähe geschichtlicher Erfahrung konkretisiert?

Was wäre, wenn solche Zusammenarbeit einmal dem biblischen Vorbild auch darin mehr folgte, daß sie in Nachfrage
und Darstellung nicht systemarer Logik, sondern der geschichtlichen Spur der Person Gottes entlangginge und dem
biblisch grundlegend bezeugten Gott in seiner Lebenszuwendung als präsentem oder von Menschen vertriebenem auch im
Bereich der Folgezeiten regelrecht folgte, ihn in den vielfältigen und umfassenden Lebenskonstellationen aufsuchte, entdeckte oder vermißte? Sie würde ihn dann *ex post* nachden-
kend aus dem erkennen, was noch in späterer Zeit in eigenartigen Zügen seine biblisch kundgewordene, geschichtlich zugewandte Lebensgestalt ist.

Was wäre, wenn solche Zusammenarbeit einmal dem biblischen Vorbild auch darin mehr folgte, daß sie Maßgeblichkeit,
Weite, Lebensnähe, aber auch Zeitrelativität biblischer Wahrheit nicht allein in veränderten Gedanken-, sondern mehr noch
in veränderten Lebenswelten wahrte, wie sie sich jeweils zu
erfahren geben?

Durchblick und überschaubare theologische Ordnung würden
sich in solcher Art Zusammenarbeit, in der Exegese auf das
Geschichtliche und Systematik auf das Wesentliche und Ganze
hinwiese, natürlich schwerer einstellen – gewiß. Aber dann
könnte sich wieder zeitnah zeigen, daß statt christlich-
doktrinärer Lebensreduktion und Lebensverlangweiligung
durch traditionale Glaubensenge wirklich wieder der Glaube
die konkrete Erfahrungswelt in nicht weniger als all ihren Erscheinungen auf sich bezieht und klärt, die Erfahrungswelt
aber die Gestaltungen des Glaubens immer wieder konkretisiert und bereichert.[64]

---

64   Zu der betonten Entgegensetzung von Glaube und Lebenserfahrung
bei I.U. Dalferth (Gedeutete Gegenwart, 1997, 86–98) ist zu bedenken,
daß Glaube in seiner Selbsterfassung immer eine erfahrungsgespeiste,
erfahrungsrelative und insofern in seiner Konkretion eine bewegliche,
immer wieder erst zu entdeckende Gestalt hat, in der er sich an neuarti-
gen Erfahrungskonstellationen jeweils wieder konkret ausprägt und sich
von Erfahrungsauslegungen ohne Glaubensperspektive, aber auch gegenüber eigenen, früheren, nunmehr veralteten Glaubenskonkretionen, und
seien es biblische, abgrenzt. Glaube und Erfahrung müssen sich wechselseitig jeweils erst finden und aneinander bewähren (zu D., Gegenwart,
89f; s. dazu das Zitat von G. Ebeling unten in Anm. 71). Wir brauchen
hier nicht näher auszuführen, daß wir den schönen, mit unseren eigenen

Alles im allem: Kann also die Besinnung auf den Vorgang »Tradition«, wie er hier in diesem Kapitel III aus begrenzter exegetischer Sicht in vielen Windungen angegangen wurde, ausdrücklich und bewußt gesehen im Verlauf von Zeit und so als notwendiger Vorgang zur Wahrung lebendiger Identität begriffen, nicht die Hilfe sein, über das Dilemma von historischer Bibelforschung und aktuellem Bibelgebrauch, ja über das Dilemma monadischer Existenz theologischer Teildisziplinen hinwegzukommen, von dem wir ausgegangen waren?

Der Hinweis auf den Vorgang »Tradition«, dem wir uns so ausführlich gewidmet haben, ist alles andere als ein neuer Vorschlag.[65] Aber er möchte in den hier vorgelegten Überlegungen schonungsloser als üblich die Bibel als unausweichlich aus anderer Zeit stammende Größe mit Stärken und Defiziten bedenken. Und er möchte spätere Folgekonstellationen einschließlich der heutigen in der ganzen Komplexität von Lebenswelten und Erfahrung als Lebenskonstellationen eigenartiger Prägung offen und eigengewichtig einbezogen wissen. Und er möchte beide Größen in ihrer Gemeinsamkeit auch konsequent verbinden.

theologischen Sprachbemühungen übereinstimmenden Untertitel des Buches von D. »Zur Wahrnehmung Gottes in den Erfahrungen der Zeit« geschehensoffener und, wenn man so will, weltlicher verstehen, als es in diesem Buch der Fall ist.

65   S. dazu vor allem die Arbeiten von G. Ebeling, Die Geschichtlichkeit der Kirche und ihrer Verkündigung als theologisches Problem, SGV 207/208, 1954; ders., »Sola scriptura« und das Problem der Tradition, in: ders., Wort Gottes und Tradition. Studien zu einer Hermeneutik der Konfessionen, KiKonf 7, 1964, 94–143; ders., Dogmatik I, 64f; ders., RGG VI, 3. Aufl., 976–984. Vgl. ferner z.B. W. Joest, Dogmatik, Bd. 1: Die Wirklichkeit Gottes, UTB 1336, 3 Aufl. 1989, 90–105; F. Mildenberger, Biblische Dogmatik. Eine Biblische Theologie in dogmatischer Perspektive. Bd. 1. Prolegomena: Verstehen und Geltung der Bibel, 1991, 204–225; Herms, Bibel, und katholischerseits D. Wiederkehr (Hg.), Wie geschieht Tradition? Überlieferung im Lebensprozeß der Kirche, QD 133, 1991. Klassisch ist die Frage bei P. Tillich, Systematische Theologie, Bd. 1, 2. Aufl. 1956, 9, formuliert: »Ein theologisches System muß zwei grundsätzliche Bedürfnisse befriedigen: Es muß die Wahrheit der christlichen Botschaft aussprechen, und es muß die Wahrheit für jede Generation neu deuten ... Die meisten Theologen genügen nur einer von diesen beiden Grundbedingungen. Entweder opfern sie Teile der Wahrheit, oder sie reden an der Zeit vorbei. Es gibt auch theologische Systeme, die beide Fehler zugleich machen.«

So ist es von Seiten historisch nachfragender Theologie und dem, was man von dort lernt, vielleicht doch ein Vorschlag mit veränderter Sehweise. Ein Vorschlag, der von exegetischer Seite der komplexen Einheit von historischer Forschung, von sachstimmig-selbstidentischer Glaubensvergewisserung und zeitgerechten Lebensgestalten des Christlichen das Wort redet. Wenn er auch für die biblischen Aussagen selbst zur Anwendung kommt und auch in übergreifenden dogmatischen Aussagen nicht überspielt, sondern zur Wahrung der Zeitlichkeit, Zeitbewegung, der sich wandelnden Sachkomplexität auch in theologischen Kontexten beibehalten wird, ist die Aufnahme des an sich von E. Husserl eingeführten, in diesem Beitrag schon mehrfach herangezogenen Begriffs der »Lebenswelt« für die umfassende Wirklichkeit in die aktuelle Dogmatik[66] auch in dieser theologischen Disziplin ein verheißungsvolles Zeichen eingestandener Zeitlichkeit und Erfahrungsnähe bei der Wahrnehmung biblischer Wahrheit. Dabei muß gegenüber der Verengung des Gotteswirkens auf die Situation vor allem des Einzelmenschen in Schuld, Gericht und Gnade, in Bekehrung und Frömmigkeit, gegenüber der Verengung auf die Gemeinde, die Binnenwelt der Kirchen, in der sich Stimmigkeit des Herkömmlichen scheinbar noch selbstverständlich und ohne Umwege herstellen läßt, wieder die dem biblischen, gerade dem alttestamentlich bezeugten Gotteshandeln eigene Weite allen Geschehens, also auch des heute sogenannt Säkularen, zum Zuge kommen.

Darf man in diesem Sinne voraushoffen, dann würden sich im Zuge der hier angestellten Überlegungen zu einem umfassenden Traditionsvorgang die Aspekte der Vergewisserung des biblisch Christlichen in unserem heutigen Erfahrungsrahmen theologischer Praxis nachbiblischer Zeit durchaus anders darstellen, als es die Lage zeigt, mit der wir unsere Ausführungen begonnen haben.

Die Diastase zwischen historischer Exegese und praktisch-aktueller Bibelverwendung, von der wir ausgegangen waren, ließe sich in der Tat von einem gemeinsamen, umgreifenden Vorgang von Tradition umfassen, dem schon die Bibel selbst ihr Werden verdankt und in den auch noch christliche Praxis

---

66 S. dazu jetzt W. Härle, Dogmatik, 1995, 168–192; vgl. auch W. Härle, in: Systematische Theologie der Gegenwart in Selbstdarstellungen, hg. von Chr. Henning / K. Lehmkühler, UTB 2048, 1998, 353–372, dort besonders 357–360.

post Christum natum in Denken, Wort und Tat eingeschlossen ist.

Dieser Traditionsvorgang ist dann unbeschadet der maßstäblichen Grundlegung im vorrangigen biblischen Kanon durchgängig gekennzeichnet durch wache Wahrnehmung des lebendigen, sich im Ablauf von Zeit kundgebenden Gottes und seiner Präsenz bei seinem Volk und seiner Kirche, aber darüber weit hinaus im weltweit geschichtlichen Bereich überhaupt, in dem sich *sub specie Dei* kontinuierliche Konstellationen durchhalten, aber auch noch tiefgreifend verändernde Konstellationen notwendigerweise Wandel und Veränderung fordern.

Tradition so gesehen ist nicht vornehmlich oder gar ausschließlich ein Vorgang einer Lehre, in der nichts anderes als theologische Sätze durch die Stimmigkeit in geistigen Konstrukten fortgehend immer wieder bewahrheitet werden sollen. Tradition so gesehen ist über den Bereich geistiger Vergewisserung hinaus Anleitung durch die biblische Gesamtgotteskunde, Gott im umfassenden Bereich von Erfahrung in der jeweiligen geschichtlichen Konstellation wahrzunehmen, in dem sich Geschehen bei Menschen rezeptiv in vielerlei Art darstellt. Es ist der Bereich, in dem sich nicht nur theologisches Denken, sondern ebenso Predigt, Unterricht, Seelsorge, Erwachsenenbildung, Diakonie, Frömmigkeit, mit einem Wort christliches Leben konkret bewegen. Es ist der Bereich, in dem sich Erfahrungen – in welcher Weite auch immer – sichten und klären lassen!

Wird Tradition so gesehen, dann kann auf der einen Seite die geschichtliche Lebensnähe der biblischen Gotteskunde schon innerbiblisch wie in ihrer nachbiblischen Weitergabe gewahrt und kritisch-aufdeckend gegenläufigen Lebensentwürfen entgegengehalten werden. Auf der anderen Seite können so gesehen Vielfalt, Veränderung, Herausforderung, Eigenart späterer Lebenskonstellationen immer wieder offen, unverstellt – auch von Formulierungen, Wahrnehmungs- und Erfahrungsweisen aus viel früherer, nicht zuletzt längstvergangener biblischer Zeit unverstellt – gesehen, aufgenommen und als Feld der Entdeckung des biblischen Gottes in seiner jetzt aktuellen Lebendigkeit sichtbar werden.

In den Traditionsvorgang, wird er so gesehen, kommt Offenheit und großzügiger Realitätssinn für die aktuellen Konstellationen. In den Traditionsvorgang kommt so eine unverkrampfte Sicht auf die Eigenart geschichtlicher Lebensverhältnisse und Biographien von Menschen, wie sie fernab scheinbiblischer Vorbeurteilungen jetzt sind. In einem solchen Traditionsvorgang werden nicht (zu) alte Sätze auf spätere Gegebenheiten angewendet. In einem solchen Traditionsvorgang bestimmen nicht zeitbedingte Formulierungen und Sehweisen von früher einfach den Blick – bibelgetreu, aber unter Preisgabe des aktuell lebendigen Gottes. In einem solchen Traditionsvorgang schauen vielmehr von der Sache, nicht von den zeitbedingten Formulierungen gelenkte Augen, den biblischen Gott in der Jetztzeit aufzusuchen, zu finden, in Denken und Tun für jetzt zu bestimmen. In einem so auf Gott gerichteten Traditionsvorgang ist nun auch Raum, einer Diastase zwischen Tradition und Erfahrung zu Zeiten standzuhalten. Hier ist nun Raum, gegebenenfalls wider besseres herkömmliches Wissen mit diesem Gott, wie er jetzt lebt, auch aktuelle Grenzen, Nichtmehrwissen, Rätsel, Ratlosigkeit, Verzweiflung, Widerstand in Erfahrungen eigengeprägter Art durchzumachen trotz verfügbarer großer Sätze und Lösungen zur Gottesfrage aus früheren Zeiten.

Die große und reiche nachbiblische Tradition des Christlichen, der die Disziplinen Kirchengeschichte und Praktische Theologie bis heute hin nachgehen, in ihren geistlichen, geistigen, tathaften Fassungen behält, auch wenn sie selbst keinen maßstäblichen Wert hat, jeweils gemäß ihrer Zeit gewürdigt und an den biblischen Ursprüngen kritisch rückgeprüft, ihre bleibende Bedeutung für Orientierung und Konkretion auch später. Sie gibt Blick, Niveau und Anwendungen vor, auch wenn diese später nicht mehr einfach wiederholt werden können, zu Zeiten auch anders gewichtet werden müssen und in Zeitkonstellationen einer gewissen Verarmung und Elementarisierungsbedürftigkeit wie heute die Fülle früherer, reicherer Traditionsgestalten nicht voll erreicht wird.

Der innerbiblische Befund selbst läßt sich im Sinne einer Theologie auf biblischer Grundlage in dieses Bild sehr wohl einfügen. Einige thesenhafte Aspekte dazu mögen schließlich am Ende dieses Teils stehen.

(1) Die den verschiedenen Konfessionen und christlichen Gemeinschaften als solche vorgegebene Größe Heilige Schrift ist in der Entstehung ihrer Einzelschriften wie in der kanonischen Gestaltgebung schließlich des Ganzen nicht als die eine starre Größe zu sehen, als die das Bibelbuch auf den ersten Blick erscheint. Sie ist in sich vielmehr ein Weg bis zu einem Abschluß und somit ein geschichtlich gewordener und damit

auch seinerseits zeitbedingter Vorgang. Dessen ursprünglicher Lebenskonnex kommt nur in solch geschichtlicher Sicht zum Vorschein.

Dabei ist aus aktuellem Anlaß besonders zu beachten: Kanonisiert wurde nicht erst ein sogenannter Endtext, wie heute aus Gründen der Flucht vor Unsicherheiten historisch-diachroner Rekonstruktionen gern behauptet wird. Vielmehr kommt zumal in der Kanonbildung des Alten Testaments ein sehr langzeitiges Werden und Anwachsen von vornherein und immer schon maßgeblicher Überlieferung zum Abschluß[67], die zunächst für bestimmte Tradentengruppen und später umfassender für ganze religiöse Gemeinschaften Maßstab der Gotteskunde war. Von Motiv und Gewinn, die kanonisierte Komplexität der biblischen Gotteskonzeptionen sachlich zu wahren, war schon zu Eingang von Teil III die Rede.[68]

(2) Im Verhältnis Altes-Neues Testament bildet nicht Christus, sondern Gott die umgreifende Sicht beider Testamente; nur so sind sie beide verbunden. Im Verhältnis Altes-Neues Testament als Überlieferungsbewegung der Wahrnehmung geschichtlichen Lebens Gottes bilden die das Alte Testament sachlich überschreitenden Züge Gottes im Neuen Testament die in christlicher Tradition fortan maßgeblichen; sie überholen sachlich bestimmte alttestamentliche Züge und gehen darüber hinaus. Diese neuen Züge der neutestamentlichen Kundgabe Gottes in Christus sind die Züge, in denen sich nach christlicher Sicht Gott zu definitiver Kundgabe gegenüber früher sogar selbst überschreitet. Züge Gottes im Alten Testament, die davon nicht betroffen sind, und Züge Gottes aus dem Alten Testament, die im Neuen Testament selbst vorausgesetzt sind und stillschweigend weitergelten, bleiben auch ohne ausdrückliche Rezeption in der urchristlichen Überlieferung des Neuen Testaments als bleibende Züge Gottes aus seiner früheren Kundgabe gleichwohl weiterhin voll virulent.

(3) Das Verhältnis Altes-Neues Testament ist nicht einfach als Korrektur des Alten durch das Neue Testament auf der

---

67 S. dazu O.H. Steck, Der Kanon des hebräischen Alten Testaments, in: W. Pannenberg / Th. Schneider (Hg.), Verbindliches Zeugnis I. Kanon-Schrift-Tradition, DiKi 7, 1992, 11–33.
68 S. dazu oben bei III 1a.

Ebene der Formulierung zu sehen[69]. Die neutestamentlichen Rezeptionen des Alten Testaments sind wie alle neutestamentlichen Formulierungen, auch wenn sie zu ihrer Zeit Gottes letztgültige Kunde in Christus fassen, genauso zeitbedingt und zeitbegrenzt wie die alttestamentlichen und deshalb als solche keineswegs eine suffizient ausformulierte Wahrung der alttestamentlichen Gotteszüge, wie sie für die nachbiblische Folgezeit gelten.

(4) Angesichts der Erfahrung von zwei Jahrtausenden politisch-sozial-kulturell weltweit wirksamen Christentums ist durchaus zu fragen, ob bestimmte Züge neutestamentlicher Gotteswahrnehmung für die Folgezeit mehr oder minder halbherzig festgehalten nicht als Verengungen des Christlichen gelten müssen, die aus der Zeitbedingtheit urchristlicher Perspektive erwachsen sind und auf diese beschränkt bleiben. Woran könnte man dabei denken? Daß statt aufgegriffener Geschichtsweite Naherwartung dominiert, daß statt Weite der Menschenwelt die damals gesellschaftlichen Randphänomene Gemeinde, Kirche als die Formulierungen ausrichtender Erfahrungsraum für Gott und Glaube die Aussagen so sehr bestimmen, daß die Individualisierung des Glaubensverhaltens in Nachfolge und Bekehrung des einzelnen so im Vordergrund steht, daß Schöpfung und natürliche Umwelt als umfassende Erfahrungsfelder ausgeblendet sind und im ganzen unbedacht bleiben, daß Zeiterscheinungen der Macht und Politik, von Herausforderungen sozialer und wirtschaftlicher Lebensgestaltung auf Dauer hin weitgehend übergangen bleiben – das wären Aspekte in der Wahrnehmung und Formulierung des Neuen Testaments, die in diesem Zusammenhang zu diskutieren sind. Ihnen gegenüber bedarf die räumlich, personell und zeitlich umfassende Erfahrungsweite, in der sich gerade die alttestamentlichen Gottesaussagen erstrecken, in der Tradition nachbiblischer Folgezeiten wieder der maßgeblichen Wahrnehmung, und zwar so, daß das Christusgeschehen in die langzeitige Weite des Gotteshandelns gemäß dem Alten Testament einbezogen wird und nicht länger wie üblich umgekehrt.

Ein eschatologisch ausgerichteter, aber in ruhiger Schöpfungserfahrung und Schöpfungsverantwortung wahrgenommener Zeitlauf, in dem auch wir Heutigen stehen, könnte statt peren-

69 Auch das wäre dem überaus traditionalen, ja neutestamentlich-biblizistischen Bild entgegenzuhalten, das Hofius, Christuszeugnis, besonders in den Thesen 13 und 14 entwirft.

nierender eschatologischer Ausnahmesituationen des einzelnen
Frommen oder frommer Gruppen oder sogar statt freilich wenig genau festgelegter Ende-Diagnosen in den Schlußphasen
der Prophetenbücher (besonders Jes 66; Sach 14) und statt
deutlicher zeitgeschichtlicher Ende-Festlegungen in außerbi-
blischen Apokalypsen der heute gewiesene theologische Gesamtrahmen sein im Sinne dessen, was Th. Krüger so klärend
schon für die besondere Stimme Qohelets in dessen Stellung
zu Leben, Schöpfung, eschatologischer Hoffnung aufgewiesen
hat.[70]

*(2) Die Zusammenarbeit in der Frage nach dem Bleibenden
als Selbigkeit der biblischen Gotteskunde*
Auch die Frage nach dem Konstitutiven und Bleibenden in
dem großen Traditionsvorgang, von dem wir hier handeln,
muß die binnentheologische Zusammenarbeit unter neuen
Rahmenbedingungen und Perspektiven bestimmen. Wir denken angesichts all des Ausgeführten, man muß heute jedoch
nach eigenen Wegen suchen, um dieses unverzichtbare Anliegen der Systematisierungen in der Theologie aufzunehmen und
das biblisch durch die Folgezeit Bleibende, das Kontinuierliche in aller Lebensveränderung von Tradition zu fassen.
Folgt man dem, was sich exegetisch-historisch an der Bibel
zeigt, dann kann aus solcher Sicht das permanent Gültige im
Sinne biblischer Wahrnehmung jedenfalls nicht länger durch
Ausweichen auf geschichtsgeschützte Metaebenen bestimmt
werden. Es kann vielmehr nur so bestimmt werden, daß man
innerhalb (!) des umfassenden Traditionsvorgangs mit dessen
geschichtlichen Lebensbezügen und dessen zeitlichen Relati-
vitäten einschließlich der binnenbiblischen verbleibt und damit
auch eine zeitliche und räumliche Beweglichkeit des Gültigen
zugleich mit seiner jeweils zeitbedingten Erfassung von vornherein in Betracht zieht! Das permanent Gültige erscheint dann
natürlich anders als auf entzeitlichten Metaebenen. Es erscheint biblisch entsprechend und darin, so scheint uns, sachgemäß statt als das zeitenthoben begrifflich Definierte jetzt als
das innerhalb des Laufs geschichtlicher Erfahrungskontexte in
unterschiedlicher Erfassung sich Durchhaltende. Es erscheint
aus dem Vergleich mit unterschiedlich ausgeprägten, aber

70 Th. Krüger, Kritische Weisheit. Studien zur weisheitlichen Traditionskritik im Alten Testament, Zürich, 1997; s. jetzt ders., Kohelet, BKN
XIX (Sonderband), 2000.

sachlich entsprechenden Lebenskonkretionen als das wesenhaft zeitlich-lebensbezogene Kontinuierliche, von dem man nicht jenseits, sondern im Erfassen von Handlungen derselben zeitzugewandten Person Gott nur innerhalb des geschichtlichen Rahmens reden kann.

Eine dieser Art veränderte Position hat Konsequenzen. Die zur Theologie schon angesichts ihrer Tradition gehörenden Bemühungen um den Aufweis von Bleibendem und Gültigem konzeptioneller Ganzheit müssen demnach wesentlich lebensoffen[71] sein. Sie müssen am geschichtlichen Gegenstand als solchem ausgerichtete Bemühungen sein, die jeweils zeitgerecht vergewissert werden und deshalb auch wechselnd gewichtet werden können.

Auch diese Bemühungen so gesehen vergewissern sich selbstverständlich an nichts anderem als dem Maßstab der Bibel. Sie tun es aber nicht anhand eingefügter Bibelzitate. Sie vergewissern sich vielmehr an geschichtlich vermittelter Kohärenz der aufgegebenen aktuellen Bestimmungen mit den eigenen und als solche zu wahrenden konzeptionellen Gegebenheiten derjenigen Gotteswahrnehmungen, die viel ältere biblische Überlieferung als ganze bewußt komplex und nicht vereinheitlicht darbietet.

Die Frage der Wahrung sich durchhaltender Selbigkeit der Gotteskunde in dem weiten nachbiblischen Traditionsvorgang mit seinen sachnotwendigen Wandlungen ist deshalb vor allem in diesem durch Theologie verantworteten Rahmen stets erneut zu stellen, und zwar heuristisch im Blick auf die jeweils aktuelle Konstellation, orientierend und kritisch im Blick auf die christliche Tradition in den Zeiten vorher und schließlich vergewissernd und maßgeblich aus dem Blick auf den grundlegenden Traditionsvorgang, den die Bibel Alten und Neuen Testaments mit Sachgefälle in sich darstellt.

---

71 S. dazu den bei Ebeling, Dogmatik I, 65 treffend beschriebenen »Kern des Problems: Wie ist eine so geschichtsbezogene, geschichtsgesättigte Denkweise in die systematische Ordnung einer Dogmatik zu verpflanzen, ohne daß das Leben daraus entweicht und die aus der Bibel übernommenen Elemente dabei verdorren?« In seiner Einführung in die theologische Sprachlehre (1971, 233) hat Ebeling zurecht zu bedenken gegeben: »Ist die Sprache des Glaubens aus dem Dialog mit der Welterfahrung herausgefallen, so ist sie faktisch Sprache des Unglaubens geworden«. Vgl. zur Frage der Selbigkeit der biblischen Gotteskunde schon oben III 2b (cc).3c (7).

Ist ein Ausweichen in eine abstrakte, zeitimmune, begrifflich-konkludierende Systematisierung dieser Selbigkeit verwehrt, dann muß Selbigkeit im Rahmen der Zusammenarbeit der theologischen Disziplinen jetzt eben als Selbigkeit der biblisch kundgegebenen Gottesperson im Ablauf des nachbiblischen Traditionsvorgangs und somit im geschichtlichen Bereich verbleibend wahrgenommen werden. Diese Erfassung der Selbigkeit geschieht natürlich als geistiger, sich im Denken bewährender Zusammenhang. Aber dieser Zusammenhang ist nicht (mehr) der eines zeitneutralen Ordnungsgefüges. Es ist vielmehr der Zusammenhang, der aus biblischer Gotteswahrnehmung und sich – seither und jetzt – wandelnder Zeit gestiftet ist. Es ist der Zusammenhang, wie ihn Einheit und Selbigkeit der Gottesperson konstituiert, die geschichtlichem Leben im Zeitlauf (!) zugewandt ist. Die Erfassung der Selbigkeit erfolgt somit zwangsläufig in zeit- und sachgemäßen, aber immer wieder unterschiedlichen Wahrnehmungsakzenten und Formulierungen.

Theologie als Vorgang dieser Zusammenarbeit entspricht darin dem Befund der Bibel. Der biblischen Selbstpräsentation Gottes ist zu entnehmen, daß sich Gott auch fortan dem Glauben nicht durch Selbstidentität eines von ihm bestimmten Seins vergewissert (weil er so ist, wird er so sein), sondern durch eine insgesamt wie biographisch lange Erfahrungsgeschichte mit diesem Gott (weil wir/ich ihn so kennen, wird er so sein).

Diese biblisch eröffnete Erfahrungsgeschichte ist es, die Betroffenen, Angeleiteten und Lebenssensiblen die Lebendigkeit, Vertrautheit und Verläßlichkeit und damit Selbstidentität der Person Gottes vergewissert und gerade so über bloße Behauptung hinausführt. Dies geschieht durch wiederkehrende Erfahrungserlebnisse gemäß der grundlegenden Kundgabe Gottes, wie sie Psalmen etwa in Sätze gefaßt haben, die die im Zeitlauf verläßliche Eigenart Gottes fassen.

Es hat Sinn, daß sich Gott gemäß biblischer Anleitung nicht durch Selbstidentität eines von ihm bestimmten Seins vergewissert: Gott muß auch in aller Bindung seiner Selbstkundgabe als Person frei und überraschend bleiben! Vor Abschluß des Kanons wurden sich kundgebende Überraschungen Gottes in der Überlieferung sogar als sachlich neue Wendung Gottes gegenüber der bisherigen Wahrnehmung und Überlieferung des Gotteshandelns erfaßt; nachkanonisch auf der Grundlage abgeschlossener Offenbarung bringt Gott aber immer noch überraschendes Handeln, nun freilich in Gestalt neuer Konkre-

tionen und Konstellationen seines offenbarten und biblisch ursprünglich erfaßten Wirkens und wahrt in solcher Zeitbeweglichkeit seine Selbigkeit – der Theologie als Tradition zum Vorbild.

4. Tradition als zeitgemäße Lebensgestalt des Biblischen in vielfältigen christlichen Konkretionen

Unsere Ausführungen im Teil III waren ganz von dem Verbindenden zwischen theologischer Forschung und theologischer Praxis bestimmt, von Theologie als dem umgreifenden, professionell bearbeiteten Vergewisserungsvorgang, der gerade auch Bibelwissenschaft und Bibelanwendung auf dieselbe Ebene führt und so zu einer Sicht, die das Dilemma der Entfremdung zwischen beiden überwinden kann.

Daraus ergeben sich nun auch Differenzierungen für den theologisch nicht reflektierenden Bibelgebrauch, der von anderer Art, aber gleichwohl von eigenem Gewicht ist.

Man ist zunächst geneigt, auf die in Frömmigkeit und christlichem Leben seit jeher reichen Erfahrungen aus solchem unmittelbaren Bibelgebrauch hinzuweisen und solchen theologisch nicht reflektierten Gebrauch angesichts seiner Selbstevidenz von der theologischen Reflexion zu trennen.

Wenn irgendein Bibeltext in irgendeiner Bibelübersetzung heute in unseren Breiten jemand unmittelbar anspricht, wenn eine Auslegung der Bibel, wenn das Lesen der Losungen jemand direkt ergreift, so kann sich aus der Ferne spontan Nähe ereignen, gewiß, wer wollte da Vorschriften machen? Wer wollte die vielfältigen christlichen Erfahrungen leugnen, wie sich unter der Sicht von Bibelworten Lebenssituationen wunderbar verwandeln und nicht anders sogar Konzeptionen des Lebens im ganzen bei einzelnen wie in Gemeinschaften, die solchen Prägungen folgen? Wer wollte von der Kraft von Bibelworten über Geist, Herz und Gemüt von Menschen absehen? Hier ist in vielerlei Gestalt einer Wirkungskraft der Bibel durch die Jahrhunderte zu begegnen, die ihresgleichen sucht!

Aber wir haben es im Zusammenhang der direkten Einlesungen in die Bibel schon betont[72]: Es ist nicht selbstverständlich und unweigerlich, daß der Effekt bei diesen Menschen in Er-

---

72　S. oben III 3b (1).

fahrungskonstellationen von später, von heute *eo ipso* im Sinne der Bibel selbst ist. Das mag ereignete Bibelpräsenz sein, die Leben leiten kann und soll, aber es ist nicht einfach die von der Zeit- und Sachdifferenz zwischen Damals und Heute geforderte, verantwortete, begründet vermittelte Bibelpräsenz, von der wir hier handeln. Diese muß erst gesichert werden. Insofern gründet der sachgemäße, theologisch nicht reflektierte Bibelgebrauch jeder Art direkt oder indirekt der Sache nach auf dem theologisch reflektierten; dieser sichert jenen.

An dieser Sicherung sollte nicht nur eine professionelle Theologie beteiligt sein, die Mitverantwortung kann nicht weit genug geöffnet werden – wir haben schon oben bei der Frage der Bibelübersetzung und deren Funktion darauf hingewiesen –, damit Transparenz und sachgemäße Bibelwirkung in Breite entstehen. Was sich an Bibelpräsenz anderwärts ereignet, bedarf der Überprüfung, der theologischen Vergewisserung zurück bis zum alten Text der Bibel selbst, damit wir in solchem Vorgang wirklich anderem und auch in religiösen Phänomenen nicht uns selbst begegnen.

Noch einmal – in der einen wie der anderen Richtung des Traditionsvorgangs gesehen muß gelten: Bibelkenntnis von früh an stetig vermittelt und erworben könnte unter uns nur um den Preis einer enormen kulturellen Verarmung aufgegeben werden. Das Gegenteil muß eingeübt werden: Kenntnis der Bibel und deren Eigenart muß Anliegen der Kirche und unserer kulturell geprägten Öffentlichkeit sein. Religionsunterricht, die Sonntagspredigt, Erwachsenenbildung, Bibelrezeption in der Kunst sollten die Menschen christlicher Gemeinde und darüber hinaus in solcher Vergewisserung einüben; ohne derartige, langzeitig eingeübte Hilfen konnte und kann die alte Bibel nicht verstanden werden. Unangeleitete Bibellektüre kann bei der Eigenart dieses Gegenstandes zu nichts Verläßlichem führen!

Aber man muß es bei Restriktionen und Aufgaben im Blick auf einen unmittelbaren Bibelgebrauch nicht bewenden lassen. Im Gegenteil. Daß sich biblische Gegebenheiten, sofern sie durch einen verantwortlichen theologischen Vermittlungsvorgang in ihrer aktuellen Geltung bedacht sind, auch auf ganz andere als ursprungsvergewissernd-nachdenkliche Art, wie sie Theologen und im weiteren Sinne jedem entsprechend Nachfragenden aufgegeben ist, sachgemäß weiterleben und darstellen lassen und das geistliche Leben des einzelnen prägen, klären und leiten, ist selbstverständlich und nach wie vor mit al-

lem Respekt zu wahren. Daß wir diese Art Bibeltradition hier
allein aus Gründen unseres Themas – der geistigen Herausforderung grundlegender Ursprungsvergewisserung an der Bibel
und der Aufgabe, diese Ursprünge in Folgezeiten zu vermitteln
– ausgeklammert haben, war schon oben in II betont worden;
wir heben es am Ende dieses Teils noch einmal ausdrücklich
hervor.

Aber es sei nun am Ende ebenso nachdrücklich betont: Hier im
Bereich gelebten christlichen Lebens jeglicher Art und jeglicher Trägerschaft ist das Feld, auf dem das konkrete, vielfältige bibelbestimmte Leben der Kirche im ganzen stattfinden
kann und muß (oder auch scheitert und verfehlt wird), die
Konkretion (oder die Verzerrung, Verwahrlosung, Mißach-
tung) des Biblischen unter Menschen jeglicher Lebensprägung
auch ohne theologische Funktion und Interessen.

Man denke hier nach wie vor an vielfältige Erscheinungen persönlicher Frömmigkeit und ihren im Deutschen zumal in der
Lutherbibelfassung besonders haftenden Bibelworten. Man
denke an Seelsorge, an Liturgie, Diakonie, Kunst, Spiel, kind-
gemäße Erzählung und viele andere Weisen gelebter Aneignung des Biblischen mehr. Wir haben von solchen nicht vergewissernden, sondern auf vergewisserter Basis menschennah
erfolgenden Bibelaneignungen schon bei der Frage der Bibelübersetzung gesprochen[73]. Solche Aneignungen übersetzter
Bibeltexte und zuvor das Lernen, ja da und dort sogar Memo-
rieren übersetzter Bibel in welcher sachgemäßen Gestalt auch
immer haben ihren Wert in sich. Solche Aneignungen geben
Assoziationen, stillschweigende oder offen ausgesprochene
Lebensverbindungen für heute frei. Aber mit solchem Lebens-
gebrauch einzelner biblischer Aussagen ist das eine andere
Verwendung als die, die wir hier in unseren Ausführungen bedacht haben. Es ist als solche eben nicht der Vorgang der Vergewisserung an der Bibel im Ganzen, die für theologische Tradition im evangelischen Sinne bezeichnend ist, sondern bedarf
dessen! Aber es ist in anderer Hinsicht ein überlegener Vorgang: Es ist der Vorgang des Lebens, der Vorgang der Erfah-
rungsbewährung, der Vorgang der Gewißwerdung und Gewiß-
heit des Biblischen unter Menschen durch die Zeiten.

---

73   S. oben III 2 c (5).

Wir belassen es bei diesem Versuch, erste auch näher praxis-
relevante Folgerungen an das Phänomen Bibeltradition anzuschließen, und wenden uns nun unserem Thema Prophetenbücher zu, den Prophetenbüchern des Alten Testaments von Jesaja bis Maleachi, die in sich wie in ihren Aufreihungen Tra-
ditionsgrößen eigener Art darstellen (s. schon oben II 5). Der
Eigenart und besonderen Aussage dieser Bücher als Bücher
gilt unsere Nachfrage und die Versuche unserer Antworten
richten sich auf umfassende Charakterisierungen. Beispiele
und Gründe, auf die wir uns dafür stützen, können im vorliegenden Rahmen nicht vorgeführt werden; wir verweisen dafür
auf die zahlreichen Beobachtungen und Auswertungen zu den
Texten, die wir und andere in Untersuchungen zu Einzeltexten
und -textkomplexen präsentiert haben.

Zweiter Hauptteil

Zu Eigenart und theologischer Vorbildlichkeit der Prophetenbücher

IV. Die Prophetenbücher des Alten Testaments – zehn Thesen und Erläuterungen zum Thema

Die Prophetenbücher des Alten Testaments präsentieren sich in ihrer Aufgeschlossenheit für Veränderung, also für neue Wendungen des Handelns Gottes unter dem Blickwinkel des überlieferten Gottes offenbar sachkonsequent als Traditionswerke eigener Art. In diesen verbinden sich Maßgeblichkeit und beweglich-änderungsbereite Lebendigkeit von Tradition – die Traditionsaspekte Rezeption und Aufnahme, von denen wir in weiterem Zusammenhang bereits sprachen.

Dieser Eindruck soll nun im zweiten Hauptteil weiter gefestigt und erläutert werden. Wir wahren dabei, daß Prophetenbücher als Teil des christlichen Kanons wie alle kanonischen Schriften einen fundamentalen Vorrang für alle Theologie der Folgezeit haben. Und wir prüfen unsere eingangs geäußerte Erwartung, ob Prophetenbücher als Vorgang von Überlieferung, als Bewegung ihrer Entstehung als solche nicht auch Züge von Vorbildlichkeit haben, die Theologie, wo immer sie praktiziert wird, in der Eigenart maßstaborientierter und doch zeitnah lebendiger Tradition orientieren können.

Wir tun dies, wie im vorangehenden Teil schon angesprochen[74], unter der Voraussetzung, daß in der biblischen Gotteskunde Alten und Neuen Testaments trotz des Sachgefälles, das diese hat, der ihr eigene Gesamtzusammenhang unter Herausforderungen aktueller Konstellationen in der einen wie der anderen Richtung durchlaufen werden kann und ein Einstieg in das Ganze an verschiedenen Stellen möglich ist – hier eben einmal der Einstieg vom alttestamentlichen Teil vorwärtsschauend bei dem großen Komplex der Prophetenbücher.

---

74 S. oben III 1b (5) (c).

Wir betrachten dafür die Prophetenbücher im Folgenden weitgehend ohne die Vielfalt der Hypothesen, wie diese Bücher
nach und nach um welches Textgut angewachsen sein könnten,
sondern einfacher in der Zeit, in der sie in letzten Schritten die
Gestalt erhalten haben, in der wir sie jetzt haben, in der spätis-
raelitischen Zeit, im 3., 2. Jhdt. v.Chr. Und wir achten auf diesem Boden historischer Letztgestalt auf die Anhaltspunkte für
das Anwachsen, Werden dieser Bücher und damit auf die zum
Verständnis natürlich nach wie vor unverzichtbare, von uns
aber anders als üblich geortete diachrone Fragestellung.
Wir bündeln unsere Ausführungen dafür in Thesen, die jeweils
viergeteilt dargestellt werden: Zu Beginn steht eine plakative
Exposition der These, es folgt die These selbst, darauf folgt in
Kursivdruck eine Ausführung und schließlich eine eingehen-
dere Erläuterung der These.

These 1: Der Ausgangspunkt aktueller Prophetenforschung

Zur aktuellen Prophetenforschung gehört eine Kehrtwende mit der Aufforderung: Nicht von Anfang an vorwiegend die historische Prophetenperson in Blick nehmen und selbstverständlich angenommene kleinere, prophetische Verkündigungseinheiten suchen, sondern vom Gegebenen ausgehen!

Elementare Ausgangsbeobachtung für diese Wende ist: Prophetentexte werden nicht als Einzeltexte vorgefunden. Erscheinen sie innerhalb der Bücher als abgegrenzte Größen, kann das mit ihrer Genese, aber auch mit literarischer Stilisierung zu tun haben. Prophetentexte sind also nicht von vornherein isolierbare Präparate für sich, sondern im Kontext von Büchern und Bücherfolgen gegeben.
Weil dieser Ausgangsbefund endlich beachtet wird, ist die aktuelle Prophetenforschung durch eine Änderung der Fragerichtung gekennzeichnet. Es heißt heute nicht mehr: vom Wort (des Originalpropheten) voraus zum (Propheten-)Buch, sondern umgekehrt: vom Buch zurück zum Wort! Diese Änderung entspricht dem, was der Forschung vor allen Rekonstruktionen als Ausgangspunkt zuallererst gegeben ist: eine Prophetenschrift und nicht eine Person!
Grundlegende Bestimmungen zu Prophetenbüchern, zu ihrem Inhalt und zum namengebenden Propheten müssen demnach zuerst auf dem Boden der Prophetenbücher selbst erfolgen und auf dem Boden des Prophetenbildes, das diese Bücher als solche übermitteln! Erst dann kann man Schritt für Schritt zurück versuchen, schließlich auch die Botschaft des Propheten selbst und ein Bild von seiner Person selbst zu rekonstruieren.

Alttestamentliche Forschung hat – wir haben es in Teil I schon angesprochen – allzu lange nicht an, sondern nur in den Prophetenbüchern des Alten Testaments gearbeitet. Sie hat dort vorrangig nach Originalworten des Propheten gesucht und davon spätere Zusätze, jüngere Redaktionsschichten unterschieden. Das Prophetenbuch als Ganzes, als Buch und damit der Gesamtzusammenhang der Aussagen in einer solchen Größe wurde selten beachtet. Forschung und Gebrauch der Prophetentexte haben sich damit einseitig auf vereinzelte Texte gerichtet: Gefragt waren Bestimmungen der Originalbotschaft, Spitzenworte alttestamentlicher Originalität, gewählt wurden handliche Arbeitsobjekte für praktikable alttestamentliche

Untersuchungen, Texte als Predigtperikopen, einzelne Be-
weisstellen für die Dogmatik und Ethik.

Exegesen solcher aus dem Zusammenhang gerissenen
Textgrößen haben – so muß man es heute sehen – ein ver-
zerrtes oder doch voreilig erstelltes Bild suggeriert. Es ist ja
nicht von vornherein ausgemacht, daß Prophetenbücher lediglich Sammelwerke sind, aus denen man sich bedienen kann
und in denen man auf jeder Seite sogleich trennen und neu zu-
sammenordnen muß, um das Gesuchte allererst zu finden: Ori-
ginalworte des Propheten und davon deutlich unterschieden
Zusätze aus verschiedenen Zeiten, verbindende separate Redaktionsschichten isoliert je für sich.

So zu verfahren war bis in die achtziger Jahre des 20. Jhdt.s in
der Forschung das Übliche, weil das religionsphänomeno-
logische oder theologisch-kerygmatische Unicum Prophet den
höchsten Stellenwert hatte.

Aber die Dinge liegen, auf das Gegebene gesehen, anders.
Prophetenbücher sind nämlich selbst da, wo sie einzelne Redeeinheiten als einzelne in literarischem Rahmen (!) darbieten,
nicht einfach unbesehen als eine Ansammlung von älteren,
ehedem ganz auf sich stehenden Einzeltexten zu nehmen. Von
ihnen steht eben nicht von vornherein fest, daß man sie je für
sich auffassen kann – etwa weil eine allzuschnell für Vorlitera-
risches beanspruchte Formgeschichte dies scheinbar nahelegt
oder weil das wirklich Wertvolle nur das vom Propheten selbst
Stammende ist, und der hat noch keine Bücher geschrieben.
Aber das war und wäre ein übereiltes Wunschbild, das mehr
verzeichnet als klärt.

Nein, als einzeln dargestellte Worte könnten es durchaus auch
nur literarische Stilisierungen im größeren Ganzen sein, und
selbst wenn es sich um nachweislich tatsächlich von Haus aus
ältere Einzeltexte handelt, können sie von uns als Rede nicht
mehr gehört werden. Auch in dem letztgenannten Fall stehen
sie vielmehr primär in einem näheren literarischen Zusammenhang und in einem noch größeren Textzusammenhang, der
für den Sinn des einzelnen bis zum Erweis des Gegenteils
nicht gleichgültig ist und jedenfalls als das unmittelbar Angetroffene vor jedem sekundär isolierten Logion vorrangig Beachtung verdient.

Alttestamentliche Prophetenforschung muß heutzutage umdenken – wir sagten es schon einführend in Teil I. Sie muß am
anderen Ende anfangen, um sich nicht länger mit problematischen Vorentscheidungen zu belasten. Sie muß vom Gegebe-

nen ausgehen und das heißt: von den Prophetenbüchern, wie
sie sind[75].

75 S. dazu Steck, Prophetenbücher, 18–22, und ganz entsprechend auch
M.A. Sweeney, Isaiah 1–39. With an Introduction to Prophetic Literature, FOTL 16, Grand Rapids 1996, 1–15. Wir halten diesen Ansatz historischer Nachfrage vorgängig beim quellenhaft gegebenen Prophetenbuch im ganzen, so wie es als historische Größe ist, derzeit für den einzig
gangbaren Weg, um plausible historische Einsichten in die Gestaltung
des Buches und in die Konturen und Absichten einer literarischen oder
gar mündlichen Vorgeschichte des Buches zu gewinnen, auf die literarisch gesicherte und nicht nur auf Abhängigkeitsbehauptungen und spät-
datierte Formulierungsparallelen gestellte Nichtkohärenzen literarischer
und/oder konzeptioneller Art weisen. Vorschnellen Kompilationsergeb-
nissen ist deshalb ebenso entgegenzutreten wie einer monomanen Literarkritik nach Art des 19. Jhdt.s, in der sich der Exeget, als ob es Gun-
kel nie gegeben hätte, heute noch erlaubt, ohne Kontrolle aus der Metho-
deninterdependenz (Redaktionsgeschichte mit Einsichten zu Buchganz-
heiten und zur Eigenart redaktioneller Buchtexte, Formgeschichte, Reli-
gions- und Traditionsgeschichte als Nachfrage nach bestimmenden
Wahrnehmungs- und Darstellungsmustern) nach eigenem Gusto bezüglich eines stimmigen Textes aus dem Textmaterial herauszuschneiden
und zusammenzustellen, was er sucht. ›Tendenzkritik‹ ohne solche sorg-
fältigen Kontrolluntersuchungen ist Beliebigkeit. Entsprechend für andere noch längst nicht plausibel, sondern von außen dekretiert und faktisch
beliebig sind Ergebnisse, die auf diesem Wege erreicht werden. Vgl. zu
neueren Jesajaarbeiten von Berges unten Anm. 111, von Becker und
Barthel oben Anm. 11 und s. die Rezension von W. Groß in ThQ 179,
1999, 227–230, und speziell zu Becker die von W. Dietrich in ThR 64,
1999, 324–337. Die Arbeit von Becker erscheint uns nicht nur methodisch unzureichend, sondern auch in ihrer sachlichen Zielsetzung, aus
den Aussagen in Jes 1–39 eine erste Frühphase des Propheten, die auf
jahweorientiertes Verhalten und Rettung hinwirkte und u.E. hinter (!) Jes
7; 8,1–4; 30,15, vgl. auch 28,12, historisch durchaus zu ahnen ist, auch
literarkritisch noch herauszulösen, obwohl in allen einschlägigen Texten
überdeutlich ist, daß die Formulierungen (!) immer schon die Erfahrung
der Ablehnung in sich schließen, wie gerade die Gestaltung von Jes 7 und
nicht minder die Vorgänge im Sinne von Jes 6 verschränkende von 8,1–4
zeigen; unsere Arbeiten zur Denkschrift haben schon in den siebziger
Jahren auf diesen Befund hingewiesen. Aus einer weitergehenden Phase,
die Ablehnung mit Gerichtsansage beantwortet, stammen die Rückblick-
zitate in Jes 8,5–8a und 8,11–15; das scheint in Jes 6–8 das Älteste zu
sein, das wir an formulierter Jesajaüberlieferung haben; weiter zurück
kommen wir in den überlieferten Wortlauten nicht! – Uns scheinen, auch
wenn wir in vielem nicht zustimmen, die Beobachtungen von Sweeney,
FOTL 16, in der aktuellen Jesaja-Forschung eine wichtige Diskussions-
grundlage und ebenso in anderer Weise die das gesamte Buchwerden von
Jes 1–66 einbeziehenden Erörterungen von E. Bosshard-Nepustil, Re-

Die Rekonstruktion der ältest erreichbaren Überlieferungsgestalt des Prophetenbüchertextes ist deshalb das erste Ziel, und
die Variationen in Textüberlieferung, Anlage, im größeren
Reihungskontext, in dem die Bücher überliefert sind, sind der
allein gewiesene Ausgangspunkt jeder wissenschaftlichen
Nachfrage. Man wird den Prophetenbüchern als Quelle aus
ferner Zeit also nur gerecht, wenn man nicht sogleich innerhalb der Bücher sucht und selbstgewählte Präparate daraus
zum Gegenstand der Forschung macht, sondern zuerst beachtet, was man vor sich hat: die Bücher selbst womöglich sogar im maßgeblichen Konnex mit anderen Büchern, wie der
Kanonteil Nebiim als solcher und dessen eigene literarische
Vorgeschichte zeigen. Nicht ein Prophetenausspruch, sondern
ein ganzes, mehr oder minder umfangreiches Buch steht also
vorrangig im Blick.

Bei näherer Betrachtung dieser Größe Prophetenbücher sieht
man: Diese Textaussagen als Bücher sind im Sinne ihrer Formation nicht nur in rekonstruierten, reduzierten ›echten‹ Originalworten, sondern als ganze von Anfang bis Ende Bücher
zu einer in der Überschrift genannten Prophetengestalt und
wollen so aufgenommen sein. Historische Nachfrage nicht sogleich beim diachron Supponierten, sondern einfach beim Gegebenen ergibt: Das ganze Jesajabuch etwa in all seinen 66
Kapiteln will Jesaja-Buch sein, und Entsprechendes gilt von
allen anderen Prophetenbüchern. Der Prophet ist für die Bücher eine Person in keineswegs verschleierter, geschichtlicher
Zeit; aber im Sinne der Bücher redet der Prophet nicht nur von
seiner Zeit, sondern überblickt dank göttlicher Kunde die Welt
viel weiter – im Falle von Jes von Schöpfung bis Neuschöpfung: Das Buch schaut nicht wie wir Exegeten. Noch einmal:
Nach dem Propheten und seinem Wirken als historische Gestalt im Sinne der heute an ihrem Ort notwendigen, neuzeit-
lich-historisch unterscheidenden Bestimmung fragt die alttestamentliche Überlieferung selbstredend noch nicht und will
den Späteren auch dafür nicht zur Hand gehen!

Auch die Absicht der Prophetenbücher ist ziemlich deutlich,
man muß sich nur Präsentation und Inhalt der Aussagen in diesen Büchern vor Augen halten: Prophetenbücher wollen alles
erfassen, was Gott von sich direkt oder indirekt durch diese

zeptionen von Jesaja 1–39 im Zwölfprophetenbuch. Untersuchungen zur
literarischen Verbindung von Prophetenbüchern in babylonischer und
persischer Zeit, OBO 154, 1997.

namengebende Gestalt kundgegeben hat in Worten, Taten, Vorgängen. Wir haben also als historische Größe eigener Art Bücher mit Gotteskunde vor uns, die zu einer bestimmten Zeit und womöglich doch auch mit einer jeweils das Gesamtbuch prägenden Absicht formiert wurden, um festzuhalten, was an solcher Kunde mit diesem Propheten verbunden ist.
Ein erheblich anderes Prophetenbild als das wissenschaftlich erfragte der historisch-authentischen Person scheint hier auf. Prophetenbücher sind ihrer eigenen Gestaltung nach somit keine Autorenbücher, wie wir sie kennen. Sie beschränken sich nicht auf Selbstaussagen eines Verfassers; sie unterscheiden eben nicht zwischen Originalworten des Propheten und später hinzugeschriebenen Anwendungen und Folgerungen; in ihrem Sinne gehört alles in diesem Buch zum Propheten, der dem Buch den Namen gibt[76].
Wir müssen unsere Elementarfragestellungen an diese Textgrößen also anders fassen und das Interesse herkömmlicher Nachfrage der Forschung vom tatsächlich Angetroffenen unterscheiden: Nicht die ursprünglich authentische Formulierung aus dem tatsächlichen Auftritt eines Propheten zu dessen Lebenszeit, die Bibelhistoriker bislang so sehr interessierte, ist seinerzeit das Ziel der Formulierung zur Weitergabe. Nein – der spätere, weitergeltende Jetztzustand dieses göttlichen Wirkens, und wie es zu ihm kam, durch Propheten zur ganzen Zeit der Tradierung – er ist es, der die produktiven Tradenten interessiert hat. Dieser in Formulierung gefaßte Jetztzustand hat im Sinne dieser Tradenten die göttliche Wirkungsmacht und auch noch den Effekt oder eher Nichteffekt des Wortes beim ursprünglichen Adressaten, Weigerung und Ablehnung, in sich. Verschriftung ist bei den Prophetenbüchern also nicht Dokumentation des Einmaligen, Originalen. Verschriftung ist hier vielmehr Festhalten und zugleich Veränderung, Bereitmachen der Botschaft samt ihrer Wirkung für die Weitergeltung und Weiterüberlieferung über die Initialsituation hinaus. Von den gegebenen Prophetenbüchern ausgehen, heißt also: von einer historischen Größe mit eben dieser – nicht neuzeitlich-historischen! – Sicht ausgehen!
Diese im Buch angetroffene, den Tradenten eigene Sicht betrifft somit nicht nur die hier übermittelten prophetischen Inhalte, sondern auch die Gestalt des Übermittlers. Die Traden-

---

76 S. dazu Steck, Prophetenbücher, 22–66.

ten der wachsenden Prophetenbücher haben je zu ihrer Zeit ein
Bild von den Propheten, nach dem sie die Bücher gestalten.
Von Prophetenbüchern ausgehen, heißt also zugleich: von dem
Prophetenbild ausgehen, wie es diese Bücher in sich und im
überlieferten Reihenzusammenhang mit anderen Büchern im
ganzen präsentieren.
Die Einsicht hat Folgen. Wenn der Prophet durch nicht weniger als das Gesamtbuch präsentiert wird, dann sollen auch Horizonte, Blickwinkel, Zeitfolgen, Themen des Gesamtbuches
als ganzes aufgenommen werden, wenn man sich auf ihn bezieht. Alle weiteren Nachfragen gar nach dem Propheten selbst
als rekonstruierte historische Gestalt werden außerhalb des
Gegebenen gestellt. Sie kommen, so wichtig und unausweichlich sie für unsere neuzeitlich-historische Klärung auch sind,
einfach erst später, wenn in diesem elementaren Zugang zum
historisch Gegebenen vorgängig Klarheit herrscht und die
Anteile am Gegebenen, die diese Gesamtsicht präsentieren,
erfaßt sind. Das Ganze ist es, das wir primär haben, es hat Vorrang. Erst auf dieser geschichtlichen Grundlage kann man, ja
muß man zu guter Letzt[77] auch zurück nach dem einzelnen
fragen, das früher womöglich nicht erst in einem literarischen,
sondern sogar schon in einem Lebenskontext des Propheten als
einzelnes existiert hat.
Das Prophetenbild in den Büchern selbst, das primär zur Debatte steht, erschließt sich als Bild eines göttlichen Amtsträ-
gers natürlich aus den Inhalten, die ihm aufgegeben sind; wir
kommen auf diese Inhalte in These 5 zu sprechen.
Es erschließt sich aber noch elementarer, wenn man zuerst jedes Buch insgesamt auf die Kommunikationszüge hin untersucht, die es zu Herkommen und Weitergabe seiner Aussageinhalte präsentiert[78]. Dann zeigt sich, daß die Prophetenbücher, kurz gesagt, Aufzeichnungen über Aufträge und Ausführungen darstellen, wie sie die hier in der literarischen Darstellung nicht selten sogar in biographischem Ablauf erfaßte Pro-

---

77 S. Steck, Prophetenbücher, 120–123 für eine neue Ortung dieser
ansonsten in der Forschung breit erörterten Frage.
78 S. dazu jetzt Steck, Prophetenbücher, 22–37; eine gezielte Untersuchung der Bücher in dieser Hinsicht einschließlich des Gebrauchs der
verwendeten Kommunikationsformeln steht noch aus; für das Amosbuch
wurde sie seinerzeit begonnen von K. Koch und Mitarbeiter, Amos. Untersucht mit den Methoden einer strukturalen Formgeschichte, AOAT 30,
1976.

phetengestalt als Bote des Königs Jahwe und dessen Vorhaben und Beschlüssen kennzeichnen. Entsprechend scheinen uns altorientalische Belege für Aufzeichnungen von empfangenen, ausgeführten, weitergeltenden, weitreichend betreffenden Botschaften von Königsboten – Aufzeichnungen nicht zu Archivierung und Ablage, sondern zur Informierung über den Herrscher und sein Tun in unterschiedlichen Räumen, Herausforderungen, Zeiten seines Herrschaftsbereichs – als wahrscheinlich nächstliegende formgeschichtliche Parallelen für die Gattung Prophetenbücher das zu sein, was vor allem zu suchen und zu untersuchen ist[79]; die hochüberfrachtete literaturwissenschaftliche Kategorie »Drama«[80] hingegen scheint für Prophetenbücher ungeeignet[81].

79 S. dazu erste Hinweise in O.H. Steck, Bereitete Heimkehr. Jesaja 35 als redaktionelle Brücke zwischen dem Ersten und dem Zweiten Jesaja, sbs 121, 1985, 94 Anm. 23; ders., Prophetenbücher, 50f Anm. 69, und s. weiter z.B. zwei Belege, die J.T. Greene, The Role of the Messenger and Message in the Ancient Near East. Oral und Written Communication in the Ancient Near East and in the Hebrew Scriptures: Communicators and Communiques in Context, BJSt 169, Atlanta 1989, bietet: Gemäß der Zylinderinschrift Sargons II. werden Schreiber als Boten ausgesandt, um in neu eroberten Gebieten Religion und Verehrung des Großkönigs zu lehren (15f) und gemäß einem ägyptischen Beleg aus der Zeit Tutmose III. stützt sich der Wesir für Recht, Anordnungen und wirksame Kommunikation auf reichsweit für ihn tätige Boten (28f). S. zu Botschaftsaufzeichnungen von Gesandten ferner RLA 3, 212–214. Die Befunde, die W. Holladay seinerzeit herausgestellt hat (Assyrian Statecraft and the Prophets of Israel, HThR 63, 1970, 29–51), haben mehr den Boten als eine schriftliche Botschaft im Auge; demgegenüber erscheint für die Prophetenbücher des Alten Testaments bezeichnend, daß deren Weitergeltung lesend aufzunehmen ist und eine Bindung des handelnden Autors »Gott« an über ihn Aufgezeichnetes voraussetzt und entsprechend das aktuell Gültige des handelnden Gottes sich durch Anwendung und Ableitung aus in den Büchern Aufgezeichnetem erschließt.
80 S. dazu jüngst mit großem theoretischen Aufwand H. Utzschneider, Michas Reise in die Zeit. Studien zum Drama als Genre der prophetischen Literatur des Alten Testaments, SBS 180, 1999.
81 S. zur Frage schon Steck, Prophetenbücher, 50f Anm. 69. In der noch offenen Frage nach der Gattung der Prophetenbücher muß begründete historische (!) Anschauung vor Anwendung literaturwissenschaftlicher Kategorien auf die Prophetenbücher des Alten Israel als Literaturwerk leitend sein. Heutige literaturwissenschaftliche Kategorien sind auf diese Bücher ja nur insoweit anwendbar und nur da aussagekräftig, wo in Interdependenz der historisch-kritischen Methoden die geschichtliche Angemessenheit der literaturwissenschaftlichen Fragestellungen für die alttestamentlichen Gegenstände als besondere kulturelle Größen reflek-

Es ist nicht nötig zu betonen, daß wir den Einstieg der Prophetenforschung bei den Prophetenbüchern, wie sie gegeben
sind, nicht aus zweifelhaften theologischen Optionen für Vorrang oder gar Alleingeltung des sogenannten Endtextes biblischer Bücher fordern, sondern einzig aus der historisch unausweichlichen Option für das, was beim Verstehen einer historischen Größe gegenüber allen aufgestauten Vorverständ-
nissen aus der Forschungsgeschichte primär geboten ist: zu
allererst auf das Gegebene als historische Größe zurückzugrei-
fen, wie es ist.

tiert und gesichert ist. Auch die gewiß nur zu berechtigte und noch kaum
geklärte Frage nach dem Genre der Prophetenbücher ist m.E. als eine
strikt historische Frage anzusehen und deshalb in der Nachfrage nach
historischen Genres des kulturellen Raumes des AT zu verfolgen. »Drama«, auch wenn man es noch so strukturell abstrakt definiert, drängt sich
da überhaupt nicht auf. Was aufgezeichnet ist, sind doch Botschaften von
Handlungen Gottes und der Menschen, die Propheten gemäß vorliegender Aufzeichnung in Büchern nunmehr schriftlich übermitteln. Daß die
Gestaltung ihre »Dramatik« hat, bezieht sich auf die Präsentation der
Botschaften und ihrer Handlungen, aber nicht auf eine besondere Gattung
und auch nicht auf das, was die Leserschaft der Prophetenbücher assoziieren soll. Was diese assoziieren soll, das liegt im Bereich der Aussage
selbst, heißt im Bereich unserer religionsgeschichtlichen, traditionsgeschichtlichen, theologiegeschichtlichen Nachfrage an das Formulierte,
die das damals selbstverständlich Assoziierte zum Vorschein bringt. Es
liegt aber nicht in irgendwelcher Dramatik unterstellter Szenen (von Utzschneider, 177ff unter dem Stichwort »Opsis« supponierte Schauplätze),
die eben allermeist mit Bedacht nicht (mehr) dastehen.

These 2: Die Nachfrage nach der vom Prophetenbuch
als Ganzes intendierten Lesung vor jeder Rückfrage
in die Vorgeschichte des Buches

Der Zugang zur großen Schriftprophetie des Alten Testaments
besteht zunächst darin, das Prophetenbuch wie aus seiner Zeit
gegeben zu lesen unter der Nachfrage, wie es selbst bei Er-
stellung seiner Letztgestaltung gelesen werden will. Erst auf
diesem Boden ist danach auch die begründete Rückfrage nach
der Vorgeschichte dieser Überlieferung bis hin zur Prophetengestalt selbst möglich.

*Am Anfang solch aktueller Prophetenforschung beim Gegebe-
nen steht rekonstruierend die historische Synchronlesung der
Bücher im einzelnen und ganzen unter Beachtung der buchin-
härenten Präsentationssignale und unter historischer Nachfrage nach deren Absicht, Entstehungsrahmen und Abzwek-
kung.*
*Zur Neuorientierung aktueller Prophetenforschung gehört,
solcher Lesung des Ganzen als Ganzem und der Sinnkonstitution der Einzelaussagen des Buches aus Bestand und Abfolge
des literarischen Gesamtzusammenhangs endlich vorrangig
ihr Recht zu lassen und zu sehen, wohin solche Lesung führt.*
*Beobachtungen bei der historischen Synchronlesung eröffnen
auf Grund des Textbefunds aber auch weitergehende Aufgaben. Sie nötigen einerseits zur Beachtung des größeren literarischen Zusammenhangs, in dem das Einzelbuch in seiner
Letztgestalt stand, und andererseits zu diachronen Rückfragen
nach literarischen Vorstufen. Die Neuorientierung aktueller
Prophetenforschung richtet sich in historisch-rekonstruieren-
der Nachfrage also auf die gegebenenfalls sogar mehrfachen
hebräischen Letztgestalten eines einzelnen Prophetenbuches,
auf die Abfolge solcher Prophetenbücher in einer überlieferten
und womöglich ihrerseits gewachsenen Bücherreihe, aber
dann auch zurück auf die rekonstruierbaren Vorstufen der
Endgestalt, als der Umfang der Bücher und der Bücherreihung
noch kürzer war.*

Die bislang weithin vernachlässigte Untersuchung der Prophetenbücher als Ganzheiten von einem veränderten Ausgangspunkt der Prophetenforschung aus bezeichnen wir ganz
bewußt als historische (!) Synchronlesung, was nichts anderes
heißt, als das Buch auf dem historischen Boden und im Sinn

seiner letzten Gestaltung als Ganzheit zu lesen[82]. Diese historische Synchronlesung geht der Frage nach einem damals womöglich beabsichtigten Sinnganzen des Prophetenbuches nach,
so, wie es literarisch gegeben ist als literarischer Zusammenhang in sich und im weiteren literarischen Zusammenhang etwa der Reihe Jesaja bis Maleachi oder noch weiter in der maßgeblichen, auf Tora bezogenen Bücherreihung Nebiim.

Diese Nachfrage ist nicht irgendeine beliebig von außen diri-
gierte Intertextualitätslesung, sondern im strengen Sinne historische Nachfrage nach einer überlieferten Größe Prophetenbuch. Sie richtet sich auf Sinnabsichten zur Zeit der Formation
des Buches samt dessen damaliger literarischer Kontexte und
nicht auf ein Abhören des Buches auf herangetragene Ein-
zelthemen oder auf gleichfalls herangetragene, scheinbar biblisch-theologische Vereinheitlichungen. Und diese Lesung ist
eine Synchronlesung, die sich nicht weniger als dem Gesamt-
bestand des Textes in seiner vorliegenden Akzentuierung und
nicht etwa nur isolierten Schlußschichten im Buch zuwendet.

Demgemäß lautet die Frage: Wie sollte zur Zeit der Endfor-
mation schließlich das Ganze rezipiert und verstanden werden?
Noch einmal: Gemeint ist also nicht eine literaturwissen-
schaftlich-zeitneutrale Gesamtlesung oder gar eine Einlesung
heutiger Leserschaft in das Ganze im Sinne einer *reader-
response-theory*[83], die ungezählte, aber allesamt gleich beliebige Möglichkeiten der Beugung des Textes unter den Leser
bereithält.

Gemeint ist vielmehr eine rekonstruktive Lesung des Ganzen,
rekonstruiert in der Zeit und unter den Erfahrungs- und Ge-
brauchskonstellationen, da ein Prophetenbuch diese uns überkommene Schlußgestaltung in einem bestimmten kulturellen
Rahmen und in einer bestimmten Abzweckung der Übermittlung von Prophetie durch Lektüre erhalten hat. Die Erwartung

---

82 S. dazu jetzt Steck, Prophetenbücher, 18–66.
83 S. dazu schon oben III 3b 1. Zu der Anwendung der Theorie auf das
Jesajabuch durch Katheryn Pfisterer Darr, Isaiah's Vision and the Family
of God, Louisville, 1994, s. Steck in der ajourierten USA-Ausgabe von
Prophetenbücher »The Theological Witness of the Prophetic Books«,
2000, 217 Anm. 23: Darr nimmt in ihrem Buch nicht Bezug auf die euro-
päische Forschungsgeschichte zu Jes und stellt sich den redaktionsgeschichtlichen Herausforderungen dieses Prophetenbuches nicht; statt dessen bietet die Untersuchung nur eine Anwendung der reader-response
theory mit fremden Fragestellungen an antike Texte und ist deshalb nicht
relevant für die historische Verstehensaufgabe, der wir nachgehen.

– oder soll man sagen die allzulange übergangene Unterstellung – bei dieser Nachfrage ist zu prüfen, ob in allem einzelnen nicht ein ganzheitliches, sachliches Ziel vorschwebt[84]. Zu prüfen ist also, ob also auf diesem Wege der Bildung einer literarischen Größe, die Überlieferung für Folgezeiten bereithalten will, mit Darbietung und Inhalt nicht eine bestimmte Absicht verfolgt werden soll. Die Absicht nämlich, das Handeln des sich hier in prophetischer Kunde verlautbarenden Gottes in seinem Sinngrund zu zeigen, wie er sich im geschichtlichen Gang der Zeit aus prophetischem Wissen enthüllt und durch ein Prophetenbuch präsentiert werden sollte. Das ist das erste.

Erst auf dem Boden des so historisch wahrgenommenen Prophetenbuches im ganzen geht es, wie Prophetenforschung seit langem weiß, in den meisten Fällen notwendigerweise zurück in die Vorgeschichte dieses Buches, zurück zu älteren, kürzeren Büchern, die im vorliegenden Buch schlummern, zurück bis zu den Anfängen des Ganzen.

Doch darf man zumal für die Anfänge des Ganzen die Erwartungen nicht zu hoch schrauben; wir kommen nicht mehr so weit wie man früher meinte. Den herumlaufenden, mündlich redenden, diese oder jene Menschengruppe direkt ansprechenden Propheten können wir nicht mehr unmittelbar antreffen. Die Sprachgestalt der Texte ist nämlich nirgends (mehr) die konkrete Verkündigungssituation, sondern eine Stufe weiter: nicht selten unter Einbezug der Wirkung und der daraufhin verfügten Folgen die Verdichtung, Konzentration, die Entsituationierung solcher Verkündigungen für die Weiterüberlieferung in die Folgezeit. Was wir im Kern der Überlieferung vorfinden, sind keine Tonbandprotokolle mündlicher Prophetenrede, sondern Aufzeichnungen für die Folgezeit, Extrakt, Effekt und Quintessenz mündlichen Wirkens für die Nachwelt.

Hermeneutik, aneignendes Verstehen von Texten für eine spätere Zeit ist in diesem Fortschreibungsprozeß des Prophetenbuches wirksam. Nicht historische Interessen nach den Lebzeiten des Propheten und seiner Tradenten wollen diese Bücher befriedigen, sondern von Gott wollen sie reden, wie er von diesem Zeugen wahrgenommen wurde und als solcher für die Nachwelt nach wie vor bedeutsam ist. D.h. vom Verlauf und von der konkreten Anschaulichkeit des Wirkens jener

---

84 S. dazu schon oben I 2.

Zeugen lassen die Texte weniger erkennen als man bisher
meinte, jede Prophetenbiographie im Sinne heutiger historischer Ansprüche ist unmöglich, eine narrative Verlebendigung
von der Art der Texte verwehrt; dafür aber ist das, worauf es
ankommt, das weiterhin Bleibende mit aller wünschenswerten
Konzentration in Überlieferung verdichtet.

Für Bestimmung und Unterscheidung solcher literarischen
Vorstufen sprechen wie auch sonst in der exegetischen Metho-
de »Literarkritik« allerdings nicht Differenzen und Brüche im
Sinne erst unserer neuzeitlichen Logik. Vielmehr sind im Blick
auf die Entstehungszeit der Texte für Unterscheidungen aus-
schlaggebend stilistisch-literarische und sachlich-theologische,
religions- und traditionsgeschichtlich klargestellte Differenzen
konzeptioneller Art. Entscheidend ist also eine gegenüber früher durchaus andersgeartete und jetzt in die Interdependenz
der exegetisch-historischen Methoden eingebundene, am literarischen Gesamtwerk in seiner Entstehungswelt orientierte
Literarkritik[85].

Daß solche Inkohärenzen, Differenzen und somit Stufen unterschiedlich sachprofilierten Werdens eines Prophetenbuches, ja
einer Prophetenbücherreihe gleichwohl im jetzigen gegebenen
Textbestand als höhere, in der Formulierung nicht egalisierte
Einheit zusammenbestehen können, ist für uns nicht *eo ipso*
naheliegend, historisch für die Größe Prophetenbuch in deren
intendierten Eigensinn aber gleichwohl erklärlich: Der Aspekt
der Gotteskunde von dem redenden, regierenden, reagierenden
Jahwe ist es für die Tradenten, unter dem die Prophetenbücher
als Verlautbarungen von überkommener Maßgeblichkeit aus
Willen und Handeln ein und derselben frei agierenden Person
kohärent sind.

---

85 S. zu dieser traditionsgeschichtlich-konzeptionell ausgerichteten
Literarkritik neben H.-J. Hermisson für Jes 40–55 (Einheit und Komplexität Deuterojesajas. Probleme der Redaktionsgeschichte von Jes 40–55,
in: J. Vermeylen [Hg.], The Book of Isaiah. Le livre d'Isaïe. Les oracles
et leurs relectures. Unité et complexité de l'ouvrage, BEThL 81, Leuven
1989, 287–312) Steck, zuletzt Prophetenbücher, 67–115, und ganz entsprechend zum Ezechielbuch programmatisch in seiner Dissertation von
1986 auch Krüger, Geschichtskonzepte im Ezechielbuch, 1989, und K.-F.
Pohlmann in seinen Untersuchungen zu Ez; s. vor allem den von ihm
verfaßten Abschnitt »Ezechiel oder das Buch von der Zukunft der Gola
und der Heimkehr der Diapora«, in: O. Kaiser, Grundriß der Einleitung
in die kanonischen und deuterokanonischen Schriften des Alten Testaments, Bd. 2: Die prophetischen Werke, 1994, 82–102.

Und Entsprechendes gilt von der Kohärenz der Gesamtaussage des Buches, ja schließlich der Bücherreihe am Ende des literarischen Werdens.

Gemäß dem Büchern dieser Qualität eigenen Bild von den Propheten als Übermittlern ist sie nicht durch Differenzen auf der Formulierungsebene oder auf der Ebene zeitenthobener Sätze in Frage gestellt, wie uns Späteren mit unseren Stimmigkeitsanforderungen an den Wortlaut scheint. Kohärenz des Buchganzen ist hier vielmehr als höhere Einheit gefaßt, die sich differenziert, weil sie verschiedenen, zeitreaktiven Redeakten Gottes entstammt, weil sie zu je eigenen Zeiten gilt, weil sie im Falle der Bücherreihe aus dem Mund unterschiedlicher Vermittler kommt, aber gleichwohl dem selben einen Gotteswillen entspringt.

Für die diachrone, literarkritische Frage alttestamentlicher Forschung ist demnach problemverschärfend zu bedenken, daß sich die intendierte Binnenkohärenz eines Prophetenbuches an nichts anderem als dem Gottes- und Prophetenbild und an Traditionen vom Gotteshandeln bemißt, wie sie zu Zeiten der Abfassung des Buches in Geltung waren. Sie bemißt sich somit nicht an der damals unbekannten, heutigem Wahrheitsbewußtsein aber unverzichtbaren Frage nach den historischen Maßstäben für die Rekonstruktion der Genese alttestamentlicher Prophetenbücher.

Trotzdem – diese Rückreise in die literarische Vorgeschichte der Prophetenbücher ist nicht in die freie Wahl gestellt.

Zu dieser Rückreise ins Werden der Bücher, zu dieser zunächst literarkritischen, später dann synthetisch-redaktionsgeschichtlichen Fragestellung ist man wissenschaftlich ganz einfach gezwungen wegen des historischen (!) Phänomens einer hochgradigen literarischen und sachlichen Komplexität der Bücher, die an Inkohärenz bei weitem über das hinausgeht, was man von damals ursprünglich konzipierenden Autoren auch des Alten Israel weiß. Solche Komplexität verweist auf durchaus produktive und das Überlieferungsgut aktiv weiterdenkende Redaktoren, die an bereits literarisch Vorgegebenem und Weitertradiertem arbeiten und bei ihrer Gestaltung eines neuen Ganzen unter Bewahrung des Gegebenen zwangsläufig Grenzen der Kohärenz bewirken. Insofern lassen sich auch für die Textproduktion damals durchaus »Autor«, der frei formuliert gestalten kann, so daß für ihn historisch ein hoher Grad von Kohärenz zu erwarten ist, und »Redaktor«, der integrierend an und mit literarisch Vorgegebenem arbeitet und *eo ipso*

an Grenzen kohärenter Darstellung stoßen muß[86], durchaus
unterscheiden.

Diese Rückreise in Vorstufen des Prophetenbuches ist angesichts des Gegebenen (!) demnach verstehensnotwendig und,
so fügen wir hinzu, theologisch alles andere als nebensächlich,
sondern gewichtig, weil sie zu Überlieferung als einem Vorgang, einem Vorgang von theologischer Eigenqualität führt!
Wir erinnern uns daran, was in Teil II und vor allem in Teil III
unserer Untersuchung dazu erarbeitet wurde. Diese Rückreise
antreten heißt – man kann es theologisch ruhig so massiv sagen – im Sinne der Eigenqualifizierung der Prophetenbücher
demnach nicht weniger als dem lebendigen Gott nachgehen,
wie ihn die produktive Prophetenüberlieferung im Fortgang
der Zeit wahrgenommen und weitergegeben hat. Wir sagen
damit nichts Neues. G. von Rad und W. Zimmerli haben es
längst programmatisch vorgewiesen: Von Rad sprach in Bd. II
seiner Theologie 1960 von einem »produktive(n) Traditionsprozeß« als »Zeichen der Lebendigkeit, mit der die alte Botschaft weitergegeben und neuen Situationen angepaßt wurde«,
und Zimmerli sah in seiner thematischen Nachfrage nach dem
»Phänomen der ›Fortschreibung‹ im Buche Ezechiel« 1980 in
der Zielformulierung eine Fragestellung, » ... hinter der sich
letztlich die Frage nach der Lebendigkeit Gottes für jedes
Heute verbirgt«. Zwei wegweisende Bemerkungen G. von
Rads von 1960 wieder aus Bd. II der Theologie seien dem angefügt: Die eine: »Ohne Zweifel muß es unsere Prophetenexegese noch mehr lernen, diese langsame Anreicherung der
prophetischen Überlieferung unter einem anderen Geschichts-
punkt zu betrachten als dem der ›Unechtheit‹ und einer uner-
freulichen Entstellung des Ursprünglichen.« Und die andere:
Das »Selbstverständnis des Propheten (ist) doch nur eine
Möglichkeit seines Verständnisses (). Durch den Bezug auf
spätere Generationen und ihre Situationen entstanden neue
Möglichkeiten des Verstehens ...«. Wir sind heute auf dem
Wege, dies einzulösen. Deshalb eine nächste These.

---

86 S. zur Frage im Blick auf Tritojesaja O.H. Steck, Autor und/oder
Redaktor in Jes 56–66, in: C.A. Evans (Hg.), Writing and Reading in the
Scroll of Isaiah. Studies of an Interpretive Tradition, VT.S 70, Leiden
u.a. 1997, 219–259. Die im Folgenden gegebenen Hinweise beziehen
sich auf G. von Rads Theologie des Alten Testaments, Bd. II, 1960, dort
51–61 (der Ausdruck selbst 58, die Zitate 58.61), und W. Zimmerlis unten Anm. 106 genannten Beitrag in der Festschrift Fohrer, Zitat 191.

These 3: Die Prophetenbücher als Traditionsvorgang

Prophetenbücher bilden angesichts ihres Binnenwachstums als solche in sich einen Traditionsvorgang.

Die Prophetenbücher und Prophetenbücherreihen, wie sie vorliegen, sind Schlußstadien literarischen Wachstums, die schließlich mit der Bildung des Kanonteils Nebiim willentlich für definitiv abgeschlossen erklärt wurden. Voraus geht ihnen eine mehr oder minder lange literarische Vorgeschichte. Was besagt diese im Prinzip unbestrittene Einsicht historischer Forschung?

Sie besagt, daß Prophetenbücher damit einen längerzeitigen Traditionsvorgang in sich schließen, in dem sich im Verlauf wachsender Weiterüberlieferung älter Überkommenes und neu Zugefügtes ungetrennt zu einer höheren Einheit bis hin zu der literarisch-sachlichen Einheit des jetzt erstellten Gesamtwerkes verbinden.

Von der Ebene historischer Synchronlesung wird man, wie in der vorangehenden These schon hervorgehoben, im Sinne der Aufforderung zu historischer Urteilsbildung unweigerlich zurückverwiesen auf Vorstufen der Prophetenschriften und Prophetenschriftenreihen. Historische Exegese rekonstruiert im Rückweg vom Gegebenen diesen Vorgang und gelangt über die häufig agglutinierend angebrachten Zufügungen von Entfaltung und Ergänzung des jeweils Überkommenen und über ältere Buchformationen schließlich zurück bis hin zu literarischen und vorliterarischen Gegebenheiten eines Grundbestands[87]. Daß am Anfang dieses Überlieferungsweges innerhalb des Buches dann in der Regel ein einzelner prophetischer Mensch mit seinen eigenprofilierten Auftritten, Worten, Taten und Schicksal steht, liegt nahe. Aber das kann man nicht einfach voraussetzen. Man kann es nur aus begründeten Rückschlüssen aus dem Überlieferungsweg des Buches zeigen, die den nötigen zweiten Schritt bilden und erarbeiten, was klar

---

87 S. dazu Steck, Prophetenbücher, 67–124. Zur Brechung ehedem mündlicher Überlieferung durch Verschriftlichung unter Einbezug der Wirkung und der Weitergeltung des Wortes s. Steck, Exegese, 84 Anm. 75; ders., Prophetenbücher, 139 Anm. 21 mit dem Hinweis auf bahnbrechende Einsichten von J. Jeremias zu Hosea und Amos; s. jüngst z.B. Barthel, Prophetenwort, zusammenfassend 455–466.

redaktionelle, buchfortschreibende Texte an vorredaktionellem Textgut voraussetzen, das erkennbar anderen Charakter als literarisch-kontextbezogene relecture-Texte hat.

Ist das so, dann umschließen Prophetenbücher in ihrem Werden, wie immer die Rekonstruktionsvorschläge aussehen, auf jeden Fall einen lebendigen Traditionsprozeß, der in der Endgestalt des Buches literarisch einen Abschluß erhalten hat; wir haben in II 5 oben schon eigens davon gesprochen. Vor Erreichen der Endgestalt wird älteres Prophetengut aus geschichtlicher und/oder theologischer Herausforderung angesichts späterer Erfahrungen, gewandelter Gotteseinsichten erweitert, bearbeitet, also fortgeführt weitergegeben[88]. Aber nicht nur das jeweils neu Zugewachsene will im Sinne dieses Erweiterungsvorgangs beachtet sein. Älteres Prophetengut bleibt im Buch, wird immer weiter Buch in wachsendem Umfang, gehört zu einem Ganzen, in dem Altes stehenbleibt und zusammen mit Neuem als literarische und sachliche Einheit gelesen werden soll. Redaktionelles Wachstum erfolgt also in den Büchern selbst, und dieses Wachstum ersetzt nicht Älteres, sondern ist Aneignung, ist ausdrückliches, hinzugeschriebenes Neuverständnis des Ganzen! Eigenart und Ausmaß redaktioneller, auf die überkommene Überlieferungsgröße im ganzen bezogener Maßnahmen können dabei durchaus unterschiedlich sein – strukturierende Maßnahmen nur in der Anordnung von Überlieferungsgut nach Gattungen, Stichworten, Zeit, Themen, aber auch massivere Gestaltungsmaßnahmen in der Durchgliederung und Vereinheitlichung des Ganzen und nicht zuletzt texterweiternde Maßnahmen in redaktionell produktiven Einschreibungen neuer Passagen in den Textlauf mit dem Zweck der sachlichen Profilierung von Ablauf und Inhalt des Gesamttextes und des Gottesweges im Zeitlauf, den er erschließt. Prophetenbücher als Bücher, aus denen nicht einfach Passendes oder Handliches herausgelöst und dann für sich bearbeitet

---

[88] S. dazu Steck, Prophetenbücher, 145–157. Nur mit großer Einschränkung und Näherbestimmung kann man also von der Überlieferung in den Prophetenbüchern sagen, was Hermisson (Theologie, 13) feststellt: »Was zu bewahren ist, entscheidet sich nach den wechselnden Maßstäben der Nachwelt und nach der Bedeutung, die sie dem erinnerten/überlieferten Geschehen im Zusammenhang mit anderem Geschehen beimißt.« Prophetenbücher reden von geplanten, kundgegebenen, ausgeführten, weiterhin geltenden Vorhaben Gottes, die als Jahwes Vorhaben unabhängig von den aktuellen Maßstäben der Nachwelt als solche maßgeblich sind und abwartend durch Überlieferung bereitgehalten werden!

werden soll, Prophetenbücher in der Endgestalt oder in Vorstufen als Bücher, die in historischer Nachfrage als Größen ihrer Zeit vor allem anderen zuerst als ganze aufgefaßt und in ihrer Gestaltung bedacht werden wollen, – das ist nicht weniger als ein Perspektivenwechsel in der Prophetenforschung. Und zwar ein Perspektivenwechsel nicht nur für die Frage der Entstehung der Prophetenbücher, sondern auch für das Auffinden der Weiträumigkeit und Zeitbeweglichkeit der Inhalte in dieser zu allererst im gegebenen Umfang belassenen Überlieferung.

Schritte in Richtung dieses Perspektivenwechsels wurden verschiedenenorts getan. Mir haben sie sich zuerst im Rahmen meiner Jesaja-Vorlesung im Winter-Semester 1968/69 durch Beobachtungen zu Jes 6–8 als gegebenem literarischem Zusammenhang (!) aufgedrängt[89]. Es waren damals zunächst drei grundlegende Beobachtungen: (1) Die Auftritte und mündlichen Worte des Propheten sind in der Überlieferung durch Verschriftung gebrochen; die Verschriftung berücksichtigt auch schon das Ergehen mit dem mündlichen Wirken; darum ist der Bericht Jes 7 – Jesaja und Ahas an der Walkerfeldstraße – so, wie er ist. (2) Es gibt Texte, die haben keine oder keine mehr aus dem Text isolierbare mündliche Vorstufe, sondern sind erst für einen literarischen Zusammenhang so formuliert, daß sie verschriftete Prophetenüberlieferung im literarischen Kontext von vornherein strukturieren und akzentuieren sollen: Solch ein Text ist Jes 6,1–11 in seiner konstitutiven Stellung vor Jes *7–8. (3) Es spielt, wie damals gesprächsweise auch Hermisson betont hatte, in der konkreten Gestaltung der schriftlich überlieferten Texte auch der literarische Kontext und Leseablauf Jes 6–8, in den sie gehören, eine wesentliche Rolle, wie wir an der überlegten Staffelung der Redegänge und Rahmentexte im Ablauf von Jes 6–8 vorgeführt haben.

Es war mir, das sei im Sinne der gewünschten Selbstvorstellung nicht verschwiegen, in den Folgejahren nicht möglich, diese Beobachtungen an literarischer Prophetenüberlieferung weiterzuverfolgen, da zunächst Forschungsarbeiten an Schöpfungstexten innerhalb und außerhalb des Alten Testaments bis hin zu dem 1978 erschienenen Buch »Welt und Umwelt« und eine Untersuchung zum Textbuch der Schoenberg-Oper »Mo-

---

89 Sie wurden ausgeführt in den Aufsätzen zu Jes 6–8 aus dieser Zeit, die zuerst 1972 und 1973 erschienen sind und wiederabgedruckt in dem Sammelband Steck, Wahrnehmungen Gottes, 149–170.171–186.187–203, stehen.

ses und Aron« zu leisten waren. Aber ich habe H. Barth, der
1970 zu mir als Assistent nach Hamburg kam, vorgeschlagen,
sich dem weiten Feld der Redaktionsgeschichte von Protoje-
saja zuzuwenden und für die Dissertation selbst dann einen
engeren redaktionsgeschichtlichen Problembereich herauszu-
greifen, der sowohl textanalytisch wie redaktionsgeschichtlich-
synthetisch im Blick auf die Überlieferungsgestalt, die sachlich-theologischen Intentionen, den historischen und theologiegeschichtlichen Standort der betreffenden Jesaja-Tradenten
untersucht werden soll[90]. Barth hat die neuen, an Jes 6–8 gewonnenen Beobachtungen aufgegriffen und angewandt und
wurde so zu einer ganz eigenständigen Entdeckung des Phänomens einer buchartigen, aus der Zeit Josias stammenden Assur-Redaktion in der Überlieferung von Jesaja gebracht, die er
mit glänzenden methodischen Weiterführungen und Demonstrationen im einzelnen herausgearbeitet hat.[91] So war schon
im Rahmen des Promotionsverfahrens u.a. das von Barth pro-
filierte Phänomen des Zieltextes (Jes 14,24-27) eines redaktionell erstellten Zusammenhanges im literarisch-redaktio-
nellen Ablauf hervorzuheben, das wie bei der Textfolge Jes 6–
8 eine intendierte Ablauflesung des redaktionellen Ganzen,
und zwar der redigierenden wie der redigierten Textanteile
gleichermaßen, in höherer Einheit der aufeinanderfolgenden
Aussagen voraussetzt. Ferner die Bestimmung einer produktiven Neuinterpretation und Redaktion der Jesajaüberlieferung
am Ende des 7. Jahrhunderts, für die Züge literarischer, theologischer, historischer Kohärenz ineinandergreifen. Weiter die
Interdependenz der methodischen Fragestellungen historischer
Exegese. Und schließlich die Fragestellung, ob Texte, statt
isolierte Einzelstücke zu sein, nicht als Einsatzstücke einer
Redaktion der überkommenen Jesajaüberlieferung in Frage
kommen, die sich in Thematik, Aussageinteresse, Zeitbezug,
Plazierung in gleichartiger Anordnung, als zusammengehörige,

---

90 Die Formulierungen hier wie im folgenden nehmen Charakterisierungen in meinem Gutachten vom 30.12.1973 zur Dissertation von
H. Barth auf.
91 Dissertation Hamburg Winter-Semester 1973/74: »Israel und das
Assyrerreich in den nichtjesajanischen Texten des Protojesajabuches.
Eine Untersuchung zur produktiven Neuinterpretation der Jesajaüberlieferung«. Ich habe H. Barth zu dem Titel »Die Jesajaworte in der Josia-
zeit« geraten; unter diesem ist sie mit dem Untertitel »Israel und Assur
als Thema einer produktiven Neuinterpretation der Jesajaüberlieferung«
1977 als WMANT 48 im Druck erschienen.

ihrerseits unselbständige, auf voranstehende Jesajaworte Bezug nehmende Texte darstellen und also einer einheitlichen Redaktionsschicht zugehören. Die von Barth entdeckte Assur-Redaktion wird in seiner Untersuchung nicht nur in den isolierten, neuformulierten Einzelbeiträgen gesehen, sondern in ihrer sachlich-theologischen Aussageabsicht in dem Jesajabuch dieser Fassung im ganzen. Sie wird von ihm in ihrer produktiven Neuinterpretation der weitergegebenen Jesajaüberlieferung in die neuen Perspektiven des Jahwehandelns in der Gegenwart verfolgt, und die Wahrung von Sachkontinuität der Tradition durch produktiv-neuinterpretierende Weitertradierung in Bezug auf neue Gegebenheiten (Bedeutung eines Textes über seinen ursprünglich-historischen Sinn hinaus!) wird klar hervorgehoben. Worauf gründet der Nachweis dieser Assur-Redaktion? Er gründet auf der Konvergenz von literarischen, redaktionsgeschichtlichen, historischen und sachlich-theologischen Indizien der Texte und erbringt das Ergebnis, daß die Redaktionsvorgänge der schriftprophetischen Überlieferung nicht das Werk bloßer, die Originalität des Propheten selbst zerstörender Sammler und Ergänzer sein müssen, sondern die produktive Gestaltung einer theologisch profilierten Konzeption anhand der Überlieferung darstellen.

Eine Wiederaufnahme der Beobachtungen zur Prophetenredaktionsgeschichte nun unter Beizug neuer Einsichten der Dissertation von Hermann Barth und der inzwischen erschienenen Redaktionsschichtenanalyse zu Jesaja von J. Vermeylen[92] konnte von mir erst Anfang der achtziger Jahre unternommen werden. Sie bestand zunächst in ausgedehnten Beobachtungsphasen historischer Synchronlesung des Jesajabuches und des Zwölfprophetenbuches im ganzen und mündete dann zunächst in der 1985 erschienenen Studie zu Jes 35.[93]

92 J. Vermeylen, Du prophète Isaïe à l'Apocalyptique, EtB, Bd. I, Paris 1977; Bd. II Paris, 1978. Bei V. steht noch die Kohärenz isolierter Eigenanteile von Redaktionsschichten im Vordergrund und darauf beziehen sich die Anfragen bei Barthel, Prophetenwort, 23f; für uns (s. Steck, Exegese, § 6) ist die dabei noch ausgeblendete höhere Einheit von redigierendem und (!) redigiertem Textgut als Ganzheit wichtig und damit das literarische Ganze als Sinnganzheit in Anlage und Ablauf und damit Redaktion als Rezeption!
93 Steck, Heimkehr. Zur selben Zeit legte, in Ansatz und besonders in Elementarbeobachtungen zu Jes 56–66 verwandt, R. Rendtorff seine Untersuchung »Zur Komposition des Buches Jesaja« (VT 34, 1984, 295–320) vor. Zu den unzureichenden Ausführungen von Claire R. Mathews

Diese Studie enthielt ausgeführte Beobachtungen und Nachweise zu dem u.E. reinen Redaktionstext Jes 35, seinen Kennzeichen, seiner Stellung in Jes, seiner Eigenart und seiner
theologischen Bedeutung in der Jesajabuchüberlieferung und
zu seiner konstitutiv-redaktionellen Funktion im Dienste einer
Buchformation. Wir haben diese Buchformation in Gegenwehr
gegen die klassische Dreiteilung des Jesajabuches durch Duhm
als »großjesajanisch« bezeichnet, weil sie in alle drei herkömmlich gesonderten Teile von Jes hineinreicht und ein entsprechend dimensioniertes Jesajabuch voraussetzt.
Von dieser in der Arbeit zu Jes 35 vorgeführten Einsicht aus
hatten sich während der Erarbeitung der Studie auch schon
Konsequenzen für eine redaktionsgeschichtliche Analyse von
Jes 56–66 ergeben, die in SBS 121 erstmals präsentiert als
Skizze bereits Eingang gefunden hatte und in den Folgejahren
dann in zahlreichen Einzelarbeiten genauer vorgeführt wurde[94]. Großflächige, buchredaktionelle Einschreibungen in Jes

zu Jes 34.35 (Defending Zion. Edom's Desolation and Jacob's Restorati-
on (Isaiah 34–35) in Context, BZAW 236, 1995) s. Becker, ThR 1999,
34; Steck in der ajourierten USA-Ausgabe von Prophetenbücher »The
Theological Witness of the Prophetic Books«, 2000, 220f Anm. 52; 223f
Anm. 77; zum deutschen Originaltext dieser beiden Ergänzungen s. hier
unten Anm. 101), dort Anm. 71 auch der Widerspruch zu den von
W.A.M. Beuken (Jesaja 33 als Spiegeltext im Jesajabuch, EThL 67,
1991, 5–35) vorsichtig (32, vgl. 27; s. dazu Bosshard-Nepustil, Rezeptionen, 184f Anm. 6; Barthel, Prophetenwort, 254 Anm. 30) genannten und
von H.G.M. Williamson (The Book Called Isaiah. Deutero-Isaiah's Role
in Composition and Redaction, Oxford 1994, 221–239) im einzelnen
ausgearbeiteten, vorgeblich Jes 35 vorangehenden, ursprünglichen Verbindungen von Jes 33 zu Jes 40ff; Becker (Jesaja, 269f; ders., ThR 1999,
34) und Berges (Buch Jesaja, 242–248) übernehmen diese Meinung ohne
redaktionsgeschichtliche Überprüfung. Wir bleiben dabei, daß solche
älteren literarischen Verbindungen zwischen Jes 33 und Jes 40ff in keiner
Weise gegeben sind; was Williamson dafür anführt, bleibt disparat und
ist bei näherem Zusehen als Argument nicht tragfähig.
94 Heimkehr, 68–80, sodann Einzeluntersuchungen aus den Jahren
1985–1987 einschließlich der programmatischen Studie auf dem Löwe-
ner Jesajakongreß von 1987, sämtlich gesammelt und weitergeführt in
dem Band O.H. Steck, Studien zu Tritojesaja, BZAW 203, 1991. Weiter-
arbeiten zu Tritojesaja finden sich in der Predigtmeditation zu Jes 62,6–
7.10–12, GPM 43, 1989, 414–420, und im Rahmen der Aufsätze: Zu Zef
3,9–10, BZ 34, 1990, 90–95, in den Beiträgen zu Deuterojesaja, die dann
in dem Aufsatzband: O.H. Steck, Gottesknecht und Zion. Gesammelte
Studien zu Deuterojesaja, FAT 4, 1992, vereinigt und weitergeführt sind,
im Rahmen des Aufsatzes: Zu Eigenart und Herkunft von Ps 102, ZAW

und Sach 9–Mal 3 sind mir dabei entgegengetreten. Im Hintergrund der Studie von 1985 stand, dort kurz angedeutet[95], auch bereits die Beobachtung, daß die konzeptionellen Veränderungen in den drei Schlußredaktionen von Jes ihre höchst auffallende Entsprechung in Sach 9–14 + Mal auf der Ebene von Schlußformationen des Zwölfprophetenbuches (XII) haben. E. Bosshard hat diese Beobachtung dann in einem Beitrag zum XII aufgegriffen[96] und in den größeren Zusammenhang eigener weiträumiger Beobachtungen zu Parallelitäten in anderen Bereichen zwischen Jes und XII gestellt. Selbst habe ich die Beobachtungen, die mir als parallele zu Jes in XII aufgefallen waren, neben den damals vorrangig veröffentlichten Tritojesaja- und Deuterojesaja-Untersuchungen zunächst nur in Aufsätzen zu anderen Fragen andeuten können[97], dann aber im Rahmen einer größeren Studie zum Prophetenkanon näher vorgeführt[98]; gemeinsame Nachforschungen unter uns speziell

102, 1990, 357–372, in der Studie: Der Abschluß der Prophetie im Alten Testament mit breiter ausgearbeiteten Korrelierungen von Jes mit XII und mit präzisierten Datierungen, in der Rezension des Tritojesajakommentars von W. Beuken in Bijdr. 52, 1991, 439–440, und danach in den Beiträgen: »...ein kleiner Knabe kann sie leiten«. Beobachtungen zum Tierfrieden in Jes 11,6–8 und 65,25, in: Festschrift H.-D. Preuß, 1992, 104–113; Gottesvolk und Gottesknecht in Jes 40–66, JBTh 7, 1992, 51–75; Der sich selbst aktualisierende »Jesaja« in Jes 56,9–59,21, in: Festschrift M. Metzger, OBO 123, 1993, 215–230; Der Gottesknecht als »Bund« und »Licht«, ZThK 90, 1993, 117–134, in der 1992 vorgetragenen Studie Prophetische Prophetenauslegung, die in Prophetenbücher, 127–204, wieder aufgenommen ist, in der Rezension der Tritojesaja-Dissertation von W. Lau, ThLZ 120, 1995, 782–786, in dem schon mehrfach genannten Buch Prophetenbücher, 1996, in dem Aufsatz: Der neue Himmel und die neue Erde. Beobachtungen zur Rezeption von Gen 1–3 in Jes 65,16b–25, in: Festschrift W.A.M. Beuken, BEThL 132, 1997, 349–365, in dem bereits genannten Beitrag: Autor und/oder Redaktor in Jes 56–66, und schließlich in dem Aufsatz »Bemerkungen zur Abschnittgliederung der ersten Jesajarolle von Qumran (1QIs^a) im Vergleich mit redaktionsgeschichtlichen Beobachtungen im Jesajabuch«, in: Festschrift für H. Stegemann, BZNW 97, 1999, 12–28.
95 Heimkehr, 79 Anm. 94.
96 E. Bosshard, Beobachtungen zum Zwölfprophetenbuch, BN 40, 1987, 30–62, dort 57-62.
97 S. die Anm. 94 genannten Aufsätze zu Zef 3 und Ps 102.
98 Der Abschluß der Prophetie.

zu Maleachi wurden gleichzeitig separat von meinen Mitarbeitern Kratz und Bosshard veröffentlicht.[99]
Eine über Bemerkungen in meinen Tritojesaja-Veröf-
fentlichungen hinausgehende, völlig neu gefaßte Methodisie-
rung redaktionsgeschichtlicher Arbeit überhaupt erfolgte in der
damals veröffentlichten Neuauflage des Methodenbuches[100]
und speziell für die Prophetenbücher in dem Beitrag »Autor
und/oder Redaktor in Jes 56–66«, in dem Ringvorlesungsbei-
trag für G. Ebeling »Prophetische Prophetenauslegung« und
vor allem in der Buchveröffentlichung »Die Prophetenbücher
und ihr theologisches Zeugnis«[101]. Historische Synchron-

99 E. Bosshard und R.G. Kratz, Maleachi im Zwölfprophetenbuch, BN
52, 1990, 27–46. S. zu den Arbeitsvorgängen damals Prophetenbücher,
129f Anm. 2.
100 O.H. Steck, Exegese des Alten Testaments. Leitfaden der Methodik, 12. überarbeitete und erweiterte Aufl. 1989, § 6.
101 Vgl. dazu die Angaben in Anm. 93.94. In der USA-Ausgabe des
Buches wurde in den Fußnoten 220f Anm. 23 und 223f Anm. 77 im
Blick auf eine aktuelle Auseinandersetzung zu Jes 35 und zur redaktionsgeschichtlichen Methodik folgendes hervorgehoben: ... mit erstaunlicher
Spiritualisierung der Heimkehrweg-Aussagen macht sich auch Berges,
Buch Jesaja, 249–263, die literarisch-historischen Fragen zu Jes 35 viel
zu leicht. Zu Jes 35 s. jetzt auch J.A. Kuan, The Autorship and Historical
Background of Isaiah 35, Jian Dao 6, 1996, 1–12, mit der leichtfertig
gewonnenen Zuweisung von Jes 35 an Jesaja selbst, ferner jüngst D.
Miscall, Isaiah 34–35, Sheffield 1993. Von der gegebenen Überlieferung
von Jes 35 her ist zu bedenken: Eine isolierte Betrachtung von Jes 34–35
richtet sich nicht auf einen eigenen Gegenstand, sondern nur auf ein Ex-
egetenpräparat. Schließlich: Daß statt Jes 35 vielmehr Jes 33 der erste
Brückentext zwischen I und II Jes sein soll (so nach Williamson jüngst
auch Berges, Buch Jesaja, 242–248), kann man nur bestreiten: Jes 33
führt weder stilistisch noch sachlich direkt zu Jes 40,1–2, in Jes 33 ist
Zion keine Person, im Unterschied zu Jes 40,1 unschuldig und bereits
wieder im Heil.
Im Blick auf redaktionsgeschichtliche Methodik und Befunde ist auch
auf kritische Anfragen von B.S. Childs (A Retrospective Reading of the
Old Testament Prophets, ZAW 108, 1996, 362–377) und Cl. Mathews (s.
oben Anm. 93) kurz einzugehen. Beide bieten in ihren Argumentationen
eine sehr unzureichende diachrone Methodik.
Childs (ZAW 1996, 368f) mißachtet auf der Basis einer falschen Wiedergabe von FAT 4, 47–59 die Bemühungen um sachgemäße, an Sprach-
beobachtungen, religions- und traditionsgeschichtlichen Untersuchungen,
theologischen Konzepten orientierte Literarkritik, wie wir sie vorschla-
gen und praktizieren, vernachlässigt mit dem Zauberwort »metaphorical«
die gegenüber verwandten Aussagen überaus auffallende Metaphernver-
wendung von der Frau Zion in Jes 49 und denunziert »conceptual cohe-

lesung der Schlußgestalten von Prophetenbüchern und Prophetenbücherreihen, aber auch von rekonstruierten literarischen Vorstufen der Bücher und Bücherreihen als Bestimmung
übermittelter Sinnganzheiten im Leseablauf und Gesamttext-
bestand des Buches ist dabei das nächste Ziel der Nachfrage,
ohne daß wir selbst diese Aufgabe etwa für Jes oder das
Zwölfprophetenbuch schon allseitig einlösen konnten; hier
müssen auch noch weitere Diskussionen abgewartet werden.
In all der Zeit, in der diese Beiträge in den Jahren 1982–1992
zur Veröffentlichung ausgearbeitet wurden, verdanke ich in-
tensive Teilnahme an meinen Versuchen, kritische weiterführende Beiträge, hilfreiche Diskussionen zur Klärung und nicht
zuletzt Zuarbeit in Einzelfragen meinen Mitarbeitern R.G.
Kratz, E. Bosshard-Nepustil, K. Schmid, P. Schwagmeier. Sie
sind inzwischen mit wichtigen eigenen Untersuchungen auf
demselben methodischen Wege hervorgetreten.[102] Eine ganz

rence« ohne Umschweife als »defined according to modern rational cate-
gories«. Ob die sehr einfachen Systematisierungen, denen Childs selbst
die Aussagenvielfalt des Alten Testaments zu unterwerfen pflegt, wohl
naher bei den Texten selbst sind?
Was sich zur Verhinderung genauer Textbeachtung und historischer
Nachfrage ergibt, wenn diachrone Indizien mit den Jokers »metapho-
risch« oder »poetisch« beseitigt werden, kann man in den Ausführungen
der schmalen Yale-Dissertation von Claire Mathews, Defending Zion (s.
weiterführend aber dies., A Apportioning Desolation: Contexts for Inter-
preting Edom's Fate and Function in Isaiah, SBL.SP 34, 1995, 250–266)
sehen, in denen 141–156 Qualifikationen wie »far too literal«, »poetic
images« versus »read literally«, »arguments ... overly-subtle«, »extre-
mely literal reading«, »overly subtle nature« historisch sorgfältig überlegte Argumente ersetzen müssen. Wir gehen als Grundlage diachroner
Nachfrage demgegenüber davon aus, daß ein historischer Text, von dem
wir nichts Näheres wissen – am allerwenigsten, wie eigentlich oder
übertragen er gemeint sei –, zuerst so genau und so wörtlich ernstgenommen werden muß, wie er dasteht. Daß man im übrigen von einer
Dissertation eine methodeninterdependente Argumentation erwarten
muß, sollte selbstverständlich sein.
102 R.G. Kratz, Kyros im Deuterojesaja-Buch. Redaktionsgeschichtliche Untersuchungen zu Entstehung und Theologie von Jes 40–55, FAT
1, 1991, dort besonders Teil C, speziell 218–229; Der Anfang des Zweiten Jesaja in Jes 40,1f und seine literarischen Horizonte, ZAW 105, 1993,
400–419; Der Anfang des Zweiten Jesaja in Jes 40,1f und das Jeremiabuch, ZAW 106, 1994, 243–261; Art. Redaktionsgeschichte/Re-
daktionskritik, TRE 28, 1997, 367–378; Die Redaktion der Prophetenbücher, in: ders., Th. Krüger (Hg.), Rezeption und Auslegung im Alten Testament und in seinem Umfeld. Ein Symposion aus Anlass des 60.

wesentliche Anregung für die Frage der Verkettung von Prophetenbüchern zu ihrerseits sinntragenden literarischen Reihen
gab seinerzeit mit seiner Magisterarbeit von 1987 »The Use of
Stichwörter as a Redactional Unification Technique in the
Book of the Twelve« und seiner nachfolgenden, von mir be-
treuten Dissertation zu XII (1991)[103] J. Nogalski und für die
Frage der Erstverschriftung und für Buchzusammenhänge
nicht zuletzt J. Jeremias mit seinen Beobachtungen zu den Anfängen der Prophetenüberlieferung anhand von Hosea und
Amos.[104]
Die ganze Fragestellung hatte ihren Anlauf in mehr und minder ausgeführten Hinweisen auf die sekundären Bestandteile in
den Prophetenbüchern schon seit langem[105] und in der
deutschsprachigen Forschung einen wichtigen Vorgänger natürlich in W. Zimmerli[106], auch wenn bei dessen bahnbrechen-
den Einsichten damals noch zu einfach redaktionelle Sekun-
därschichten innerhalb einzelner sogenannter »Redeeinheiten«
verbleiben und noch zuwenig neue redaktionelle Buchformationen im Blick sind. Zimmerli beschränkt sich zu seiner Zeit
wegweisend noch auf die Entdeckung und methodische Sicherung von Fortschreibungsvorgängen im Rahmen einzelner
Stellen des Buches.

Geburtstags von Odil Hannes Steck, OBO 153, 1997, 9–28; Bosshard-
Nepustil, Rezeptionen von Jesaja 1–39; Schmid, Buchgestalten; ders.,
Klassische und nachklassische Deutungen der alttestamentlichen Prophetie, ZNThG 3, 1996, 225–250; P. Schwagmeier, Untersuchungen zu
Textgeschichte und Entstehung des Ezechielbuches in masoretischer und
griechischer Überlieferung, theol. Dissertation Zürich 2001.
103 J. Nogalski, Literary Precursors to the Book of the Twelve, BZAW
217, 1993; Redactional Processes in the Book of the Twelve, BZAW
218, 1993.
104 S. die in Hosea und Amos. Studien zu den Anfängen des Dodeka-
propheton, FAT 13, 1996 gesammelten Arbeiten.
105 S. die Hinweise zur älteren Forschung bei Barth, Jesaja-Worte,
301–305, und Schmid, Buchgestalten, 376f Anm. 78.
106 Ezechiel, BK XIII/1.2, 1969 (²1979); Vom Prophetenwort zum
Prophetenbuch, ThLZ 104, 1979, 481–496; Das Phänomen der »Fortschreibung« im Buche Ezechiel, in: Festschrift G. Fohrer, BZAW 150,
1980, 174–191. S. zu Zimmerlis Einsichten und Wirkung in der Forschung am Werden des Ezechielbuches kritisch Krüger, Geschichtskonzepte, 287–297.

Aus der Folgezeit seien vor allem hervorgehoben die englischen Forscher P. Ackroyd und R. Clements, der Nordamerikaner G. Sheppard sowie der Belgier J. Vermeylen, im deutschen Sprachraum die in der Ezechielforschung entsprechend konsequent und neuartig klar von nichts anderem als dem gegebenen Prophetenbuch ausgehend über ältere literarische Überlieferungsvorstufen zum Propheten zurückschreitende, Literarkritik an Einzeltexten an die Gegenprobe von Konzepten und Redaktionsprofilen bindende, ganz eigenständig methodisch genau bedachte und darin noch viel zu wenig gewürdigte Dissertation von Th. Krüger (1986)[107] und danach die Ezechielarbeiten von K.-F. Pohlmann[108].
Auch Bemühungen um die exegetische Methodik in Sachen des besonderen Gegenstandes Prophetenbücher sind weiter im Gange; zusätzlich zu meinen Arbeiten sind, etwas später erschienen, insbesondere die Arbeiten von T. Collins und A. Laato mit ihren aktuellen Untersuchungen zum Gesamtthema[109] zu nennen. Hingegen ist nur mit Vorbehalt in diesem Zusammenhang auch die unlängst vorgelegte Untersuchung von D.E. Gowan zu nicht weniger als der »Theology of the Prophetic Books« zu erwähnen[110]. Eine sehr eigenständige Sicht einer Synchronlesung des Jesajabuches, die genauerer methodischer und exegetisch-historischer Überprüfung bedarf,

107 Geschichtskonzepte, besonders 287ff.294, vgl. schon 147–151. Vgl. auch die sich auf literarische (!) Befunde konzentrierende Dissertation von J. Garscha, Studien zum Ezechielbuch. Eine redaktionskritische Unterschung von Ez 1–39, EHS XXIII, 23, 1974.
108 S. dazu oben Anm. 85. Wichtig zur Frage der Prophetenbücher sind auch die Arbeiten von K.-F. Pohlmann, Studien zum Jeremiabuch, FRLANT 118, 1978 (zu Redaktionstexten); ders., Erwägungen zum Problem alttestamentlicher Prophetenexegese, in: Festschrift O. Kaiser zum 70. Geburtstag, 1994, 325–341 (zur Gattung Prophetenbuch). – Einen entsprechenden Zugang vom literarisch Gegebenen aus bieten die allerdings noch sehr elementaren Ausführungen von A. Rofé in seiner Abhandlung mit dem bezeichnenden Titel: Introduction to the Prophetic Literature (1992), BiSe 49, Sheffield 1997.
109 Vgl. zu diesen und anderen Arbeiten die Literaturhinweise in Steck, Prophetenbücher (Literaturverzeichnis 205–218).
110 D.E. Gowan, Theology of the Prophetic Books. The Death and Resurrection of Israel, Louisville 1998. Es handelt sich um eine flächigdeskriptive, historisch-exegetisch gelinde gesagt ungenaue Abhandlung jedes Prophetenbuches bzw. der einfach vorausgesetzten Unterteilungen wie im Falle Jes 40–55 und 56–66 und insofern um einen wenig befriedigenden Beitrag zu einem groß betitelten Thema.

hat jetzt, 1998, A. Laato unter dem Titel »About Zion I will not be silent«. The Book of Isaiah as Ideological Unity, vorgelegt.[111]
In den künftigen Bemühungen der Forschung wird es unseres Erachtens zunächst vor allem darauf ankommen, überzeugende methodische Kriterien und evidente Textbeobachtungen zur historischen Synchronlesung der Prophenbücher, der Prophetenbücherreihen und deren Vorstufen anzuwenden, am gegebenen Material zu präzisieren und plausibel vorzuführen.

111 CB.OT 44, Stockholm; s. zur Methodik Laatos Steck, Prophetenbücher, 86. Problematisch weil viel zu hochgreifend-voreilig bleibt hingegen die im Effekt kompilatorische Untersuchung von U. Berges, Das Buch Jesaja, HBS 16, 1998, über nicht weniger als »Komposition und Endgestalt«; s. dazu Steck in der ajourierten USA-Ausgabe von Prophetenbücher »The Theological Witness of the Prophetic Books«, 2000, 228 Anm. 127; die Zufügung lautet im deutschen Originalwortlaut: Die Habilitationsschrift von Berges »Das Buch Jesaja« macht nicht den begrüßenswerten Versuch, von einem näher untersuchten Textkomplex innerhalb (!) von Jes dann Konsequenzen für das Werden von Gesamtjesaja in Betracht zu ziehen; sie stellt sich vielmehr sogleich die derzeit noch unmögliche Aufgabe, nicht weniger als »Komposition und Endgestalt« des Buches Jesaja im ganzen zu bestimmen. Das Bild, das dabei durch Kompilation divergenter Teilbeiträge anderer Forscher erstellt und nur allzu oft ganz unzureichend begründet wird, greift einem erst noch zu erarbeitenden, konsensfähigen Wissenstand vor und kann nicht befriedigen. Auch zu den neuerlichen Auslassungen von K. Koch (Profetenbuchüberschriften, in: Festschrift W.H. Schmidt, 2000, 166–186, dort 181–186, besonders 182f) hinsichtlich der Bemühungen um Redaktionsgeschichte der Prophetenbücher bestehen bei Zustimmung im methodischen Anliegen unsererseits gravierende Differenzen darin, daß wir den von Koch immer noch propagierten Primat einer »strukturalen Formgeschichte« bestreiten, daß unseres Erachtens in redaktionsgeschichtlicher Arbeit literarische Indizien durch solche textinhärenter (!) Tendenzen in der Sachaussage ergänzt werden müssen, daß Redaktionsgeschichte beileibe nichts mit »Verbessern« des Überkommenen zu tun hat, und daß bezüglich der Vorlage höchste Kontextbewußtheit der hocherudierten Fortschreibungstradenten sich aus Leseablaufbezügen und Formulierung vielfach eindeutig ergibt – hier müßte gegen ungezählte, inzwischen vorgeführte Indizien aus alttestamentlichen und Qumrantexten statt schneller Behauptungen erst einmal der Gegenbeweis angetreten werden. Im übrigen möchte man sich wünschen, daß statt Polemik und Unterstellung sachliche Auseinandersetzung mit dem von der Gegenseite Vorgelegten erfolgt, sonst erstirbt das wissenschaftliche Gespräch.

These 4: Buchinterne Signale für die Prophetenbücher
als Sinnganzheit im Textablauf

Prophetenbücher geben selbst Hinweise, daß sie als ein sachliches Ganzes im Ablauf gelesen werden wollen!

*Was These 2 als Möglichkeit offenhielt, die vorrangig unter-
sucht werden muß, erweist sich bei Durchführung solcher
Untersuchungen von verschiedenen Seiten als nahegelegter
Sachverhalt: Prophetenbücher und ihre Vorstufen wollen auf
den meisten ihrer Enstehungsebenen wirklich als Buchganzheit in ihrem Ablauf gelesen werden. Das zeigen nicht nur
frühe Aneignungen wie die in Qumran belegten an, sondern
ebenso lange übersehene Indizien in den Büchern selbst.*
*Die Lesung des jeweiligen Ganzen als Ganzes ergibt solchen
Indizien zufolge kein wirres Konglomerat, keine nur lockere
Fügung einer Folge von Einzeltexten oder eine bloße Ansammlung aufgereihter Aussagen, die nur je für sich bedeu-
tend sind.*
*Diese Lesung ergibt: Auch die Prophetenbücher des Alten Te-
staments sind wie ein gutes Buch heute schon damals als Bücher geschaffen, die man im Zusammenhang und Ablauf aller
ihrer Aussagen in sachlicher Progression als Sinnganzheit lesen soll, in denen man beachten muß, was sich im Buch voraussetzt, was an welcher Stelle des Buches gesagt oder noch
nicht oder nicht mehr gesagt ist. Natürlich ist dabei unbestritten, daß mit der Zeit anwachsende Überlieferung wie die prophetische in solchem Lesevorgang höhere Anforderungen an
die Wahrnehmung von Kohärenz stellt als eine von Grund auf
neu abgefaßte Schrift.*

Die wesentlichen Einblicke in den hier angesprochenen Sachverhalt ergibt – unnötig zu sagen, aber meistens unterlassen –
eine historisch orientierte Lesung der Textaussagen des Buches in ihrem folgerichtigen Ablauf unter Bedenken auch der
Position, in der die jeweiligen Textaussagen auf dem Wissenshintergrund des jeweils bereits Gelesenen stehen. Schon an
kleinräumigen Textfeldern kann man dabei sehen, daß der literarische Aussageverlauf von Prophetenbüchern alles andere als
beliebig ist: Textpassagen sind hier keine bloßen Zusammen-
stellungen von Einzeltextstücken, die aneinandergereiht werden, aber nur je in sich Sinn spenden. Und was von kleinräumigen Textfeldern in den Prophetenbüchern gilt, gilt erst

recht von den Textabläufen der ganzen Bücher und Bücherfolgen. Was sind Indizien dafür?[112]
In den Prophetenbüchern gibt es Überschriften, die das Ganze oder doch Teile der Schrift umfassen und vorausprägen. In den Prophetenbüchern gibt es ferner deutlich stilistisch und sachlich markierte Teile und verbindende Übergänge, die weit mehr als nur einen Einzeltext strukturieren, die vielmehr auf den Textablauf im Gesamtbuch in der Endgestalt oder in seinen Vorstufen gerichtet sind und für ihn Lichter setzen. Und es gibt in diesen Büchern längere oder kürzere Abschnitte, die stilistisch und/oder thematisch als konzeptionell-sachlicher Zusammenhang im Textlauf präsentiert werden. Es gibt in diesen Büchern in Abschnitten, Teilen oder im Buchganzen außerdem Makroinklusionen, die aufeinander verweisend gestaltet sind und die Leserschaft zur Einsicht in größere oder kleinere Textbögen führen, die ihrerseits lesend, erkennend als Sachperspektive für das Gelesene durchlaufen werden sollen.
Und vor allem: Es gibt hier Textstücke besonderer Art, die man als »Buchtexte« qualifizieren kann.
Solche Texte sind in sich allein nicht wirklich verständlich, sie nehmen nämlich Formulierungen aus dem engeren oder weiteren Buchkontext auf[113], den sie voraussetzen, sie bieten Aussagen, die an ihrer Buchposition das fortlaufende Lesen auf die gesamte Textfolge hin orientieren. Es handelt sich also um von vornherein für das Buch gebildete, nur für die Einschreibung in einen literarischen Buchkontext bestimmte und also durch und durch buchbezogene Texte, die nie eine andere als eine redaktionelle Funktion als Aussage in einem Buchganzen oder dessen Teilen hatten. Es handelt sich demnach nicht um partielle, sondern um buchfunktionale Einschreibungen, die als überbrückende, voraus- bzw. zurückweisende, zielformulierende Leseanleitung für die Lektüre des größeren Textablaufs dienen. Sie sind gerade wegen der komplexen Leselinien des Buches, die hier aufgefangen werden, trotz gegenteiligen Anscheins auf ihrer Ebene als literarisch einheitlich zu beurteilen, wie freilich nicht einfach der Blick auf diese Texte selbst, wohl aber der Blick auf die Texte in dem literarischen Großzu-

---

112 S. dazu Steck, Prophetenbücher, besonders 36–66.
113 S. dazu auch methodisch eingehend Steck, zuletzt Prophetenbücher, 93–116, und zur Frage jüngst die methodisch freilich nicht ausreichend präzise Untersuchung von R.L. Schultz, The Search for Quotation. Verbal Parallels in the Prophets, JSOT.S 180, Sheffield 1999.

sammenhang zeigt, für den sie geschaffen wurden. Daß solche Buchtexte in sachlicher Hinsicht Lesefluchtlinien aus dem vorangehenden Lesekontext bündeln, ist durchaus nicht selten anzutreffen; solche Buchtexte orientieren die Weiterlektüre (Jes 35 etwa) oder bilden am Schluß Zielaussagen der Gesamtschrift.[114] Jes 56–66, Sach 9–14 und die Aussagen in Maleachi etwa sind, wie uns scheint, auf verschiedenen Entstehungsebenen immer schon solche Buchtexte gewesen, die die Buchlektüre leiten und in diesem Fall auch positionell zum Ziel führen sollen; sie wurden immer schon dafür und für nichts anderes geschaffen. Ja mehr noch – solche redaktionellen Formulierungen zugunsten der höheren Sacheinheit von literarischen Größen/Büchern finden sich in den Prophetenbüchern nicht nur im jeweiligen Einzelbuch und dessen älteren literarischen Vorstufen; sie sind auch zur Verbindung zwischen einzelnen Büchern, wie Forschungen von Nogalski, Jeremias, Bosshard-Nepustil, Kratz, Steck, Schmid ergaben, ja bis hin zur kanonischen Bücherreihung und deren Vorstufen (Mal 3 / Jos 1 für Nebiim) erstellt worden.[115]
Für Beispiele und Demonstrationen an Texten ist jetzt natürlich keine Gelegenheit.
Doch seien einige Befunde, die sich schon auf den ersten Blick einstellen und unbeschadet einer Vorgeschichte der Buchgestaltung bis in die Schlußgestalt der Textfolge eine offensichtlich gewollte sinntragende Anlage wahren, als Hinweise genannt.
Das Jesajabuch in der vorliegenden Gestalt läßt solch einen überlegten Sachablauf der Aussagen unschwer erkennen[116] etwa in der Textfolge Jes 13–27 Völkergericht bis Weltgericht, in der Gestaltung der drei Großabschnitte Jes 1–39.40–55.56–66, denen bei allerdings gewichtiger Übergangsfunktion von Jes 36–39 – eine paradigmatische Befreiung von Feinden und Rettung Jerusalems, und ›Jesaja‹ ist im Sinne des Buches der einzige der Propheten, der derartiges selbst erlebt hat! – ihre je eigenen Sachschwerpunkte belassen sind[117], oder, nicht min-

114 S. dazu jetzt Prophetenbücher, besonders 87–116.
115 S. dazu die Literaturhinweise besonders Anm. 93.94.96.99–103.
116 S. dazu schon Steck, Prophetenbücher, 36–44.52–54.61–63.
117 Die Textblöcke sind deutlich unter folgenden Sachschwerpunkten unterschieden gehalten:
(1) Wiedergabe des *zeitgeschichtlichen Hintergrunds* der Aussagen: Jes 1–39 8. Jhdt., Assyrerbedrohung, dominierende Feindkonstellation: mit

der deutlich erkennbar, in der Folgerichtigkeit der Sicht im
selben Buch vom Jesajastandort des 8. Jhdt.s aus voraus in die
gegenwärtige Zeit Assurs (1–12), Babels (13–27), in die Zeit
Assurs und Babels (28–35.36–39), in die Zeit Babels und der
Perser (40–55) bis zur definitiven Heilsvollendung am Ende
aller Völkermacht (56–66).
Entsprechend beeindruckt im Jeremiabuch schon in einer ersten Hinsicht auf das Ganze in der MT-Gestaltung eine anscheinend überlegt beibehaltene bzw. gestaltete Abfolge von
Themen in Jer 2–20, wo fortlaufend kumuliert wird, was Israel
an Lebensgrundlegendem im Jahwegericht entzogen werden
wird. Darauf folgt in Jer 21 der ausdrücklich genannte Nebu-
kadnezar, im Kontrast zu judäischem Königtum und Heilspro-
pheten (21,11–23,40) eingeführt, und dann folgt mit Jer 24 die
Kehre mit der Zweiteilung des Volkes, von der doppelsträngig
im Blick auf die Zurückgebliebenen (25–28.34–39.40–45) und
deren Schicksal und im Blick auf die erste Gola und deren
Heilsaussichten (29.30–33) die Rede ist[118]. Auch Ez 1–24
scheint im vorliegenden Textlauf in überlegter Abfolge Zug

Ägypten gegen Assur; Jes 40–55 6. Jhdt., Zerstörung Jerusalems vorausgesetzt, Babylonier als Feinde (Jes 46–48), Perser Kyros (vgl. parallel
wie in Jes ist auch in Dan 10–12, obwohl der Blick hier wie dort weit
darüber hinausgeht, Kyros der letzte namentlich genannte Herrscher,
unter dem Offenbarungen erfolgen) genannt; Jes 56–66 in gleitendem
Übergang exilisch-nachexilische Zeit, Tempel im Bau oder wieder ge-
baut, nach dem Hinblick auf Perser und den Fall Babylons (Jes 47) nun
in ambivalenter Rolle die Völkerwelt als Spiegelung der weltpolitischen
Erfahrungswelt bis in die hellenistische Zeit), Zustände im nachexilischen Palästina.
(2) *Sprache und Gedankenwelt*: Jes 1–39 ist Jesaja direkt als Person vorgeführt, Anklage- und Drohaussagen, Gerichtsaussagen dominieren,
Heilsaussagen zusammen mit Gerichtsaussagen in Abfolge; Jes 40–55 ist
Jesaja nicht mehr ausdrücklich erwähnt, keine Anklagen, sondern Heilsaussagen und damit andere Textsorten und Sprache, Gericht bereits erfolgt, keine Gerichtsaussagen, unbedingtes Heil; Jes 56–66 ist Jesaja
weiterhin nicht mehr ausdrücklich erwähnt, aber jetzt wieder Anklage,
Umkehrmahnung (im Anschluß an Jes 55) entscheidend für Heil oder
Gericht, Gericht noch andauernd, Verzögerung der Heilsvollendung
durch Schuld, Spaltung im Gottesvolk in Fromme und Gerichtsverfalle-
ne.
(3) *Literarische Struktur* der Blöcke: Jes 1–39 auch sonst belegter Auf-
bau von Prophetenbüchern, Jes 40–55 inklusive Anlage Jes 40/55, Jes
56–66 Ringkomposition.
118 S. dazu weiter im einzelnen Schmid, Buchgestalten, Teil C.

um Zug den Zusammenbruch der tragenden Ausstattungen des Gottesvolkes im Gericht vorführen zu wollen.

In letzter Zeit sind viele Studien vorgelegt worden, die den Vorgang redaktionell überlegter Buchpräsentation in den Schriften entdecken helfen. Sie zeigen auch, daß hinter der Endgestalt mit entsprechend methodischen Mitteln der Beachtung von literarischen und sachlichen Kohärenz- bzw. Inkohärenzaspekten mit älteren literarischen Vorstufen gerechnet werden muß und ein Rekonstruktionsversuch durchaus erfolgreich und plausibel sein kann; wir denken, daß redaktionsgeschichtliche Arbeiten zu Jes 40–66, zu Jer, zum Zwölfprophetenbuch aus der letzten Zeit das eindeutig zeigen; sich überlagernde Redaktionsprofile oder, wie an Jes zu demonstrieren, anscheinend mehrfache Buchschlüsse, deren letzter einen Ausgleich zwischen früheren Zielbestimmungen zumal in der Völkerfrage herstellt (vgl. Jes 60–62,7; Jes 62, 10–12; Jes 63,1–6; Jes 63,7–64,11; Jes 65f) können beredte Hinweise in diese Richtung sein.

Für eine allgemeine Akzeptanz solcher Befunde ist es im Moment aber anscheinend noch zu früh, die Beobachtungen sind im Fluß, und die Forschung braucht Zeit; aber unausweichliche Beobachtungen, die Wege in diese Richtung weisen, gibt es genug.

Sie zeigen an sachlicher, metahistorischer Textanordnung, an Wiederaufnahmen aus dem vorangehenden, zuvor gelesenen Buchkontext, an Zieltexten einer literarischen Aussagenfolge nicht lediglich zufällig gewordene und folglich nicht weiter sinntragende Textabläufe. Sie zeigen vielmehr die Errichtung sachgeleiteter Leseabläufe als Ausdruck der Kundgabe und der Handlungen Gottes im geschichtlich folgerichtig dargebotenen, da und dort auch geschichtlich typisiert-paradigmatisch gesehenen Zeitlauf in einer Deutlichkeit, der nicht länger ausgewichen werden kann. Wir meinen, die in Zürich und anderswo entstandenen redaktionsgeschichtlichen Untersuchungen der letzten Zeit und vor allem für die Anfänge der Überlieferung die Einsichten von J. Jeremias zu Hos bis Am hätten dies unabweisbar an den Tag gebracht.

Aus dem Befund ganzheitlicher Sinngestaltung in Prophetenbüchern folgt, daß man die Stellung der Aussagen im Ganzen genau beachten muß und nur im folgerichtig fortschreitenden Lesen des Gesamtbuches die Kunde erfahren kann, die diese Bücher von Gott in der Autorität dieses Propheten übermitteln wollen.

Was verändert sich gegenüber der üblichen Perikopenexegese
von herausgelösten Einzeltexten, gar den womöglich echten
aus (!) den Prophetenbüchern, wenn man die Einzelaussagen
für die historische Nachfrage nach ihrem Sinn in ihrem angetroffenen literarischen Zusammenhang oder dessen Vorstufen
beläßt und die Prophetenbücher zuerst nimmt als das, was sie
sind – literarische Großgebilde von Büchern mit Vorstufen, die
erst an ihrem Anfang auch Logien, Aussprüche aus der Lebenszeit eines Propheten zum Ausgangspunkt des Werdens
haben?

Mit der zwangsläufigen Gewichtsverlagerung vom originalen
Überlieferungskern zum längerzeitigen Überlieferungsvorgang
und vom Originalpropheten zu den Tradenten ändert sich für
das Verständnis der Textaussagen vor allem Folgendes:

(1) Der literarische Kontext von Aussagen wird beachtet und
nicht sogleich weggeschnitten,

(2) der Sinn des Einzeltextes wird nicht nur aus nebenli-
terarischen Intentionen und Voraussetzungen im Text (Sprache, Formgeschichte, Traditionsgeschichte, Zeit) bestimmt,
sondern wesentlich auch aus dem angetroffenen Lesekontext –
bei Buchtexten ausschließlich so, bei älteren Einzeltexten auf
den literarischen Überlieferungsstufen, insofern sie Buchbe-
zugnahmen im Lesekontext aufweisen. Stellung und Sinn eines Textes im Lesegefüge eines literarischen Prophetenbuches
werden beachtet, sei es die Endgestalt oder Vorstufen,

(3) Texte, die nur für die Funktion im Buchzusammenhang
geschaffen sind und das Ganze sachlich strukturieren, kommen
so ans Licht und erhalten Gewicht als funktional lese- und er-
kenntnisfördernde Texte für den Gesamttext.

(4) Und nicht zuletzt die literarischen Veränderungen: Der
Sinnwille der Texte erhält in deren literarisch-redaktionellem
Gesamtrahmen Weite, Sachzusammenhang und Gefälle, die
die Einzelaussagen in der Regel so nicht in sich haben; die
nächste These wird dies näher ausführen. Anders gesagt: Die
Gotteswahrnehmung erhält durch Belassung der Kontexte
sachlich und zeitlich Dimensionen, die erst in der literarischen
Größe der Bücher als Ganzheit zum Vorschein kommen – wir
erinnern uns an das oben in I 2 schon einmal Hervorgehobene.

Das bedeutet: Nicht wenige Prophetentexte sind exegetisch
bisher falsch verstanden worden, weil sie als Einzeltexte des
Propheten oder eines Ergänzers statt als Buchtexte für eine
Prophetenschrift gesehen wurden, und Prophetentexte, die bereits auf Einzelüberlieferungen zurückgehen, sind exegetisch

dann bisher unzureichend verstanden worden, wenn sie nur als Einzeltexte und nicht auch in den späteren Sinndimensionen ihrer Buchkontexte verstanden wurden.
Wir ziehen aus alledem die Folgerung, daß Prophetenbücher aus Gründen des historischen Befundes im Dienste der präsentierten Gesamtbotschaft zuerst so untersucht werden müssen, wie sie sich im zeitlichen Rahmen ihrer Formation selbst präsentieren – als Bücher, die mit ihrem gesamten Aussagebestand in ihrem Ablauf gelesen und aufgenommen werden wollen[119], wie nicht zuletzt etwa an kontextuell späterer Stelle

119 Für die Formation der Prophetenbücher wird das besonders von jüdischer Forschung gelegentlich bestritten, s. etwa B.D. Sommer, Allusions and Illusions: The Unity of the Book of Isaiah in Light of Deutero-Isaiah's Use of Prophetic Tradition, in: R.F. Melugin, M.A. Sweeney (eds.), New Visions of Isaiah, JSOT.S 214, 1996, 156–186; ders., The Scroll of Isaiah as Jewish Scripture, Or, Why Jews Don't Read Books, SBL.SP 35, 1996, 225–242; ders., A Prophet reads Scripture. Allusion in Isaiah 40–66, Stanford 1998; anders hingegen die eindrucksvollen Beobachtungen von I. Rabinowitz, A Witness Forever. Ancient Israel's Perception of Literature and the Resultant Hebrew Bible, 1993, und jüngst von A. Rofé (s. oben Anm. 108); zu den unzureichenden Ausführungen von Sommer s. Steck in der ajourierten USA-Ausgabe von Prophetenbücher »The Theological Witness of the Prophetic Books«, 2000, 227 Anm. 122; die Zufügung lautet im deutschen Originaltext: »die historisch-exegetisch ganz unzureichenden Untersuchungen von Sommer bedürfen eingehender methodischer Kritik. Daß im Wachstum der Prophetenbücher fortlaufende Buchlesung des gesamten Textablaufs intendiert sein kann, zeigen Makrostrukturierungen des Textablaufs, Querbezüge und Wiederaufnahmen im Buch selbst und später der Qumran-Befund in 1QIsᵃ (vgl. Steck, Jesajarolle), in den interpretativen Textpräsentationen biblischer Texte, in Pescharim und sachlich gerafft etwa in 4QTanch.« Wir weisen über diese Bemerkungen hinaus in der vorliegenden Veröffentlichung mit Nachdruck daraufhin (gegen Sommer, Prophet, 296f), daß die redaktionsgeschichtlichen Binnenbezugnahmen, mit denen wir in unseren Untersuchungen rechnen, mitnichten einfach aus Konkordanzbefund, sondern vielmehr aus ermittelten textgenetischen Beziehungen im literarisch-sachlichen Leseablauf einer Prophetenschrift gewonnen sind; s. dazu methodisch Prophetenbücher, 104–107, besonders 106f zur Folgerung unterschiedlicher Einwirkung von Vorlagetexten, wenn die Einwirkung als solche eindeutig ist! Nicht minder problematisch sind die historischen Bedenken gegen Strukturierung und Kohärenz antiker Bücher bei J. Barton, What is a Book? Modern Exegesis and Literary Convention of Ancient Israel, in: J.C. de Moor (Hg.), Intertextuality in Ugarit and Israel, OTS 40, 1998, 1–14. Zu Sicht und Vorgehensweise von M. Fishbane s. L. Eslinger, Inner-biblical exegesis and innerbiblical allusion: the question of category, VT 42, 1992, 47–58.

Aufgriffe von Aussagen an literarisch früherer Position zeigen. Solche Konstellationen setzen den literarischen Leseablauf voraus und führen in ihm vor, wie Jahwe sein Handeln zum Gericht in sein Handeln zur Wendung ins Heil überschreiten will und wird. Den Büchern als Büchern und ihren Vorstufen muß man bis zum Erweis des Gegenteils fortan eine eigene Gesamtaussage zugestehen. Arbeiten im begrenzten Textrahmen wie Literarkritik an Einzeltexten, exegetische Sinnbestimmungen von Einzelaussagen sind demnach nur noch mit Rücksicht auf eine literarkritisch-redaktionsgeschichtlich methodeninterdependente Untersuchung des Gesamtwerkes möglich[120].

---

120 S. dazu Steck, Prophetenbücher, 67–86, und entsprechend Krüger, Geschichtskonzepte, z.B. 151.213.292; Pohlmann in: Kaiser, Grundriß, 82ff, besonders 94.96.

These 5: Gesamtzeit umfassende Gotteskunde
als Inhalt der Prophetenbücher

Der Inhalt der Prophetenbücher ist von universaler Reichweite.

Was zeigt sich als Inhalt, als Gehalt von Botschaft und Kunde
der Prophetenbücher, wenn man sie in Wachsen und Werden
als sinntragende Ganzheiten sieht?
Der Inhalt der Prophetenbücher als ganzer ist natürlich in je-
der Hinsicht viel weiträumiger als der Inhalt von diesem oder
jenem prophetischen Einzelwort, wie es sich schließlich da und
dort rekonstruieren läßt.
Der Inhalt des Einzelworts ist in der Regel jeweils nur ein
Aspekt von Kritik, Verurteilung, Mahnung, Tröstung, hoff-
nungsvoller Aussicht aus Gottes- und/oder Prophetenmund
und als solcher ursprünglich auf je aktuelle Situationen bezo-
gen.
Der Inhalt, die Botschaft der Bücher und ihrer Buchvorstufen
hingegen ist ein weiträumiges Wissen von Gott, das der Buch-
textablauf als Kundgabe an den Propheten in Einzelvorgängen
nach und nach zeigt: Es ist im literarisch schließlich erreich-
ten Endeffekt, die Einzelaussagen des Buches umschließend,
nicht weniger als der damit de facto kundgegebene, sich dem
Lesen herausstellende Plan, der Weg Gottes, den er mit Israel
und den Völkern über Hindernisse, Widerstände, Negationen
und Verzögerungen im Zeitrahmen von der Schöpfung an und
insonderheit von der Assyrer- bis zur Perser- (Jes 40–55, Hag,
Sach 1–8), ja hellenistischen Zeit (Sach 9.10) vorhat, den er
gegangen ist, geht und bis zu einer künftigen Vollendung ge-
hen wird.

Sind Textabläufe in den Prophetenbüchern, sind gar die Textabläufe der ganzen Bücher, ja Bücherfolgen und ihrer Vorstufen in ihrer wachsenden Überlieferung bis zur Endgestalt als
sinnspendender Leseablauf geschaffen, dann bedeutet dies:
Nur dem fortlaufenden Lesen und Behalten des Gelesenen im
ganzen wird in solcher ganzheitlichen Präsentation ein bestimmter Inhalt übermittelt.
Wovon handelt dieser Leseablauf?[121] Man kann sich das elementar Gegebene nicht deutlich genug vor Augen halten – er

---

121 S. dazu Steck, Prophetenbücher, besonders 22–66.145–177.

entspricht dem, was oben in III zur Eigenart biblischer Tradition überhaupt schon näher ausgeführt wurde. Auch der prophetische Leseablauf handelt also nicht von dem, was sich aus
Abstrahierung für Gott immer ergäbe, nicht von abstrahierten
Lehraussagen und Systemen.

Der Leseablauf in der jeweiligen Ganzheit der Textaussagen,
wie sie in den Prophetenbüchern gegeben ist (und in den Ge-
schichtsbüchern und im Neuen Testament ist es im Grunde
nicht anders), handelt mittels der überlieferten Aussagen des
Buches vielmehr von den Begegnungen mit Gott als einer Person, die redet, die handelt, die in personaler Beziehung zur
Welt, zu Israel in langzeitigem Wirken steht und sich in diesem Wirken an Boten und Übermittler und in den Büchern
unter deren Namen kundgegeben hat und in ihrem Wollen auf
diese Weise weiterhin bekannt hält. Aus dem lesenden Nachgehen dieses übermittelten Begegnungsweges kann man wissen und erschließen, was man unbedingt wissen muß, nämlich,
was diese Person in ihrem Handeln bezeichnet und wie sich
diese Person auch weiterhin präsent zeigt und verhält – nicht
zuletzt jetzt an dem zeitlichen Standort, da das Prophetenbuch
gelesen wird.

Mit den geschichtlichen Erfahrungen des Gottesvolkes zusammengesehen erschließt diese Gotteskunde der Prophetenbücher, so ist die Meinung, in hintergründig sinngeschichtlich-
metahistorischer Hinsicht[122], wie es wirklich war, warum es
jetzt immer noch so ist oder nicht mehr und wie es sicher werden wird als Tun des sich zuwendenden Sinnsubjekts Gott. Die
Aufzeichnung eines Bekundungsgeschehens, auf dem sich diese Person im Sinne der Maßgeblichkeit dieser Überlieferung
schließlich ein für allemal grundlegend kundmacht, ist es also,
die diese Person in ihrer Eigenart und in ihrem Vorhaben und
Handeln zu erkennen gibt.

Assoziation und Vorstellungsrahmen für diese Art Präsentation einer solchen Person ist doch am ehesten der König mit
seinen Handlungsfolgen im Verlauf von Zeit und mit seinen
Boten, die ihn in der Weitergabe von Aufzeichnungen dessen
vergegenwärtigen; in These 1 war davon schon die Rede. Man
wird in der Forschung künftig sehr gezielt nach damals gegebenen Vorstellungsmustern suchen müssen und können, die
hier im Hintergrund stehen. Also nach Vorstellungen des per-

---

122 Zum Begriff der Sinngeschichte s. unten These 6.

sonalen Handlungszentrums im universalen Königsgott mit
seinem Berater- und Botengremium, nach Gesandten in diesem Rahmen, denen entsprechend Propheten dort direkt Klage
und Fürbitte vorbringen können und vor allem natürlich über
Beschlüsse des Königsgottes informiert und in diesem Rahmen
im Dienst der Ausführung beauftragt werden. Man wird in
Parallelbelegen auf die zeitliche Erstreckung solcher Königs-
beschlüsse achten müssen (direkt jetzt, weitreichend von früher her oder weiter voraus, Anwendung/Ausführung früherer
Beschlüsse) und ebenso auf deren sachliche Reichweite in den
dem Königsgott zugeordneten Bereichen (Zeitganzes seiner
Regierungszeit, Weltganzes und Völkerpolitik unter seiner
Herrschaft, eigenes Staatsvolk, Hauptstadt und Tempelstädte,
Menschengruppen und einzelne) und schließlich auf die Qualität solcher Beschlüsse (Beurteilung von Verhalten, Beurteilung und Folgen von Vorgängen, Auslösung sinnentsprechen-
der Handlungen, Weiterverfolgen der Beschlußwirkung usw.).
Diese wesentliche, alles prägende Grundperspektive (auch) der
Prophetenbücher blickt in diesem Sinne natürlich auf Jahwe
als diesen König, auf Jahwe, den Beherrscher der Welt, der
gemäß Aussagen im Textlauf den Propheten ganz und gar in
Dienst nimmt. Entsprechend handelt der Inhalt der Prophetenbücher von ʿGottesvolk und Menschenwelt und Teilen davon,
auf die hin der Prophet nach den Textaussagen wirkt, und er
handelt in alledem vom am Gottesvolk orientierten und
gleichwohl umfassenden Gotteswirken im Zeitlauf, das in den
Textaussagen bis hin zu konkreten geschichtlichen Vorgängen,
Abläufen und Personen als aufgezeichneter Inhalt je übermittelter Gotteskunde zur Sprache kommt.
Die Sicht Gottes in dieser übermittelten Kunde ist dabei also
alles andere als eng oder auf Individuelles beschränkt. Sie ist
umfassend korreliert mit den politisch-öffentlichen Bereichen
Volk, Völkerwelt, mit politischer Macht, mit der Gewährleistung von Lebensqualität, von Lebenswohl für Israel, für die
Menschen, sie ist verbunden mit Transzendenzaspekten in der
Erfahrungslebenswelt, mit Unglück und Strafe, mit Warten
und Hoffen, mit Anzeichen von Unheil und Heil in der Erfahrung Israels im Bereich der Völkerwelt zumal ab der weltpoli-
tisch machtvoll erlebten Assyrerzeit verbunden[123]. Das Tun

---

123 Zu den qualitativen Aspekten der Restaurationserwartungen der
Propheten s. K. Schmid und O.H. Steck, Restaurationserwartungen in der
prophetischen Tradition des Alten Testaments (der Beitrag erscheint

Jahwes und der Menschen, das Geschehen von qualitativen
Wirkmächten im Geschehensablauf wie Gerechtigkeit, Zorn,
Barmherzigkeit, auf die vor allem K. Koch aufmerksam gemacht hat[124], als Handlungsgestalt der Person Jahwes wird in
den Prophetenbüchern zeitbegleitend und zeitklärend verfolgt.
Und ebensolche qualitative Sicht des Zeitablaufs in seiner
sinnhaften Hintergründigkeit und Eigentlichkeit ist es, die
stiftet, was im langzeitigen Ablauf, in Selektion der Ereignisse,
im Zusammenhang der Handlungen Jahwes an geschichtlichen
Vorgängen und deren Ziel erfaßt wird und was nicht.
Dem fortlaufenden Lesen und Behalten des Gelesenen wird
also übermittelt, was Gott aus Prophetenmund für Verlauf und
Qualität des Weges Israels und der Welt schließlich im Umfang von Schöpfung (Jes 40–55) bis Neuschöpfung (Jes 65)
vorgesehen und jedenfalls bis zur Zeit der Gegenwart der
Buchgestaltung auch schon auszuführen begonnen hat: Zumal
die Zeit seit den Assyrern bis zu den Persern, ja Griechen, also
die Erlebniszeit der namengebenden Propheten und der produktiven Tradenten, wird sehr überlegt begleitet und auf Sinn
und Aussicht abgehorcht, die Jahwe da hinein gegeben hat und
gibt.
Man muß im Sinne der Wegbahnung zum Verständnis der
Prophetenbücher als Bücher mit eigener Sehweise, an der wir
arbeiten, demnach versuchen, erst einmal schauen zu lernen,
wie Prophetenbücher schauen. Was dann auffällt, ist die Weiträumigkeit des übermittelten Gotteswirkens sowohl im Blick
auf die Zeit wie im Blick auf Raum und Menschen.
Prophetentexte werden also falsch verstanden, wenn sie in der
Anwendung zeitlich und personell nur punktuell auf Einzelsituationen und Einzelpersonen bezogen werden oder von einer
engeren Größe Gemeinde handeln sollen. Prophetentexte im
Zusammenhang gesehen erschließen Kunde vom Wirken
Gottes für den Gesamtbereich der Zeit und für den Gesamtbereich der Lebenswelt des Gottesvolkes inmitten der konkreten,
politischen, sozialen Lebenswelt im ganzen. Jahwe der Welt-
könig über alles und nicht nur Gott der Erlöser einzelner Sün-
der bestimmt hier den Blick!

2000 zunächst in englischer Übersetzung in einem Sammelband zum
Thema Restauration).
124 S. dazu K. Koch, zusammenfassend in: Die Profeten I. Assyrische
Zeit, UB 280, 3. Aufl. 1995.

Nimmt man das Jesajabuch als Beispiel, dann zeigt sich Folgendes.

Das Buch nimmt Bezug – statt auf Einzelleben wie oft in Psalmen oder Weisheit – auf ein ganzes Volk in Langzeitexistenz und in damals weltweiter Vernetzung mit bestimmten Mächten, aber ebenso in dessen Verbindung mit der umfassenden Lebensgrundlage der natürlichen Welt (Schöpfung). Entsprechend weit reicht der Blick: von der Errichtung der natürlichen Lebenswelt, die jeder braucht und sich keiner macht, bis zu deren qualitativer Erneuerung in der Zukunft für Menschen und Tiere, und dann enger, politisch-machtorientierter, aber immer noch bestimmt von der Weite politischer Erfahrung näherhin des Volkes mit Feinden, aber auch Rettungen (Exodus, Rettung vor Sanherib), mit Verlust und Untergang von Freiheit (direkt ab 8. Jhdt. bis 6. Jhdt. Assur, Babel) und mit Wendeerfahrungen unter den als zugewandt erlebten Persern, abgelöst gegen Ende des Jesajabuches von der wieder gefährlichen Größe der Völker als Spiegelung der Alexander- und der Diadochenzeit, deren Bändigung zu den Erwartungen gehört, auf die sich seit Kyros die Hoffnung auf Gott richtet.

Das Jesajabuch umfaßt in seinem Prophetenblick somit eigentlich alles: alles, soweit man folgernd zurückdenken kann (Schöpfung) und soweit man gottbegründet voraushoffen kann (neue Schöpfung). Alles – das heißt natürlich nicht alles und jedes aus diesem Riesenbereich. Da waltet vielmehr Sicht und Auswahl.

Was ist die leitende Sicht? Uns scheint der Begriff »Gewährleistung«, etwas weiter natürlich als im juristischen Sinne der Mängelhaftung genommen, unbelastet und darum geeignet, die hier waltende Sehweise bezüglich der Angewiesenheit auf Gott in etwa zu charakterisieren. Gewährleistung als sachgemäße Andauer von Zugewandtem für das Volk, das im Prophetenbuch im Blick ist, das ist es, was in Erfahrung von Präsenz oder vor allem von Absenz die Auswahl des Erfaßten nicht selten sogar als intakter oder eher noch unterbrochener Sachzusammenhang im Zeitverlauf gesehen oder doch vorausgesetzt bestimmt, und damit selbst nicht machbare, sondern erhaltene Zuwendungen von außen, die der Empfänger – Israel, die Menschen in ihrer Welt gewährten und bewahrten Lebenswohls – wesentlich nötig hat. Entsprechend wird in den Prophetenbüchern Gewährleistung von Leben und Lebenswelt, grundlegend für alle und alles gesehen, deshalb die Sehweite

von Schöpfung bis Neuschöpfung. Entsprechend wird weiter
für das Gottesvolk die Gewährleistung genealogischer und politischer Formierung gesehen, deshalb der Blick auf Erzväter,
Exodus, David bzw. auf das gerettete Jerusalem Jes 36–39. So
gelenkte Sicht sieht aus Erfahrungen der eigenen Zeit prophetischer Traditionsbildung die Problematik von Gewährleistungen für das Volk unter der Übermacht von feindlichen Weltmächten (Assur, Babylon, dann Nachbarvölker und schließlich
die politische Weltmacht Völker überhaupt), aber auch die
Wiederzuwendung von Gewährleistung in der als zugewandt
erfahrenen Weltmacht Perser. Im Begriff Gewährleistung ist
eingeschlossen, daß das Gewährte gegeben, vorenthalten, ver-
weigert, erst in Aussicht gestellt und nur zum Teil wieder gegeben sein kann. Sachlich meint die Gewährleistung im Jesajabuch das an Jahwe gebundene Kontingente, das Inkalkulable
im Bestand des Gottesvolkes und hat damit auch die Frage
nach Gründen in sich, warum die Vergabe so wechselt, und
ebenso die Aussichten, daß es wieder anders wird.
Die Sicht des Jesajabuches auf das Gotteshandeln ist also eine
solche des elementaren, aber auch politisch verwirklichten Le-
benssinnes für das Gottesvolk im weltweiten Rahmen; sie sieht
in der erinnerten oder der je selbsterlebten Erfahrungswelt auf
Subjekte, die zu der Gewährleistung gehören: Der Zuwenden-
de ist Jahwe und sein wechselvoll erlebtes Verhalten, und der
Empfangende ist das Gottesvolk im Kreis der Menschenwelt
und sein wechselvolles Verhalten und Ergehen angesichts des
Zuwendenden.
Ist das so, dann ist auch folgerichtig, wie hier von Jahwe im
Jesajabuch geredet werden muß. Handlungen Gottes und der
Menschen müssen dargestellt werden in der ganzen Weite der
hier überblickten Zeit bis hin zu Akten Gottes, in denen die
Verbindung unterbrochen ist, wie gleich zu Beginn des Buches
in Jes 1,2f und natürlich in Jes 6. Es ist auch klar, daß sich die
Darstellung des Buches im selben weiten Rahmen wie die
Sicht bewegen muß, weil die Korrelation von Erinne-
rung/Erfahrung und Gewährleistung zur Debatte steht. Es ist
ferner klar, daß diese Sicht worthaft gefaßt werden muß, weil
die Sicht die Langzeitexistenz Israels auch über den Rede-
standort hinaus einschließt, weil sie ja auch noch nicht Geschehenes, Künftiges, Offenes einschließt und vor allem, weil
nicht einfach ein handelnder, sondern ein vorausplanender, ein
ankündigender, eingreifender Gott übermittelt wird, der sein
Tun begründet, sein Handeln voraussagt oder von hinterher

wertet. Und damit ist schließlich klar, daß die Aussagen des Buches durch den prophetischen Vermittler und in schriftlicher Aufzeichnung kommen; nur so sind sie langzeitig präsent. Prophetenbücher orientieren also langzeitig und umfassend im Blick auf das Sinnhafte im Verlauf von Zeit, von Zeitlauf voller Veränderungen der Lebenskonstellationen und integrieren die angezielte Leserschaft in die Erfahrungsgemeinschaft eigenen Herkommens, in die Solidargemeinschaft des Volkes und dessen weltpolitischen Ergehens, in die Beziehung zu allem anderen geschaffenen Leben und in die Aussicht vorgewiesener Sinnzukunft.

Sie erwarten von der aktuell rezipierenden Generation je zu ihrer Zeit Einfügen in dieses aufgewiesene Gotteswirken mit Langzeiterstreckung durch Miterfahren und Mitleben mit dem vorgewiesenen Wirken Gottes im Gang der Zeit, wie ihn die Perspektive der Prophetenbücher eröffnet.

Weiträumigkeit war der Prophetie nicht von Anfang an eigen. Sie stellte sich erst ein, als sich der Blickwinkel prophetischer Botschaft über ein Einzelleben und Einzelergehen – wie schon in den Mari-Prophetien, in den neuassyrischen Prophetien und auch in der vorklassischen Prophetie Israels das Ergehen des Königs nämlich mit den in diesem konkreten Bereich möglichen, umgrenzten, präzisen Bestimmungen – nun weit hinausgehend öffnet. Die Weiträumigkeit des Horizonts der Prophetenbücher hängt gerade damit zusammen, daß sich die Sicht in Israel offenbar erst zu einer bestimmten Zeit weiten muß und sich seit dem Untergang des Nordreiches[125] der Größe des Gesamtvolks im Kreis der bedrohlichen Völkerwelt zuwendet.

Mit dieser Hinsicht auf nicht weniger als ein sich bewußt werdendes Volksganzes geht der prophetische Blick auf den handelnden Jahwe aber nun folgerichtig einer Langzeitgröße nach, und neben dieser damit verbunden auch anderen Völkern und Räumen gleichfalls in Langzeitexistenz, und die Aussagen dazu sind zwar nach wie vor bestimmt, aber nun zwangsläufig viel aspektreicher, für die wechselnden Konkretionen von Langzeiterfahrung und Langzeitverwirklichung geöffnet und damit weniger präzis als Ansagen eines königlichen Einzelgeschicks.

---

125 S. dazu besonders R.G. Kratz, Erkenntnis Gottes im Hoseabuch, ZThK 94, 1997, 1–24; ders., Redaktion der Prophetenbücher; ders., TRE 28, 375f.

Die Folge dessen ist klar: Prophetie in diesem geweiteten
Blick auf Volk und Völker bedarf wie nur etwas der Aufzeichnung, weil es gilt, die Verwirklichung der Botschaft für
die Gesamtgröße Volk über offene Zeiträume und ausgedehnte
Bereiche von Völkermacht hin zu erwarten und im Nachhinein
aus der vorgängigen Kundgabe als Jahwetun zu vereindeuti-
gen.

Damit wird das Prophetenbuch als solches sachnotwendig.
Aus solchem Prophetenbuch als langzeitig verfügbarer Auf-
zeichnung, schon aus dessen Vorstufen und erst recht aus der
Abfolge der Prophetenbücher soll, so kann man sagen, im
Blick auf Volk und Völkerwelt, Planung, Kundgabe und
Handlungsweg Gottes durch den Gesamtablauf von Zeit ent-
hüllt werden, und zwar bezeichnenderweise vorab seit den po-
litischen Bedrohungen der Gesamtbevölkerung im Staatsbe-
stand ab dem 8. Jhdt., wie sie zur Lebenszeit und ältesten
Überlieferungszeit der frühen Schriftpropheten gehören.

Worauf schauen die Prophetenbücher in solcher Weiträumigkeit?

Prophetenbücher beim Wort genommen drücken nicht vorrangig stetig gültige Ordnungen aus wie vorherrschend die Weisheit, und sie handeln auch nicht von Grundmustern des Gottes-
und Menschenhandelns, wie weithin die Tora in ihrer dominie-
renden Endgestalt. Prophetenbücher richten sich nach anderen
Schwerpunktsetzungen. Sie verfolgen das bewegliche, das sich
verändernde Handeln Gottes und der Menschen im Langzeit-
verlauf von Zeit. Sie nehmen Gott nicht im Bereich allgemein-
gültiger Prinzipien, also nicht außerhalb oder über oder jenseits zeitlichen Geschehens wahr, sondern stets in seiner Zu-
gewandtheit inmitten von Zeit und Veränderung und damit in
Bewegung und selbst beweglich. Und sie nehmen ihn in der
selektiven Hinsicht einer Sinnqualität von Vorgängen wahr, also unter dem wesentlichen, blicksteuernden Aspekt der Wirksamkeit oder Verhinderung von Zeitqualifizierungen wie Gerechtigkeit oder Huld oder Schuld oder Zorn Gottes. Sie verfolgen so im Zeitablauf nicht alles und jedes, sondern die sinnhafte Spur des sich zuwendenden oder des sich entziehenden
Gottes in den konkreten Bereichen der politischen und sozialen Welt Israels und der Völker vom definitiv eingetretenen
Gericht 722 und 587 v.Chr. bis hinein in die Zielerwartung
von Weltgericht, Weltentmachtung und Heil, wie es seit Kyros
als Hoffnungsziel eine reale Erfahrungsgrundlage hat und so
der noch künftigen Vollendung entgegengeht.

Also noch einmal zum Inhalt der Prophetenbücher: Im Zentrum prophetischer Überlieferung steht eine Blickrichtung auf das für Gottesvolk, ja für die Menschenwelt wirklich Sinnhafte (Gunst, Gerechtigkeit, Zorn, Rettung Gottes) einer zeitlich, politisch und sozial ganz weit und umfassend wahrgenommenen Gegenwart der Tradenten mit dem, was sie *sub specie Dei* in sich hat und was aus ihr wird. Es ist das aus Herkommen und aus bereits vollzogenen Vorgängen sinnhaft Prägende, wie es jetzt, da (weiter) geschrieben und gelesen wird, gilt (Schuld, Gericht, Feinde und ihre erfahrene Dauer, Rettungs- und Wendeanfänge wie Kyros und Dareios). Die gegenwärtige Zeit in dieser Reichweite bis weit zurück und bis weit voraus ist dabei der Sinnstandort und das Zentrum der mit solcher Überlieferung aufgesuchten und geklärten Erfahrung. Erfahrung von Gabe oder Entzug des Lebenswohls. Dieser Sinnstandort wird bestimmt aus prophetisch überkommenem Wissen unter Reduktion von all dem nicht Sinnentscheidenden in Wissen und Erfahrung, was diese Überlieferung folglich auch unbedacht läßt. Er wird bestimmt unter Hoffnungsausblick auf eine verbürgt angekündigte Wende, die allen geschichtlichen Fortgang der Ereignisse qualitativ und definitiv übersteigt und schließlich vor der Heilsvollendung ein Weltgericht erwartet als umfassende Entmachtung von Macht, als umfassende Entmachtung von Bösem, als Aufweis gescheiterten Handelns.

Das also zeigen die Prophetenbücher als theologische Kunde im strengen Sinne des Wortes: einen in seinen Handlungsbereichen weiträumigen Gott, der mitgeht mit dem Lauf der Zeit und Erfahrung, einen Gott mit eigenen Haltungen und Reaktionen, mit Änderungen seines Wirkens oder doch mit Konkretionen seines Wirkens in neuen aktuellen Erfahrungen und das alles mit einem kundgegebenen Langzeitziel, auf das sich seine in den Büchern festgehaltenen Selbstfestlegungen richten und das sich weiter präzisiert – Gott der Stifter und Wahrer des sinnhaften Zusammenhangs von Kontingenz und Kontinuität im Rahmen der zeitlichen (!) Erfahrungswelt von Israel und der Völkerwelt in der Weite der Schöpfung. Prophetenbücher setzen sich damit einem Gott aus, der sich langzeitig in seinen prophetischen Kundgaben verläßlich festgelegt hat, aber gleichwohl in geschichtlicher Konkretion, in der Dauer und Vollendung des zu Verwirklichenden frei und offen bleibt. Der Blick auf diesen Gott ist deshalb in der Erfahrung neuer Zeitkonstellationen immer wieder auch von Rätsel, Unabgeschlos-

senheit, Geheimnis, Uneindeutigkeit begleitet, die um der Lebendigkeit Gottes in der Eigenart neuer Erfahrung willen im
Werden der prophetischen Bücher bis zuletzt ausgehalten werden und aus dem Ausgriff auf Überlieferung und Erfahrung
allererst aktuell aufgesuchte Klärung finden müssen.
Mit dieser Eigenart konstitutiv zeitbezogener und damit zeitverhafteter Gotteswahrnehmung scheint, wie sich in sachlicher
Übereinstimmung mit dem in III Ausgeführten auch aus dem
besonderen Blick auf die Prophetenbücher ergibt, sachnotwendig zusammenzuhängen, daß prophetische Überlieferung, ja
alle alttestamentlichen Überlieferungen dauerhaft gültige Gottesaussagen nicht in abstrakte Aussagen in einem scheinbar
zeitneutralen System fassen. Jedenfalls in der Prophetenüberlieferung steht dem sachlich entgegen, daß die Gotteswahrnehmung auf Erfahrung – die eigene, und ebenso die
langzeitig überkommene und als solche resultativ-historisch
und nicht historistisch punktuell-historisch weitergegebene
und schließlich die für künftig erwartete – inmitten des Zeitlaufs bezogen bleibt und diesen Wahrnehmungsbereich von
Konstanz oder Entzug des Lebenswohls nicht überschreitet.
Gott wird im Sinne solcher Überlieferung also nicht in Ewigkeit als Gegensatz zur Zeit, sondern bezüglich lebensdienlicher
Zuwendung in Langzeitigkeit und allenfalls Allzeitigkeit
wahrgenommen, und zwar in seinen weiträumigen Plänen über
lange Zeit und in seinen selbstgesetzten Bezeugungen und
Veränderungen seines Handelns gleichermaßen.
Und der in der Zeit wirkende Gott bedient hier nicht eigene,
ewige Eigenschaften, sondern gibt aus Grunderfahrungen, wie
sie die Überlieferungen von den Vätern, vom Exodus, von der
Rettung Jerusalems Jes 36–39 übermitteln, oder aus Langzeiterfahrungen, wie sie die Andauer von Schuld- und Gerichtszu-
ständen, wie sie aber auch die allzeitig gefaßten Gottesformu-
lierungen in Psalmen und Weisheit in sich schließen, Züge von
sich zu erkennen, die für Gottes Handeln zur Lebensgewähr-
leistung bezeichnend sind und als solche nicht anders als zeit-
und erfahrungsbezogen gelten.
Solche Gotteswahrnehmungen lassen aber Gott die Freiheit,
diese Geltung in der Zeit zu bestätigen oder zu sistieren; sie
lassen ihm die Freiheit, sich je in der je erlebten oder erwarteten Erfahrungswelt überraschend zu zeigen.
So wie sich prophetische Überlieferung selbst darstellt, ist in
ihrem Sinne nicht Bestimmungen von Gott, sondern in einer
Vielfalt überlieferter Wahrnehmungen und sprachlich-sach-

licher Fassungen in den Büchern nichts anderem als dem Wirken Gottes nachzugehen, wie es sich aus der Beziehung von Gotteswort und Erfahrungswelt in seinem Was und Wann klärt.

In diesem Sinne in der Zeit auf der Spur Gottes bleiben, heißt für die Sicht prophetischer Überlieferung also, sich der Überraschung, der Vieldeutigkeit und Offenheit von Geschehen in der Zeit auszusetzen, und darin der Treue und Kontinuität Gottes, dem unvorhergesehenen Gott. Es heißt, Gottes rätselvolle Züge im Veränderlichen, im immer wieder als Besonderes, als singulär Begegnenden, in der Gewährleistung oder im Entzug vom Lebensqualität, es heißt Gottes Pläne für die Einlösung von Angekündigtem und den Verzögerungen dessen in der konkreten Erfahrungswelt bedenkend, aus Überlieferung klärend zu verfolgen. Es heißt, kurz gesagt, nichts anderes als sich im Blick auf jegliche Erfahrung in deren ganzer Weite und Dichte Gottes Lebendigkeit, Person und deren Wirken fortlaufend auszusetzen und solches fortgehende Wirken unter Anleitung seiner gegebenen Kunde als Ausdruck seiner aktuellen Präsenz wahrzunehmen. Der Blick aus zeitneutraler Warte ist damit bleibend ausgeschlossen. Eine solche Warte gibt es für die Sehweise der Prophetenbücher nicht. Wir werden in These 10 unter dem Aspekt Zeitbindung der Gottestradition auf diese Thematik noch einmal zurückkommen.

These 6: Prophetenbücher als Orientierungsbücher

Prophetenbücher sind Orientierungsbücher zur professionellen
Vergewisserung.

Prophetenbücher mit ihren Anforderungen an Lesen und Ver-
stehen gleichen weniger Predigten an eine Gemeinde als viel-
mehr Lehrbüchern für lese- und lernkundige Theologen. Pro-
phetenbücher können aber angewendet schon zur Zeit ihrer
Formierung die Grundlage für eine Lehrtätigkeit in der Öf-
fentlichkeit gebildet haben.
Prophetenbücher sind ursprünglich am ehesten gedacht als
Orientierungsbücher für eine professionelle Leserschaft, die
aus der Lektüre der Bücher Gottes Gesamtweg in der Zeit er-
kennen und mit solcher Anleitung ihre eigene Zeit und ihren
eigenen Standort darin letztgültig in die prophetische Autorität
des Buches einbezogen sehen will.

Prophetenbücher sind nach alledem Bücher anderer Art, als
wir sie kennen.
Sie haben, wie eine der historisch-synchronen folgende literar-
kritisch-redaktionsgeschichtliche Untersuchung des literarischen Ganzen ergibt, in den meisten Fällen ihren Kern in
schriftlich verdichteten Gottesbotschaften des namengebenden
Propheten selbst. Dieser Kern wird in seiner Bewahrheitung
für Israel und Völker durch die Folgezeit weiterbedacht und in
Gestalt von Aneignungen in das Buch selbst eingeschrieben;
der Prophet selbst ist so gesehen nicht der Verfasser, wohl aber
der Urheber und die Autorität des ganzen Buches und umfaßt
damit historisch gesehen sich selbst und seine jüngeren Zeugen und Tradenten als gleichwertige Glieder in der Überlieferungsbewegung einer langzeitigen Geschichte der mit diesem
Propheten verbundenen Wahrnehmung und Bezeugung Gottes.[126] In seinem Namen geben die Bücher ein Prophetenbild

---

126 E.-A. Knauf, Audiatur et altera pars. Zur Logik der Pentateuch-
Redaktion, BiKi 53, 1998, 118–126, dort 121, formuliert für den Penta-
teuch, was auch für Prophetenbücher gilt: »Traditionsliteratur, und nicht
Autoren-Literatur..., Sammlungen dessen, was im Namen von Autoritä-
ten, nicht Autoren, gelehrt und überliefert wird. Weil es nicht auf den
Autor ankommt, sondern auf die Autorität, in deren Namen man denkt
und weiterdenkt, können die großen Prophetenbücher recht wenige der
Worte des historischen Jesaja, Jeremia, oder Ezechiel enthalten, ohne
dadurch falsch betitelt zu sein.«

frei, ein Bild von der Sinngeschichte Israels im Kreis der Völker im Verlauf von Zeit und in alledem vor allem natürlich Züge Jahwes in seinen alles bestimmenden Plänen, Worten und Handlungen.

Über Entstehungsraum, Träger, Adressaten, Abzweckung buchprophetischer Überlieferung wissen wir noch nicht viel. Aber das kann man sagen: Prophetenbücher lassen sich beim derzeitigen Stand des Wissens am ehesten als Bücher einer traditionsorientierten, aber auch traditionsüberschreitenden Vergewisserungstheologie charakterisieren – also in der Tat in bestimmter Hinsicht ein Muster und Vorbild für das, was wir in III für den Traditionsvorgang überhaupt hervorgehoben haben.

Der Zweck der Prophetenbücher ist eine Standortbestimmung der Lesergegenwart in dem großen Zusammenhang des Gotteshandelns, in dem sie steht, und der Hoffnungen und Aussichten, die sie vor sich hat.[127] Es ist der Tiefenblick in den erfahrenen Gang der Ereignisse, den die Fragen kennzeichnen: Bleiben die natürlichen Lebensgewährleistungen, werden ihre Grenzen einmal überwunden, bleiben die politischen Gewährleistungen, warum sind sie in Frage gestellt, bedroht, eingeengt, zerstört, wie die Erfahrung aktuell oder in anhaltenden Folgen immer noch zeigt, was gibt es trotzdem für Aussichten für die göttlichen Gewährleistungen für das Gottesvolk? Es ist die hintergründige Sinntiefe, auf die Geschehensabläufe befragt und konzentriert werden.

Beachtet man, wie die Fortschreibungen und Neuredigierungen in einem Prophetenbuch das so erweiterte Prophetenbuch lesen, so zeigt sich für die Zwecksetzung solcher Standortbestimmung der Lesergegenwart Folgendes.

Prophetenbücher werden, wie die vorangehende These vorführte, nicht einfach nur gelesen. Sie werden auf etwas hin gelesen. Sie werden offensichtlich im Blick auf den umfassenden Ablauf göttlicher Sinnhandlungen im Zeitverlauf gelesen, die der Prophet im Buch kundgibt.

Wir fassen diesen in Prophetenbüchern vorgewiesenen Ablauf göttlicher Sinnhandlungen im Zeitlauf in den Begriff »Sinngeschichte« und meinen damit die in der Prophetenüberlieferung gegenüber der Vielfalt des Geschehenen und dessen Wahrnehmung dominierende Ebene hintergründig-sinnorientierter

---

127 S. dazu Steck, Prophetenbücher, besonders 166–177, und jetzt eingehend Schmid, Buchgestalten, 376–388.

Tiefenwahrnehmung von Vorgängen des Zeitablaufs, die umfassend, verdichtend und sachkonzentriert zugleich ist. Aus
dieser prophetisch-schriftlich offenbarten Sinngeschichte[128] als
dem Gang eigentlichen Geschehens im Vielerlei der Geschehnisse werden aber auch neue, aktuelle Erfahrungen der jeweiligen Lesegegenwart geklärt, gewertet, geortet und durch Einschreibung in das bisherige Buch angeschlossen. Ist die aktuelle Zeiterfahrung ohne sinnhafte Änderung, kann das Buch
anscheinend unangetastet weitergegeben werden, weil es die
aktuelle Zeiterfahrung nach wie vor enthält – so wohl weithin
im Verlauf der Perserzeit.
Mit solchem Einschluß von Konstellationen aus der gegenwärtigen Tradenten- und Leserzeit wird die Abzweckung der
prophetischen Buchüberlieferung sichtbar. Die jeweilige Leserschaft weiß sich so selbst direkt eingeschlossen in die dem
Propheten übermittelte Gesamt- und Voraussicht im Buch und
kann sich auch im Aktuellen an dem Prophetenbuch im Blick
auf ihren eigenen sinngeschichtlichen Standort orientieren. Sie
weiß aus dem größeren, dem Propheten im Buch eröffneten
Sinnzusammenhang nun, warum die lebensqualitativen Erfahrungen der Gegenwart oder die andauernden von früher her so
sind, wie sie sind. Sie weiß, was sie jetzt sinnvoll zu tun hat,
und sie weiß, was jetzt sinnhaft zu hoffen ist.
Jesaja 58 kann das veranschaulichen. Diese redaktionelle Einschreibung (Jes 56,9–59,21 zwischen Jes 55,13 und 60,1) zwischen ältere Blöcke von Heilsweissagungen im Buch führt aus,
wie sich die gegenwärtigen Probleme dem Bild vom Gotteshandeln einfügen, das das Jesajabuch übermittelt. Jes 58 zeigt,
daß das in Jes *40–55 und *60–62 längst verheißene Heil mit
der Ankunft des Erlösers Jahwe nicht kommen kann, bevor das
Gottesvolk nicht eine solidarische Gemeinschaft der Jahwe-
treuen ist – eine Gemeinschaft, die den Hunger sieht und den
Hungrigen ihr Brot bricht, eine Gemeinschaft, die sich der
Schuldsklaven, der Entrechteten annimmt. Auf diese Weise
wird die aktuelle Lage im buchübermittelt Offenbarten bedacht
und kreativ einbezogen in Plan und Weg Jahwes, wie es das
Prophetenbuch weitergibt.

---

128   Vgl. zu der mit diesem Begriff bezeichneten Sicht des Zeitlaufs, für
die wir im Anschluß an K. Koch auch den Begriff »Metahistorie« gebraucht haben, die Hinweise auch auf die eindrucksvolle Verwendung
durch J. Assmann in Steck, Jesajarolle, 53 Anm. 141.

Daß Prophetenbücher in der Spätzeit als solche Orientierungsganzheiten gelesen werden wollten und gelesen worden sind, kann man an vielen Indizien sehen. Allein schon die Binnenbezugnahmen im Makrobereich der Bücher und Buchvorstufen und die Verweise, die eine Ablauflesung des Gesamttextes intendieren, zeigen es. Ich gebe hier nur drei Beispiele:

(a) Die Abfolge und Modifikation der Endereignisse mit Umkehr Israels, Weltgericht, Abtrünnigen aus Israel und Völkern und Heilsgemeinde aus Jahweorientierten aus Israel, dem wahren, und den Völkern ist in Jes 55–66 und am Ende von XII in Sach 9–14 + Maleachi auffallenderweise ganz entsprechend herausgestellt. An beiden exponierten literarischen Positionen – Anfang und Ende des Corpus propheticum im ganzen – wird die erfaßte Zeitfolge seit der Assyrerzeit (Primärposition Jesaja / Hosea) also zum gleichartigen und gleichtaktig ablaufenden Ziel der Wege Gottes ausgerichtet.[129]

(b) Die Abfolge der großen Propheten(bücher) Jesaja-Jeremia-Ezechiel erscheint sachlich abgestimmt. Das zeigt sich, wenn man auf die Themen Babel, Perser, Weltgericht, Heilsvollendung im Textablauf dieser Bücherfolge achtet.[130]

(c) Ich hoffe, ich habe in einer Veröffentlichung zur ersten Jesajarolle aus Qumran aufweisen können, daß noch in dieser vorqumranisch geprägten Handschrift Schreibweise des Textes auf 54 Kolumnen und Schreiberzeichen am Rand auf Segmen-

---

129 S. dazu Steck, Abschluß der Prophetie. Zu den Anfragen, die inzwischen A. Schart vorgebracht hat, s. Steck in der ajourierten USA-Ausgabe von Prophetenbücher »The Theological Witness of the Prophetic Books«, 2000, 230 Anm. 135. Die Zufügung lautet dort im deutschen Originaltext: Im Unterschied zu den gründlichen kritischen Ausführungen von Nogalski, Processes, besonders 182–280, zeigt A. Schart, Die Entstehung des Zwölfprophetenbuchs, BZAW 260, 1998, 275–277.291–297, mit seinen raschen Bemerkungen, daß ihm die bei Bosshard, BN 1987, und Bosshard/Kratz, BN 1990, schon vorausgesetzten konzeptionellen Argumentationen in Steck, Abschluß, besonders 43–60 über die sachliche Unvollständigkeit von Sach 14 und die Entsprechung von Sach 14 erst zusammen mit (!) Mal 1,1–3,21 zu Jes 66 fremd geblieben sind; auf die oberflächlichen Anfragen von Schart (s. auch ders., Zur Redaktionsgeschichte des Zwölfprophetenbuchs, VF 43, 1998, 13–33, dort 28f) muß hier nicht weiter eingegangen werden.
130 S. dazu Prophetenbücher, 42f.52–54. Anscheinend hat dies mit der literarischen Reihenstellung von Ez hinter Jes und Jer, die den Untergang Babels künden, zu tun; s. zur Frage aber auch Krüger, Geschichtskonzepte, 308.338f.

202 *Die Prophetenbücher des AT – These 7*

tierung von Buchganzheit weisen und eine ganzheitliche Lesung des ganzen Jesajabuches im folgerichtigen Ablauf in solch sachlich-theologischem Sinn nahelegen.[131]

S. dazu O.H. Steck, Die erste Jesajarolle von Qumran (1QIsᵃ). Schreibweise als Leseanleitung für ein Prophetenbuch, SBS 137/1.2, Stuttgart 1998; ders., Bemerkungen zur Abschnittgliederung der ersten Jesajarolle von Qumran (1QIsᵃ); ders. Bemerkungen zur Abschnittgliederung in den Jesaja-Handschriften aus der Wüste Juda. Ein Vergleich auf der Grundlage von 1QIsᵃ, in: U. Dahmen u.a. (Hg.), Die Handschriften vom Toten Meer und der Text der Hebräischen Bibel, 2000.

These 7: Das Prophetenbuch als dominierende Präsentationsgestalt prophetischer Gottestradition

Die dominierende Präsentationsgestalt prophetischer Gottestradition ist die Buchform.

*Das Werden der Prophetenbücher geht unter Umständen über
lange Zeit. Aber es ist entsprechend der literarischen Präsentation, von der in den Thesen 4–6 die Rede war, auch in seinem Antrieb kein planloses, zufälliges Wachsen und Zusam-
menstellen. Es ist vielmehr auf der Suche nach dem lebendigen
Gott im Fortgang umfassend erfahrener Lebenszeit des antiken
Israel immer wieder weitergeführte, lebendige Tradition als
aktualisierende Weitergabe des Überlieferten. Seit der Zeit des
Propheten selbst wird bereits Überliefertes ja weiter expliziert
und ajouriert, um veränderte aktuelle Einsichten und Erfahrungen in das überkommene Gotteswissen des Buches fortschreibend einzubeziehen und aus ihm produktiv zu klären. So
wächst das Prophetenbuch aus einem Grundstock nicht aus
Zufall, sondern aus sachlichen Gründen mit der Zeit immer
weiter.*
*Ab der späteren Perserzeit bleiben Aufzeichnungen neuer Pro-
phetengestalten, die wie bisher neben der schriftlichen Prophetenüberlieferung auftreten, jedoch aus. Seit Haggai und
Sacharja in der frühpersischen Zeit unter Dareios gibt es anscheinend keine eigenen Prophetengestalten mehr, die zu
Schriftpropheten mit eigenen Büchern werden. Vielmehr ver-
lagert sich die Frage nach der prophetischen Wissensgrundla-
ge für Gott in der Zeit nun ganz auf die schriftliche Überlieferung der prophetischen Bücher, die um 200 v.Chr. weitestgehend ihre abschließende Gestalt erreicht haben.*

Soweit wir heute sehen, ist das Auftreten der bücherwirksamen
Prophetengestalten in Israel schon von Anfang an nicht lange
mündlich weiterüberliefert worden[132]. Es ist aus genanntem
sachlichen Grunde der Konstellation seit dem 8. Jhdt. v.Chr.
vielmehr schnell schriftlich gefaßt und in Gestalt von Büchern
sogar bald im literarisch und sachlich ausgearbeiteten Anschluß an bereits bestehende Prophetenschriften weitergegeben
worden.

---

132   S. dazu Kratz, Redaktion; Jeremias, Hosea und Amos.

Dieses zusammengefügte Prophetenerbe, so sahen wir in den vorangehenden Thesen, wächst durch die Tätigkeit professioneller Tradenten, die wir freilich, wie erwähnt, noch nicht genauer vor uns sehen. Aber es ist klar, was sie tun. Sie verstehen Aneignung, Aktualisierung, Präzisierung des Prophetenerbes je für ihre eigene Zeit als präzisierende, weiterführende Explikation der Gotteskundgabe aus der bereits schriftlichen Prophetenüberlieferung und schreiben solche Explikationen und folgerichtigen Ergänzungen buchgestaltend selbst wieder in die Überlieferung ein.

Das ist die große, einzigartige theologische Leistung der Prophetenbücher im Alten Testament: Fortschreibung im sachlichen Sinne als das Zeugnis von der stets weitergehenden, universalen Präsenz und Identität des sich prophetisch kundgebenden Gottes Israels im Fortgang der Zeit und angesichts neuer, veränderter Erfahrungen![133]

Dieser Vorgang produktiver Weiterüberlieferung des schriftlichen Prophetenerbes in Büchern und Bücherfolgen kann später offenbar nicht mehr durch entsprechendes aktuelles prophetisches Wirken ergänzt werden; Haggai und Sacharja sind die letzten Gestalten, die zu Schriftpropheten werden.

Diese Veränderung bedeutet auch im Blick auf die Folgezeit einen tiefen Einschnitt: Es ist im Rahmen dieser Überlieferung im Bezug zur weitergehenden Erfahrungszeit nun vollends nicht mehr die Frage nach neuen Prophetengestalten, wie sie unter anderen Anforderungen an eine Prophetengestalt etwa 1 Makk 4,46 und 14,41 hegt, sondern nur noch die Frage nach der Zeit, für die gilt und eintrifft, was in prophetischer Überlieferung, die das Zeitganze überblickt, im Wortlaut bereits gegeben ist. Sinnzukunft in dieser veränderten Überlieferungskonstellation ist jetzt nur noch Verwirklichung von bereits geschrieben Kundgegebenem. Nicht die Gottesbotschaft zur jeweiligen Zeit ist unverfügbar; sie liegt vor. Unverfügbar ist jetzt allein noch die Bewahrheitung der bereits fix und ajouriert aufgezeichneten Botschaft in der Zeit, für die sie gelten soll. Dieser Bewahrheitung wird im Weitertradieren der Prophetenbücher bis hin zu den letzten Wachstumsvorgängen nachgespürt.

Um 200 v.Chr. ist dann auch dieser Vorgang eines Wachstums bereits bestehender Prophetenüberlieferung zum Stillstand ge-

---

133   S. dazu eingehend den Teil »Prophetische Prophetenauslegung« in Steck, Prophetenbücher, 127–204.

kommen. Von da ab sind Prophetenbücher in ihrem Umfang und weitestgehend auch in ihrem Wortlaut fest. Die letzten zeitgeschichtlichen Bezugnahmen in Sach 9–14, das überaus auffallende Schweigen in den Prophetenbüchern über die gravierenden Erfahrungen der seleukidischen Verfolgungszeit, die in anderen Texten außerhalb der Prophetenbücher gleichwohl dezidiert zum Zug kommen, der Befund im Weisheitsbuch Jesus Sirach, das Fehlen von Dan in Nebiim und Rückschlüsse aus Qumran sprechen dafür, den Abschluß der hebräischen Bücherfolge Josua bis Maleachi so und nicht später zu datieren.[134]

Das schließt nicht aus, daß da und dort zunächst noch unterschiedliche Fassungen von Prophetenbüchern kursieren, wie zu damaliger Zeit die Überlieferung von Jeremia, von Ezechiel, aber auch die Reihenfolge von XII zeigt. Und das schließt ebensowenig aus, daß auch Exemplare von Prophetenschriften umlaufen, die keine Musterüberlieferungen, sondern mehr für den praktischen Studier- und Lesegebrauch bestimmt waren und deshalb leichte sprachliche und da und dort kleine sachliche Aktualisierungen enthalten; die große erste Jesajarolle von Qumran ist ein Beispiel dafür.

Gründe, warum Nebiim als diese abgeschlossene Folge maßgeblicher Bücher in der Reichweite Josua bis Maleachi damals im Anschluß an Tora und zumal im sachlichen Anschluß an Moses Vorausschau des Gesamtweges Israels in Dtn 32 gebildet wurde, lassen sich zur Zeit erst vermuten: Die positive Religionspolitik Antiochos III., antihellenistische Vergewisserungstendenzen oder auch die Grundlage für die Prophetenübersetzung der Septuaginta könnten solche Gründe sein.[135]

Jedenfalls erfolgt die weitere Interpretation der Prophetenbücher im Blick auf die Bewahrheitung des Überlieferten ab jetzt nicht mehr durch Einschreibung in die Bücher(folgen), sondern vor allem in offenbarungstheologisch und/oder exegetisch-hermeneutisch legitimierten Aussagen und Schriften, die jetzt neben die Prophetenbücher treten.

---

134 S. dazu Steck, Kanon; ders., Abschluß der Prophetie, besonders 127–178.
135 S. dazu Steck, Abschluß der Prophetie, 127–178; Schmid, Buchgestalten, 327–329.

These 8: Die Weiterführung der theologischen Leistung
der Prophetenbücher nach Abschluß des Prophetenkanons

Die theologische Leistung der Prophetenbücher und die Aufgabenstellung ihrer Tradenten wird in unterschiedlicher Weise
auch nach dem Abschluß des Prophetenkanons wahrgenommen.

*Nach Abschluß der maßgeblichen Prophetenbücherreihe Ne-
biim wird die theologische Aufgabe produktiver Prophetenüberlieferung nicht aufgegeben, sondern in Bezugnahme auf
sie auf andere Weise weitergeführt, so daß vergleichbare Leistungen entstehen:*
*(a) eher zurückhaltend und meist ohne explizierte geschicht-
liche Weiträumigkeit in der späten Weisheit und im Psalter als
Lesebuch für die Frommen,*
*(b) hingegen ganz entsprechend in den zusätzlichen Offenba-
rungsvorgängen apokalyptischer Schriften, die die Gottespräsenz umfassend, wenn auch zunehmend israelkonzentriert, bis
in die aktuelle Zeitgeschichte der Makkabäer- und der Römer-
zeit verfolgen, und schließlich*
*(c) konzentriert nurmehr auf die aktuelle Erfahrung in den
aktualisierenden Prophetenauslegungen wie in den in Qumran
gefundenen, aber auch in manchen Texten des Urchristentums.*

Das Neue der Folgezeit nach Abschluß von Nebiim besteht
hinsichtlich der Aneignung der Prophetenbücher, wie wir sahen, darin, daß diese Bücher nicht mehr fortgeschrieben, sondern nur noch daneben in eigenen Texten mündlich und
schriftlich aufgenommen und interpretiert werden. Sehr vereinfacht und typisiert lassen sich unter den verschiedenen
Strömungen im späten Israel, soweit sie für die Benutzung der
Prophetenbücher Hinweise bieten, ab dem 2. Jhdt. v.Chr. drei
Positionen unterscheiden:
Die erste Position bilden (a) die späte Weisheit, der Psalter und
das Tobitbuch. Ich greife hier neben eigenen Forschungen[136]
vor allem Einsichten von R.G. Kratz[137] und Th. Krüger[138] auf.

136 ZAW 1990; Zukunft des einzelnen – Zukunft des Gottesvolkes.
Beobachtungen zur Annäherung von weisheitlichen und eschatologischen Lebensperspektiven im Israel der hellenistischen Zeit, in: Festschrift W. Richter, 1991, 471–482; ders., Abschluß der Prophetie, 157–
166; ders., Das apokryphe Baruchbuch. Studien zu Rezeption und Kon-

In dieser Position werden wohl angesichts der zunächst guten Lebenserfahrungen Israels in der Ptolemäer- und der frühen Seleukidenzeit eschatologische Naherwartungskonsequenzen der Prophetenbücher aus der Prophetenbücher-Rezeption zurückgedrängt und transformiert zugunsten einer anderen Position: Gottes heilvolles Wirken wird sich nicht erst künftig im Vollsinn verwirklichen, es ist als Lebenswohl für Mensch und Tier, als Erfahrung und Versorgung des Lebens durch Nahrung, Hilfe, Heilung, Rettung schon da in der stetigen, unabsehbaren Präsenz der Schöpfung Gottes, ja gemäß Ps 145 in der Präsenz des nunmehr ganz unpolitisch gefaßten, allzeitigen Reiches Gottes, des Schöpfungskönigs, in der Alltagswelt. Radikal in der Neutralisierung prophetischer Hoffnung vertritt diese Position die Weisheitsschrift Qohelet, und weniger radikal wird das in den Schriften Sirach, fünfteiliger, tora-entsprechender Psalter (im Buch V Ps 107–150 noch ohne Ps 149) und in dem frommen Lebensanleitungsroman Tob *1–13 vertreten.

Eher maßvolle eschatologisch-prophetische Perspektiven kommen in dieser Position eigenständig erst mit der Verschlechterung der politischen Verhältnisse zum Zuge – bescheidene nationale Hoffnungen der Befreiung und Niederwerfung der Feinde, der Völker, der Restitution Israels in Ruhe und Frieden zeigen sich in der Einschreibung des Völkergerichtspsalms 149 in den Psalter, in dem Gebet Sirach 36, im eschatologischen Anhang und Geschichtsausblick von Tobit in Tob *13–14 und im apokryphen Baruchbuch aus der Makkabäerzeit[139] in den Heils- und Hoffnungskapiteln 4–5.

Dazu fügt sich ein überaus bemerkenswerter Befund in der Jesusüberlieferung, dem weiter nachzugehen wäre: Die Züge des Gottesreiches, die der Jesus der synoptischen Tradition in seinem aktuellen Handeln vollzieht, stehen nämlich in ganz besonderer Nähe zu den alltagsorientierten, nicht mit politi-

zentration »kanonischer« Überlieferung, FRLANT 160, 1993; ders., Israels Gott statt anderer Götter – Israels Gesetz statt fremder Weisheit. Beobachtungen zur Rezeption von Hi 28 in Bar 3,9–4,4, in: Festschrift O. Kaiser, 1994, 457–471.

137 Die Gnade des täglichen Brots. Späte Psalmen auf dem Weg zum Vaterunser, ZThK 89, 1992, 1–40; ders., Die Tora Davids. Psalm 1 und die doxologische Fünfteilung des Psalters, ZThK 93, 1996, 1–34.

138 Kritische Weisheit. Studien zur weisheitlichen Traditionskritik im Alten Testament, 1997.

139 S. dazu Steck, Baruchbuch, 164–242.

schen Weltreichen verbundenen Reichsaussagen, wie sie Ps
145 im Kontext von Ps 107–150 als seit jeher und immer wirksame sieht. Jesus entspricht in solchem Handeln dabei aber
nicht der Empfängerseite im Psalter, also David und den
Psalmbetern, sondern Gott, der in seinem Reich durch Jesus
jetzt initiativ so handelt![140]
Die zweite Position bilden (b) die sogenannten apokalyptischen Offenbarungsschriften. Hier werden die Propheten-

---

140 S. dazu gegenüber den bei J. Becker, Jesus von Nazaret, 1996,
118–124.155–176, ungeschichtlich und unkonzeptionell ins Spiel ge-
brachten Einzelparallelen die theologiegeschichtlich-konzeptionellen
Charakterisierungen bei G.W. Nickelsburg, The Qumranic Radicalizing
and Anthropologizing of an Eschatological Tradition (1QH 4:29–40), in:
Festschrift K. Koch, 1991, 423–435; Krüger, Kritische Weisheit, 171,
und vor allem Kratz, ZThK 1992; ZThK 1996; ders., Reich Gottes und
Gesetz im Danielbuch und im werdenden Judentum, in: A.S. van der
Woude, The Book of Daniel, BEThL 106, 1993, 435–479, dort besonders
465–476. Kratz weist in ZThK 1992 bei aller Hervorhebung auch der
Unterschiede (besonders 30f) auf auffallende Übereinstimmungen in den
Perspektiven des Gotteshandelns in diesem Bereich des Psalters, zumal
dessen fünften, sachlich auf Ps 145 fokussierten Buches (Ps 107–150)
mit den Handlungsfeldern in Aussagen des synoptischen Jesus hin, und
zwar neben dem Reichsbegriff und der in dem Aufsatz thematisierten
Brotbitte des Vaterunsers auf die Lebensversorgung mit Nahrung (Mt
6,25ff; Lk 12, 22ff) und deren Psalter-Parallelaussagen in Ps 145,15f und
davor in Ps 107,5.9.36–38; 111,5; 112,3; 125,4; 127,2; 132,15; 136,25;
144,13f; und danach in 146,7; 147,8f.14 (ZThK 1992, 15; vgl. auch
BEThL 1993, 475), auf die Thematik Sorgen (ZThK 1992, 16), auf Entsprechungen zu Mt 6,33; Lk 12,31 (ZThK 1992,18f) und auf Entsprechungen zu den Speisungswundern (ZThK 1992, 39). Zu bedenken sind,
wie wir hinzufügen, in diesem Zusammenhang darüberhinaus auch die in
Ps 145 weiterhin exponierten Sachlinien im Psalter zum Stichwort Wun-
der (145,5 vgl. 107,8.15.24.31; 111,4; 119,27.129; 135,9; 136,4), Erbar-
men (145,8.9, vgl. 116,5; 119,156); Gebeugte aufrichten (145,14, vgl.
107,10–12; 113,7f; 146,8; 147,6, s. auch den Unterdrückten Recht schaffen 146,7; Gefangene befreien 146,7), Anrufende erhören (145,18.19,
vgl. 107,6.13; 108,7; 116,1f.4; 118,5.21; 119,26.146.149.170; 120,1;
138,3; 140,7; 141,1.8; 142,2.6.7; 143,1.7), behüten (145,20, vgl. 116,6;
138,7; 139,10.24; 140,5.8; 141,9; 143,7; 147,6; 149,4), retten (145,19,
vgl. 108,7; 109,21.26; 119,86.88.94.117.146.166.170; 120,1f; 121,1f;
124,8; 140,2; 142,7.8; 143,9; 144,2.7.11); Frevler vertilgen (145,20, vgl.
109,28f; 125,5; 132,18; 139,19; 140,9–12; 141,10; 146,9; 147,6); vgl.
auch heilen und Wunden verbinden (107,17.20; 147,3, vgl. Blinde se-
hend 146,8); Fremden, Waisen, Witwen helfen, retten (146,9); Sünden-
vergebung (103,3;130,4.8); Rettung im Meer (107,23–27) vgl. mit den
Geschichten von Seewandel und Sturmstillung!

bücher so rezipiert, daß das genuine Anliegen dieser Bücher umfassend weitergeführt wird. Die apokalyptischen Schriften leisten in den Erfahrungen und Ängsten der seleukidischen und römischen Zeit Israels eine nun neu formulierte und systematisierte Orientierung des Gottesvolkes durch Enthüllung der wahren und vollständigen Kenntnis des Langzeitweges Gottes, des Gesamtplanes Gottes im Zeitlauf.

Sie greifen dazu die Sicht der Prophetenbücher auf und führen sie in die aktuellen Noterfahrungen hinein weiter, die unter den Seleukiden und Römern gemacht werden. Angesichts der Abgeschlossenheit des Prophetenkanons und der von Qohelet vorgebrachten Sinnverrätselung der Zeit ist die Grundlage solchen Wissens die besondere Offenbarung apokalyptischer Gestalten, die gleichwohl funktional an die Seite der Propheten in den Prophetenbüchern treten. Inhalt dieses Wissens ist im Sinne der Texte aus offenbarter Einsicht in das himmlische Planungs- und Befehlszentrum nun nicht weniger als der Gesamtplan Gottes ab dem Ende des Königtums in Israel (Danielbuch, aber auch Geschichtsoffenbarungen in Texten aus Höhle 4 von Qumran) oder wie de facto schon im Jesajabuch sogar ganz total in Reichweite von der alten bis zur neuen Schöpfung (Tier- und Zehnwochenapokalypse des äthHen, Visionen des 4Esr, Wolkenvision im syrBar usw.) jeweils unter Einschluß der aktuellen Gegenwart und der Aussicht, die dieser und damit dem Gottesvolk zur Abfassungszeit als Hoffnung bevorsteht.

Apokalyptische Texte sind, das ergibt sich auch aus diesem Aspekt, am ehesten Texte theologischer Wissenschaft[141], die sogar stärker als Prophetenbücher zentrale theologische Probleme exponieren und lösen wollen. Das zeigt sich auch im Blick auf die Aufnahme von Zeitereignissen: Prophetenbücher gehen sozusagen mit den Augen Gottes dem zeitlich-geschichtlichen Erfahrungsweg, wie er aus Überlieferung im Lichte gegenwärtiger Erlebnisse erinnert wird, entlang und verbinden da neue Konstellationen im genauen Aufweis mit dem überlieferten Wissen von den Vorhaben Gottes, die aus dem Lesen des Gesamtbuches keinen systematisierten wie in der Apokalyptik, aber doch im Effekt einen gleichfalls erkennbaren Gesamtplan Gottes ergeben. Apokalyptische Texte reflektieren darüber hinaus stärker als die auf der Aussageebene

---

141 S. dazu O.H. Steck, Überlegungen zur Eigenart spätisraelitischer Apokalyptik, in: Festschrift H.W. Wolff, 1981, 301–315.

unegalisierte Textbotschaft der in ihren Formulierungen gewachsenen und aus unterschiedlichem Herkommen stammenden Prophetenbücher die Einheit und Selbigkeit Gottes im
Zeitlauf bis in die neu und nicht redaktionell geschaffene Formulierung und reden deshalb aus Offenbarungen situiert vor
dem Zeitlauf Israels und aus dem himmlischen Raum, der dem
Zeit-Raum auf Erden vor- und übergeordnet ist. Im Urchristentum läßt sich hierzu vor allem natürlich die Johannesoffenbarung vergleichen.

Im Rahmen der zweiten Position müssen freilich auch noch
ganz andersartige Texte genannt werden, die dieses Erbe der
Prophetenbücher auf ihre Weise fortsetzen: Ich denke an die
jüdische Geschichtsschreibung der Zeit, zumal an die Antiqui-
tates des Josephus. Wir sehen in unserem Rahmen jetzt davon
ab.

Die dritte Position bilden (c) die aktualisierenden Prophetenauslegungen. Neben den Deutungen, wie sie eine En-
gelgestalt in Daniel 9, wie sie inspirierte Weisheitslehrer wie
Sirach vornehmen (Sir 39), sind hier insbesondere Prophetenkommentare zu nennen, in denen die Prophetenbücher
nach ihrem Abschluß in eigenen Schriften daneben weiterwir-
ken. Insbesondere die Prophetenkommentare aus Qumran geben hier Anschauung, also der Habakukpescher, der Nahum-
pescher und die Jesaja-Pescharim vor allem[142].

Diese Auslegungsschriften gehen von der schon im Corpus
propheticum selbst schließlich erreichten Sicht aus, derzufolge
sich ein wahres, verfolgtes Gottesvolk getrennt hat von der
Masse der Israeliten, und konkretisieren dahingehend, daß die
letzte Feindmacht vor der definitiven Heilswende, von der die
Prophetenbücher sprechen, jetzt in Seleukiden und Römern
erlebt wird.

Das Interesse, so die aktuelle Lage aus der Prophetenüberlieferung zu klären, führt unter dem Druck der aktuellen
Konstellationen innen und außen allerdings zu einer Verkürzung der Prophetenbücher: Im Unterschied noch zur ersten
Jesajarolle aus Qumran erhalten sich diese Kommentare die

---

142 Literaturhinweise s. in Steck, Prophetenbücher, 133f Anm. 11, sowie jüngst H.-J. Fabry, Methoden der Schriftauslegung in den Qumran-
schriften, in: Festschrift E. Dassmann, JAC.E 23, 1996, 18–33, dort 20–
23 (Lit.). Speziell zu den Jes-Pescharim von Qumran s. jetzt G.J. Brooke,
Isaiah in the Pesharim and Other Qumran Texts, in: Writing and Reading
the Scroll of Isaiah, VT.S 70,2; Leiden 1997, 609–632.

Klärung aus prophetischer Langzeitperspektive des sich aus Buchlektüre ergebenden Planes Gottes nicht mehr; alle Prophetenaussagen gehen nach der hier geltenden Ansicht jetzt verschlüsselt vielmehr nur noch auf eine einzige Situation: auf die Endzeit, in der die Frommen jetzt leben. Für solches Verständnis und solchen aktualisierten Gebrauch läßt das der Prophetentext aus sich selbst noch gar nicht erkennen, und die Propheten selbst am Anfang aller Überlieferung haben, so ist hier gemäß den Aussagen in 1QpHab die Meinung, diesen aktuellen Zeitbezug ihrer Aussagen auch noch gar nicht gekannt. Die Auslegungsschriften von Qumran sagen das sogar ausdrücklich: Allererst Sonderoffenbarung an den Lehrer der Qumrangemeinschaft vermag diesen aktuellen Gegenwartssinn in jedem Prophetentext zu entschlüsseln. Auch dazu gibt es Züge im Neuen Testament, an die man sich unmittelbar erinnert fühlt: Lk 4 – die aktualisierende Deutung von Jes 61 in der Synagoge von Nazareth durch Jesus auf sich selbst und seine Zeit, und Apg 8, die Deutung von Jes 53 für den Jesaja lesenden äthiopischen Hofbeamten auf Jesus durch den Apostel Philippus.

Es folgen in unserem Beitrag schließlich zwei Schlußthesen. Man muß betonen, daß sie über das hinausgehen, was sich aus aktueller alttestamentlicher Grundlagenforschung zu Prophetenbüchern allenfalls auf dem Boden dieser theologischen Disziplin selbst sagen ließe und sich für diesen engeren Bereich neu ergeben könnte. Die Überlegungen von These 9 und vor allem von These 10 sind deshalb nicht mehr als nur ganz vorläufige, grenzüberschreitende Gedanken, Aufforderungen und Anregungen, die neutestamentliche und dann theologische Arbeit im ganzen einladen und so oder so bewegen möchten, womöglich jetzt neu zum Vorschein Gekommenem, Ungewohntem an den Prophetenbüchern jenseits der exegetisch-alttestamentlichen Disziplin weiter nachzudenken. Es wäre schön, wenn sich im Rahmen künftiger Gespräche unter allen theologischen Disziplinen eine Überprüfung ergäbe, ob sich aus dem mit historischer Exegese für damals an den Prophetenbüchern Beobachteten nicht auch für den Vorgang »Theologie« und dessen praktische Bewährung heute lernen läßt. Vorschlägen dazu ohne Anspruch auf Vollständigkeit und Sachsuffizienz ist das Folgende gewidmet.

These 9: Das Auftreten Jesu im Verhältnis
zur Gotteswahrnehmung der Prophetenbücher

Das Auftreten Jesu zeigt auffallend Gemeinsames und cha-
rakteristische Unterschiede zur Gotteswahrnehmung der Prophetenbücher.

*Als Anschlußgedanken zum Verhältnis der frühen Jesusüber-
lieferung und der Person Jesu selbst zu dem vorgeführten Befund bei den Prophetenbüchern des Alten Testaments könnten
sich in nachfolgender theologischer Diskussion vor allem im
Blick auf die neutestamentliche Forschung folgende Fragestellungen erörtern lassen: (a) Jesus und der eschatologische
Prophet als Repräsentant der nahen Heilswende des nahen
Heilsreiches in Daniel, (b) Jesus und der vollmächtige Interpret des Gotteswillens entsprechend späten Prophe-
tenfortschreibungen, (c) Jesus und der Handelnde im Sinne
des Gottesreiches in der Alltagswelt gemäß dem Psalter und
schließlich: (d) die Aufgabe theologischer Vergewisserung anschließend an die Jesuszeit im Urchristentum und in der Folgezeit entsprechend den Prophetenbüchern und den apokalyptischen Schriften.*

Die Person Jesu zu dem vorgeführten Befund in spätisraelitischer Zeit in Beziehung zu setzen, hängt natürlich von
Vorentscheidungen ab. Davon nämlich, wie man das Wirken
und Erscheinungsbild des historischen Jesus rekonstruiert. Die
Aufgabe läßt sich deshalb nur in interdisziplinärer Zusammenarbeit angehen.

Von den vorgeführten Erkundungen zu den Prophetenbüchern
aus sind vor allem zwei Aspekte auffallend, die in diesem
Überlieferungsgut von Jesus bis zuletzt keinen unmittelbaren
Anhalt haben:

(1) Jesu Wirken ist gegenüber anderen vergleichbaren Erscheinungen in der Vielfalt der theologischen Landschaft der
damaligen Zeit unvergleichlich an seine Person gebunden: Er
übermittelt selbst Gotteswissen, er ist es, der handelt im Sinne
des Reiches Gottes, er ist es, der lehrt im Sinne des Willens
Gottes. Und (2) – auch wenn sich die Inhalte und Handlungsfelder enorm gleichen und Anknüpfung an eine vom Psalter
gewiesene Sicht der Alltagserfahrung mit Gott nahelegen – in
Jesu Wirken wird nicht das allzeitige Gottesreich des Psalters
manifestiert, sondern das naherwartete, freilich jetzt auffallend

unpolitisch gefaßte, fünfte Reich aus Daniel wird hier bereits Ereignis.

Doch nun zu einigen Vergleichszügen mit den Prophetenbüchern im einzelnen.

(a) Schon die synoptische Überlieferung bietet die Auffassung, Jesus sei als Prophet angesehen worden. Aber diese Einschätzung steht, wenn überhaupt, viel näher bei den eschatologisch erwarteten, Heilsanbruchwunder vollziehenden und zum Teil neben Jesus aufgetretenen Prophetengestalten, von denen Josephus kurz berichtet, als bei dem Prophetenbild der damals überlieferten Prophetenbücher. Von diesem unterscheidet Jesus wenn nicht das Reden, so vor allem doch die breite Überlieferung seines Handelns, das wesentlich zu ihm gehört.

(b) Bemerkenswert ist die sachliche Nähe, die Jesus als vollmächtiger Interpret des unmittelbar heilsrelevanten Gotteswillens zu dem Prophetenwirken hat, das die Prophetenbücher im Endstadium ihres Werdens in Jes 56–66 von Jesaja und von Maleachi als diesem letzten Propheten übermitteln[143]. Jesus lehrt demgemäß angesichts der nahen Heilswende wie die buchpräsentierten Propheten Jesaja und Maleachi im Blick auf das Überleben des Endgerichts und die Teilhabe am vollendeten Heil und verleiht damit dem Leben jetzt vor dem nahen Ende bereits Wendequalität. Insbesondere Jes 56–59.60–61.65–66 und Sach 14 samt Mal 1–3 bieten Züge göttlicher Botschaft aus Prophetenbüchern, die der Kontur der Jesusbotschaft auch im Blick auf die Völkerwelt sehr nahe stehen: die allererst jetzt anhebende Bildung eines bleibenden Heilsvolkes aus Israel und den Völkern durch Umkehr zu lebensnahen, solidarischen Verhaltensweisen, die Relevanz des Sozialverhaltens beim Weltgericht, die jetzt erfolgende oder gar bereits erfolgte Scheidung in Israel zwischen Frommen und Frevlern und die Erwartung eines maßvollen Heilsbildes vom (bäuerlichen) Leben im Heilsland, wie es entsprechend etwa die Seligpreisungen vorweisen.

(c) In der europäischen Forschung wurde lange Zeit plakativ und unhistorisch Jesus mit Nachdruck von jüdischen Apokalyptikern abgehoben. Das Klischee einer betont kritisierten jüdischen Apokalyptik, von der sich Jesus positiv abhebt, stammt dabei nicht selten aus Forschungsansichten, die von

---

143 S. dazu schon die Hinweise in Steck, Studien zu Tritojesaja, 272f Anm. 11.

der Eigenart der unter Apokalyptik subsumierten Quellen des
späten Israel noch keine zureichende Kenntnis haben.

Apokalyptik des späten Israel kann nur auf dem Hintergrund
und im Zusammenhang mit spätisraelitischer Überlieferung
überhaupt sachgemäß erfaßt und verstanden werden. Apokalyptik erscheint so gesehen als traditions- und zeitorientierte
Reflexionstheologie in Schriften, als wissenschaftliche, theologische Vergewisserung der Selbigkeit Gottes in Überlieferung und sich wandelnder Zeiterfahrung[144] angesichts naher,
umfassender Wende. Apokalyptik hat auch in sich ihr Werden:
Von Daniel zu 4Esr und syrBar ist ein weiter Weg. Die Scheidung in Äonen setzt allererst die verheerenden Erfahrungen
von 70 n.Chr. voraus, und von Dualismus als einem in jeder
Hinsicht dominantem Kennzeichen kann in der Apokalyptik
keine Rede sein – Gott ist ein und derselbe in der theologisch
umgriffenen Gesamtzeit! Das weisen die Offenbarungen apokalyptischer Schriften auf und zeigen aus göttlich kundgegebenem Hintergrundwissen, wo Gottes geordnete Zeit jetzt steht!

Daß Apokalyptik eine Front Jesu war, der er entgegentritt, ist
doch eher fraglich. Jesus schreibt eben keine Bücher. Das unterscheidet ihn von den Übermittlern der Weisheitsschriften,
der Prophetenbücher und der apokalyptischen Schriften, kurz
von der Theologie als Wissenschaft im späten Israel, die sich
an der quasikanonischen Überlieferung ihres Gottes geistig
produktiv literarisch vergewissert. Jesus vergewissert sich
auch unter Beizug maßgeblicher Überlieferung wie die apoka-
lyptisch beanspruchten Visionen und Auditionen anscheinend
an Gott unmittelbar, freilich ohne daß diese Szenerien eine
Rolle spielten und schriftliche Übermittlung in Offenbarungsschriften konstitutiv wäre. Daß Jesus aber theologische oder
auch nur apokalyptische Buchüberlieferung völlig ablehnt, ist
damit nicht gesagt, ja angesichts von Voraussetzungen seiner
Worte nicht einmal wahrscheinlich. Jesus ist anders überliefert: Nicht als Theologe mit theologischer Vergewisserung
geschrieben in Bücher, sondern in der Wiedergabe seines direkten Wirkens unter Menschen. Nicht aufgeschriebene Di-
rekt- und Hintergrundoffenbarungen, sondern dieses sein kon-
kretes Wirken unter Menschen ist der Überlieferungszeich-
nung nach Wirken Jesu im nahen Gottesreich. Und dieses
Gottesreich zeigt sich hier nicht in stimmigen Offenbarungen

---

144 S. dazu jetzt R.G. Kratz, Art. Apokalyptik, II. Altes Testament,
RGG[4] I, 1998, 591 f.

= Theologie!

korreliert mit geschichtlich-weltpolitischen Langzeiterfahrungen wie in Dan 1–7, sondern in der Lebenswelt, in der Alltagswelt der Menschen: ohne Sorgen essen, leben, geheilt, gesund sein, gerettet werden, Gemeinschaft haben. So wird Jesus überliefert. Dieses Heilswirken entspricht schon darin weniger den extensiven Zügen in den Heilsbildern der Prophetenbücher und der apokalyptischen Schriften; es entspricht, wie schon erwähnt, dem Heilsbild im letzten Buch der Psalmen und in entsprechenden Gebeten der Zeit, und es entspricht in der eschatologischen Qualität des Gottesreiches eben einer allerdings unpolitischen Aufnahme von Dan 7.

Es könnte einleuchten, daß Jesus mit den zu seiner Zeit schon länger maßgeblichen Schriftencorpora Tora und Nebiim auch den theologischen Orientierungsrahmen von Tora und den weiten Horizont der Prophetenbücher durchaus voraussetzt und teilt und damit auch die Grundlage der theologischen Wissenschaft der Zeit. Aber das wäre der Unterschied: Er selbst sucht in seinem überlieferten Wirken jedoch nicht die damals gängige wissenschaftliche Vergewisserung Gottes, sondern bewußt und gezielt Gottes Heilsnähe unter den Menschen in der Alltagswelt und vollzieht da die Nähe des kommenden Gottesreiches.

(d) Im frühen Christentum, das sei jetzt nur noch angedeutet, wird die Aufgabe theologischer Vergewisserung in Orientierungsschriften dann allerdings wieder unausweichlich – in den Evangelien als solchen, in den Argumentationen des Corpus Paulinum und des Hebräerbriefes, in der Jesusdarstellung des Johannesevangeliums und nicht zuletzt in der Johannesoffenbarung. Überall werden wenn nicht als Darstellung, die sich angesichts des rezipierten Alten Testaments als Heiliger Schrift erübrigt, so doch zumindest als Perspektive die thematischen Weiten der Sinngeschichte Gottes in der Gesamtzeit der Zuwendung Gottes entsprechend den Prophetenbüchern nun wieder aufgegriffen und Christus und die Zukunft der Christen und der christlichen Welt darin eingeschlossen.

These 10: Das Vorbildliche der Prophetenbücher
für den Vorgang zeitnaher und theologisch vergewisserter
Tradition

Prophetenbücher bieten unbeschadet ihres kanonischen Vorrangs auch in der Folgezeit christlicher Bibelrezeption Vor-
bildliches für den Vorgang zeitnaher und theologisch sachgemäßer Vergewisserung in Theologie und Kirche.

Theologie und Kirche können aus der exegetischen Entdek-
kung der Prophetenbücher als Bücher immer noch lernen.
Prophetenbücher sind mit der Zeit entstanden und reden von
Gott, indem sie mit der Zeit gehen. Prophetenbücher geben
maßgeblich Überkommenes in die Folgezeit nicht sklavisch
und steril, sondern veränderungssensibel zeitwach-lebendig
weiter. Das zeigt das Werden dieser Bücher: In ihrer kanoni-
schen Endgestalt ist Überlieferung in zeitrelativem Fluß und
somit Tradition in Bewegung zum Stehen gekommen.
Christliche Übermittlung der Gottesbotschaft kann die Quali-
tät der Überlieferung der Prophetenbücher natürlich nicht
einfach fortsetzen. Als kanonische Überlieferung bleiben diese
Bücher nämlich für alle Folgezeit theologisch grundlegend
und können als solche nicht wieder eingeholt und einfach
weitergeführt werden. Theologie und Kirche stehen auf diesem
ihnen selbst gegenüber grundlegenden Boden zum Stillstand
gekommener Überlieferung.
Durch die Eigenart der in ihnen bewahrten Überlieferung
aber können die Prophetenbücher in Kontaktkraft wie in
Grenzen zeitweiter, beweglicher Gotteswahrnehmung und
Gottesüberlieferung Vorbild für die lebendige, Geschehens-
und Erfahrungsbereiche offen aufnehmende Weiterüberliefe-
rung noch in späterer, nachkanonischer Zeit werden, wenn
lebendige, zeitnahe Weitergabe auch der Übermittlung des
christlich wahrgenommenen Gottes immer eigen sein muß.
Sind die Prophetenbücher des Alten Testaments doch diejeni-
gen biblischen Überlieferungen, die Gott im direkten Konnex
zu weitläufig erfahrenem Zeitwandel und zu den Gegebenhei-
ten qualitativer Lebenswelt der Menschen nachgehen.
Auf vier nach wie vor wesentliche Vorbildaspekte wollen wir
hinweisen: auf die Prophetenbücher (1) als Vorbild für die
Orientierung an Gott in seinem Zuschritt auf sich wandelnde
Zeit- und Erfahrungskonstellationen, (2) als Vorbild für Got-
tesüberlieferung als zeitbewegliche Wahrnehmung der Bezie-

hung von Gott und Lebenswelt, (3) als Vorbild für den Ver-
bleib der Gottesüberlieferung in der Bewegung der Zeit und
Erfahrung als dem Bereich der Bewährung, und schließlich (4)
als Vorbild für lebendig-wachsende Gotteswahrnehmung im
offenen, zeitwachen Nachgehen von Spuren des biblisch maß-
geblichen Gottes.

Ich darf zum Abschluß auch diese These erläutern[145]. Sie ruht
selbstredend auf einer konstituierenden Übereinkunft. Für
christliches Bekenntnis ist Gottes Offenbarung mit dem Kanon
der Bibel geschlossen. Insofern sind die wachsenden Prophetenbücher mit ihren kundgegebenen Perspektiven und Maßstäben im gesamtbiblischen Verband bleibendes Fundament, aber
als solche kein Vorbild für Spätere, diese Bücher selbst nun
abermals um jüngere Erfahrungen und Zeiten mit Texten derselben maßstäblichen Qualität immer weiter fortzuschreiben.
Die Prophetenbücher sind uns gemäß christlicher Übereinkunft
in einer geschlossenen Schriftensammlung maßgeblicher Vor-
rangigkeit vorgegeben; sie können nicht kanonisch gleichran-
gig ergänzt werden. Davon ist hier nicht weiter zu reden.
Wenn wir uns in diesem Rahmen an den Prophetenbüchern
theologisch vergewissern wollen, müssen sie demnach wie alle
biblischen Schriften ein Gegenüber zu aller Folgezeit und damit auch zu uns bleiben – ein sachliches, aber ihrer Herkunft
entsprechend eben auch ein altes Gegenüber. Wir hatten schon
in den Teilen I–III unserer Ausführungen von dieser im christlichen Rahmen grundlegenden und unaufhebbaren Eigenart
der Bibel und dem damit gestellten Traditionsproblem zu sprechen. Die Prophetenbücher haben daran teil.
Ein altes Gegenüber – im Dienste theologischer Vergewisserung können wir wie die Bibel überhaupt so auch die Prophetenbücher nicht einfach mit den Augen unserer Zeit lesen und
ihnen daraus Gleichgewichtiges anfügen. Wir können uns da
nicht heraussuchen, was uns Späteren wichtig oder menschlich
scheint, und wir müssen alle Scheinmodernisierung und alle
modische Betroffenheitslektüre etwa mit der sattsam bekann-
ten Vorliebe speziell für den sozialkritischen Amos meiden.
Schon die Prophetenweiterüberlieferung selbst hat nicht immer

---

145 Vgl. dazu ausführlicher schon die Kapitel V und VI in Steck, Prophetenbücher, 177–204, und in vieler Hinsicht entsprechend die einge-
henden Bestimmungen, die Krüger, Geschichtskonzepte, 1–61.473–488
gegeben hat.

wieder zuerst bei sich begonnen, sondern hat übernommen und wohlgemerkt weiter erhalten, was ihr als maßgebliche Überlieferung und damit als Sehweise und beweglicher Maßstab zugekommen war.

Unsere theologische Aufgabe heute, die der in den Prophetenbüchern angegangenen entspräche, ist es vielmehr, die alten Aussagen dieser Bücher zwar nicht mehr als Text »fortzuschreiben«, sie aber doch weiterhin verantwortlich in unsere Zeit in dem Gehalt und der Weite, die sie für Gott und Lebenswelt vorgeben, anzuwenden. Unsere theologische Aufgabe heute ist es also, die alten Aussagen dieser Bücher weit über die Möglichkeiten der Erfassung zur biblischen Zeit hinaus mit veränderten Konstellationen in Verbindung zu bringen und sie auf der Grundlage maßgeblicher biblischer Perspektive (nicht Formulierung und zeitverhafteter Erfassung) lebensmäßig wie sprachlich weiter zu konkretisieren.

Man könnte auch sagen, unsere entsprechende Aufgabe wäre, mit prophetisch-biblisch geleiteten Augen Gott in den durchaus eigenartigen Konstellationen, wie sie heute in verschiedenen Lebensbereichen bestehen, zu entdecken und diese Entdeckungen an die prophetisch-biblisch maßstäblichen unter Berücksichtigung des Zeitwandels anzuschließen! Dabei wäre zu einer Konkretisierung von Art und Ausmaß aufgefordert, wie sie zuvor unter anderen, älteren Konstellationen noch nicht erfolgen konnte, und zu der Entschlossenheit, dabei Veraltetes ohne Zögern auch alt sein zu lassen. An uns ist es also, entsprechend der Prophetenüberlieferung zu fragen und zu erfassen, was die textgemäße Lebensgestalt der Bücherbotschaft heute sein muß, je nach Konstellation an dem einen Ort so, woanders aber durchaus auch anders.

Auf dem Boden christlichen Glaubens ist für solch kreativzeitnahe Aneignung der Prophetenbücher natürlich zusätzlich zu bedenken, daß unsere Bibel von diesen Büchern aus gesehen die Wahrnehmung eines Langzeitweges Gottes bezeugt, der nun auch das Kommen Christi und die Zeit der christlichen Kirchen einschließt. Also im Anschluß an den Weg des biblischen Israel im Kreis der Völker, wie ihn das alttestamentliche Israel immer wieder und in verschiedenen Konzepten vergewissert hat, weiter den Weg Jesu gemäß den Evangelien, ferner den Weg der Urkirche in Briefen und in der Apostelgeschichte und schließlich die endgültigen Wegziele zumal in der Johannesoffenbarung entsprechend den für Christen wegweisenden Sinnbestimmungen für Gott im Zeitlauf, die im

Neuen Testament gegeben werden. Die von den Prophetenbüchern gewiesene Schau auf den lebendigen Gott und seinen Weg im Verlauf von Zeit differenziert sich also auf dem Boden christlicher Kanonbildung aus resultativer Sicht *post Christum natum* grundlegend und qualifiziert aus neutestamentlicher Gotteswahrnehmung nun die Gesamtsicht neu.

Schon das Neue Testament hat zu seiner Zeit und auf seine zeitgebundene Weise diese neue Gottessicht formuliert. In urchristlich-damaliger Sicht erfaßt es das Vaterhandeln Gottes vor dem Kommen des Sohnes in eigenen, zeitbedingten Bestimmungen, wie der Gang des Logos im Johannesprolog, wie die paulinische Wahrnehmung, wie der Kolosserhymnus oder der Blick des Hebräerbriefs zeigen. Doch ist diese damals dominante Sicht nicht die einzig kanonische, weil neben dem Neuen genauso das Alte Testament zum christlichen Kanon gehört. In wechselseitigem Geben und Nehmen zwischen den beiden Testamenten und in eigenständiger Geltung von bleibenden Zügen des Alten Testaments bringt das Alte Testament auch seinerseits die Sicht eines langzeitig-politisch-lebensweltlich ausgerichteten Weges Gottes ein, der mit Christus nicht bcsitigt wird, sondern als Schöpfungsgeschehen weiterläuft, den Wert des Lebendigen und seines Lebenkönnens in der Zeit hochhält und das Christusgeschehen *ex post* in Zügen sehen läßt, die das Urchristentum wegen anderer Lage noch kaum expliziert hat.

Aber natürlich – aus der christlichen Option für das Christusgeschehen als Ziel des Langzeitweges biblischer Selbstkundgabe Gottes ergeben sich auch ganz elementare Konsequenzen für Neuakzentuierungen im komplexen Bestand der biblischen Konzepte und Aussagen selbst. Anders als in der Sicht der Prophetenbücher sind in solcher erweiterten Gesamtperspektive jetzt Heil und Unheil trotz weltweiter Sicht nicht mehr auf Nationalität, Volk, Land, Zion, Toragehorsam konzentriert. Und die für prophetische Wahrnehmung typischen Bereiche politisch-sozialen Ergehens und Handelns sind – darin kommen spätalttestamentliche und neutestamentliche Perspektiven überein – als Bereiche des Bestmöglichen, Vorläufigen nun zu unterscheiden von der umfassenden und allseitigen Heilsverwirklichung des Besten, die jetzt schon ihre christlich gelungenen Zeichen hat, die sich als Ziel der Wege Gottes umfassend aber durch Gottes alleiniges Tun ereignen wird. Auf der Grundlage dieser nunmehr maßgeblichen Sinnsicht als der zu biblischen Zeiten einschließlich der urchristlichen gefaßten

Tiefendimension von Wahrnehmung Gottes bis hin zu seinem
Kommen in Christus und nicht mehr nur auf der Basis des
prophetisch Überlieferten wären die Folgezeiten bis hin zu den
heute je eigenen *sub specie Dei* erfahrungsbezogen zu sichten.
Dabei sind auch zeitgeschichtlich fixierte (und ständig über-
holte) Naherwartungskonzepte zurückzudämmen im neutestamentlichen Sinne dessen, daß niemand die Stunde weiß. Doch
sind die Prophetenbücher des Alten Testaments selbst noch in
ihren jüngsten Schlußperspektiven in Sachen endzeitlicher
Festlegung weit offener und zurückhaltender als etwa das Danielbuch und andere apokalyptische Zeitfixierungen.
Sieht man in ungewohnter Weise einmal vom Standort der
Prophetenbücher aus auf diesen Sachverhalt, dann verbindet
beide Testamente gleichwohl der Blick auf den vornehmlichen
Gegenstand, den sie präsentieren, nämlich der Blick auf die
komplexe, vielfältige, diffuse, Zeiterfahrung sichtende und ge-
wichtende Sinngeschichte Gottes, die mit der Vergabe von Leben und Lebenswelt anhebt, sich durch die Vielfalt geschichtlicher Erfahrungswelten zieht und auf umfassende Heilsvollendung zielt.
Die biblisch exponierte Sicht solcher Sinngeschichte ist durch
umfassende Weiträumigkeit und sachliche Konzentration gekennzeichnet. Sie umfaßt schon in den antiken Überliefe-
rungshorizonten intentional, wenn auch gegenüber fortan ge-
wachsenem Wissen in damaliger Beschränkung, nicht weniger
als das Ganze der Erfahrungswelt mit Vorgängen und ebenso
Befürchtungen, Hoffnungen in Fluß und Ergebnis. Sie filtert
aber aus diesem Ganzen das *sub specie Dei* Sinntragende als
den eigentlich bewegenden göttlich-menschlichen Handlungs-
verlauf heraus und bringt Geschehenes auf der Welt- und/oder
Israelbühne gerade in dieser Wahrnehmung und Konzentration
zur Darstellung.
Aus der Relation zu einer so erfaßten Sinngeschichte Gottes
als dem prophetisch vorgewiesenen Inhalt der maßgeblichen
Gesamtüberlieferung empfängt jede spätere Erfahrung in der
wechselnden Eigenart jeweiliger Zeit schon im Sinne der Prophetenbücher selbst und der Antriebe für ihr Binnenwachstum
ihre Sichtung und Sinnqualität, die es konkret zu fassen und
als aktuelle Lebensgestalt biblischer Gottespräsenz auch fortan
zu zeigen gilt. Ist doch in diese biblisch kundgegebene Gesamtsicht Gottes als eines mit der Zeit gehenden Gottes die je
eigene Zeit mit ihren je eigenen Erfahrungen eingeschlossen
und in aktuellen Vergewisserungen ausdrücklich einzufügen.

Folgt man der Anregung, die die Prophetenbücher geben, dann könnte die Weite des Gotteshandelns und dessen allumfassende Konkretion im Zeitlauf, das diese Bücher sehen lehren, auch noch auf der Ebene des christlichen Bibelkanons die maßgebliche Perspektive sein. Und umgekehrt: Es wäre nicht im Sinne der weitergegebenen Sehweise dieser Bücher, wenn Gotteshandeln auf unbeweglich Altüberliefertes, auf den je Einzelnen, auf Innerlichkeit, Moral, Gebot, Abstraktion und das Ewiggleiche verkürzt würde.

Nicht anders ist es beim qualitativen Ziel prophetischer Gotteskunde. Auch da hat das Sachgefälle buchprophetischer Binnenüberlieferungsgeschichte Vorbildlichkeit bis in entsprechende Aussagen des Neuen Testament und darüber hinaus. In der Zeit *post Christum natum* ist keine Gerichtsankündigung wie die der Propheten für die vorexilische Zeit geboten, die im übrigen als Gotteshandeln schon im Ablauf der Prophetenbücher und Prophetenbücherreihen selbst überschritten ist, sondern, wie von der nachexilischen Prophetenüberlieferung und erst recht vom Neuen Testament gewiesen, zentral Gericht überschreitendes Evangelium zu künden. Schon die Prophetenüberlieferung in ihrer in nachexilischer Zeit gewachsenen Gestalt hat ja nicht an einer Daueraktualität der vorexilischen Gerichtsverkündigung festgehalten, sondern sie als überliefernsnötige Begründung für anhaltend erfahrenes Unheil und als Spiegel für aktuelle Vergehen gefaßt. Es ist bezeichnend, daß diese aktuellen Vergehen für das Gottesvolk in der Regel nicht zu einer Wiederholung von 587 v.Chr. führen, wohl aber das auch für alttestamentliche Sicht in Initialerfahrungen (Ende Babel, Kyros) schon als Vorgang anhebende Heil aufhalten und von der Teilhabe ausschließen könnten (Jes 56–66; Mal). Eine Ausnahme bilden allerdings Texte, die spätere Vorgänge als solche von 587 v.Chr. darstellen, wie dies womöglich in Jes 63,7–64,11, vor allem aber in Texten der zwischentestamentlichen Literatur der Fall ist.

Auch für den von einer Vorbildlichkeit der Prophetenbücher geleiteten Blick, der weiter bis in den urchristlichen Bereich schaut, gilt für christliche Option selbstverständlich: Bei einer theologischen Verantwortung, die der Bibel als der Verbindung beider Testamente Rechnung trägt, gibt grundlegende Elementarkriterien für Christen natürlich das Christuszeugnis des Neuen Testaments, das das Maß verantwortlicher Lebensgestalt in Erfahrung, Denken, Handeln markiert. Die umfassende Lebensfürsorge in Gewährung und Entzug und die Le-

bensbreite der Gottessicht des Alten Testaments aber bleibt
nach wie vor virulent; sie gibt die Weite der Zeit und die
Weite der Lebensfelder[146] und damit die gegenüber dem Neu-
en Testament wieder viel umfassendere Lebenskonkretion –
eine Weite der Lebensfelder, auf denen Gott in der Dehnung
von Zeit nach wie vor begegnet und auf der Grundlage eben
dieser alttestamentlichen Sicht auch heute wieder aufgesucht
werden muß. Wir erinnern uns an Überlegungen, die wir oben
in III 3d vorgebracht haben. Es ist in der Beziehung Al-
tes/Neues Testament ja immer zu unterscheiden zwischen
sachlichen Wandlungen, die Gott über die alttestamentliche
Gotteswahrnehmung hinaus schließlich durch Christus setzt,
und nur zeitbedingten, zeitbegrenzten Unterschieden, die lediglich mit der speziellen urchristlichen Situation und damaligen Wahrnehmung zusammenhängen.
Sieht man aus dem Blickwinkel der Prophetenbücher auf den
christlichen Kanon, so ist das Ziel der jeweiligen Neuverge-
wisserung solcher Zusammenschau von Altem und Neuen Testament für christliche Option ganz elementar und im Grunde
einfach zu benennen: Es ist die fortgehend vergewisserte Präsenzgestalt des biblischen Gottes auf der Basis der maßgeblichen Kunde von der Person Gottes. Gott wird damit vergewissert aus dem Weg, den er gemäß seinen alttestamentlichen bis
hin zu seinen neutestamentlichen Wahrnehmungen genommen
hat. Dabei ist es im Sinne christlicher Option, daß Gott seinen
Kundgabeweg über das Alte Testament hinaus in Christus zu
Ende gegangen ist und dementsprechend die neutestamentliche
Gotteswahrnehmung die alttestamentliche zum Ziel führt und
umgekehrt die alttestamentliche als Wahrnehmungs- und
Handlungszüge derselben lebendigen Person die neutestamentliche Gotteswahrnehmung vertieft, ergänzt und bereichert, ohne als bloße Vorgeschichte oder Erinnerung an Über-
holtes abgewertet zu werden. Kanon, in prophetischer Perspektive *ex post* resultativ gesehen, muß als geschichtliche
Bewegung der grundlegenden Gotteswahrnehmung in der biblischen Zeit erfaßt werden. In diesem Geschehen ist gemäß
Kanonfestlegung für die Maßgeblichkeit derjenigen Schriften
optiert, die theologisch dem Gotteswissen entsprechende und
von der Lebensbewährung gewiesene Gotteskunde übermitteln
und gegen die Schriften derselben Zeit entschieden, in denen

---

146   S. dazu schon O.H. Steck, Welt und Umwelt, 173f.

das nicht der Fall ist. Wir sagten es schon: Das Alte Testament steht dabei für langzeitige, alltägliche, schöpfungsmäßige, weltweite, politisch-konkrete Lebensbezüge Gottes weit über eine isolierte Größe Gottesvolk Israel hinaus. Es steht für Lebensbezüge Gottes, die zu wenig Gegenstand neutestamentlicher Wahrnehmung und Botschaft sind, sondern auch weiterhin aus dem Alten Testament wachgehalten werden müssen.

Was wären in solcher aus Prophetenbüchern vorgewiesenen Sicht Characteristica der Gotteskunde heute?

Der Exeget, der historisch am ursprünglichen Text und in dessen Zeit verbleibt, kann das allein nicht sagen.

Eine für Exegese heute viel und schnell geforderte ›biblische Theologie‹[147] im Sinne des sachlichen, inneren Zusammenhanges der Bibel als scheinbar exegetische Aufgabe vermag es auch nicht. Eine solche biblische Theologie kann es als exegetisch-biblische Disziplin wegen der sachlichen und zeitlichen Vielstimmigkeit der Bibel auf der Ebene historischer (!) Textsinnrekonstruktion überhaupt nicht geben, weil die Fragestellung einer solchen Theologie keine historisch-exegetische, sondern allenfalls eine frühchristlich-kirchengeschichtliche Fragestellung christlicher Kanonsbildung und der dabei wal tenden Sinngebungen ist. Wie die Mitte-Bestimmungen haben auch die unter Biblischer Theologie gesuchten inhaltlichen Bestimmungen, worin der sachliche Zusammenhang der Bibel bestehe, extern-optionalen und nicht exegetisch-historischen Charakter. Nur warnen kann man vor heute simpel mit Computerhilfe fabrizierten, vermeintlich biblischen Sachlinien, die den inneren Zusammenhang erfassen oder veranschaulichen sollen: Am allerwenigsten läßt sich nämlich so eine ohnehin in der Gefahr der Geschichtsferne und nachträglichen Systematisierung stehende Theologie exegetisch durch elektronisch fabrizierte Konkordanzlinien zu Begriffen als biblisches System herstellen.

Näherbestimmen und theologisch sichern kann prophetisch vorgewiesene Characteristica das, was an die Stelle exegetisch versuchter biblischer Theologie treten muß, nämlich eine über exegetische Arbeit weit hinaus an biblischer Grundlage resultativ vergewisserte Theologie, die für die zeitliche Bedingtheit biblischer Aussagen und für neue Herausforderungen nachbiblischer Zeit in durchaus unterschiedlichen räumlich-situatio-

---

147 S. zur Diskussuion mit Literaturhinweisen jüngst den Artikel »Biblische Theologie« (B. Janowski / M. Welker) in: RGG⁴, 1544–1553.

nellen Ausprägungen gleichermaßen offen ist. Sie dient der
gesamttheologischen Aufgabe, die es statt begrifflich-theologi-
scher Bibelsinnkonstrukte pseudo- oder gar antihistorischer
Art, statt rein historischer Erkundungen und statt abstrahieren-
der Systematisierungen interdisziplinär unter solchen Herausforderungen zu lösen gilt.

Characteristica der Gotteskunde heute, die sich an die Prophetenbücher hält, lassen sich also bestimmen im Rahmen der
Aufgabe einer zeitgemäß-maßgeblichen Gotteskunde biblischer Qualität, die sich an bleibend Grundlegendem im Gang
der biblischen Überlieferung orientiert, die Entsprechungen
aus dem Ablauf der biblisch erschlossenen Sinngeschichte
Gottes zu aktuellen Konstellationen achtet, aber auch die
sachnotwendige Überschreitung biblischer Formulierungen
und Konkretionen in ganz andere, veränderte Konstellationen
erkennt und so jeder Zeit von neuem aufgegeben ist.

Die Vergewisserung einer das Heute einschließenden Sinngeschichte Gottes in der Nachfolge der prophetischen Überlieferungsbildung umgriffe, was herkömmlich in exegetisch-
historischer und systematischer Theologie allzu lange schon
viel zu isoliert voneinander erarbeitet wird. Doch bei solcher
resultativen, von hinten her den bezeugten Weg Gottes nach-
gehenden Anwendung des biblischen Kanons in Folgezeiten
ist immer wieder zu betonen: Solche Anwendung hat die Ausflucht in zeitlose Gültigkeitsformulierungen zu meiden und
eine doppelte Relativität zu achten: die Zeitrelativität der biblischen Aussagen in ihrem Nebeneinander wie in ihrem Werden,
die nicht in eine verkappte Endtextsystematik zeitenthobener
Geltung übersprungen werden darf, und die Zeitrelativität dessen, was als Wahrnehmung der aktuellen Präsenzgestalt des
biblischen Gottes jetzt von ihrerseits zeitgebundenen und damit begrenzt wirkenden Gotteszeugen zu erfassen, zu erarbeiten, zu künden und zu leben ist.

Die Fülle der in alt- und neutestamentlicher Zeit eingebrachten
Züge der Gotteswahrnehmung in den Konstellationen der Folgezeit für die Ausarbeitung von Gesamtbild und Konkretionen
weiter zu bedenken, sie mit den unverengt eingestandenen und
aufgenommenen Wandlungen in der Folgezeit bis hin zu den
heutigen zu konfrontieren und zur denkenden und lebens-
praktischen Vergewisserung des Glaubens zu erfassen, ist somit im Sinne unserer Anschlußüberlegungen zur Theologie der
Prophetenbücher stetige Aufgabe der Theologie im ganzen.
Solche Theologie ist von der Art, daß sie auf allen ihren Fel-

dern nicht nur Sachverhalte beschreibt, sondern urteilend-
zeitnah an der Sache arbeitet!

Es ist selbstverständlich, daß eine Ausführung dieser Aufgabe
in unserem Rahmen alttestamentlicher Forschung und deren
Anregungen jetzt nicht einmal anzudeuten ist. Unsere hier ver-
folgte Frage ist die Frage nach der Vorbildlichkeit prophetischer Buchüberlieferung als solcher für den Vorgang von
Theologie oder, was dasselbe ist, von vergewisserter Gottestradition auch noch der Folgezeiten, und in dieser Hinsicht
ergeben sich bemerkenswerte Entsprechungen und Anstöße.

Worin könnte sich, so gesehen, diese besondere Vorbildlichkeit der Prophetenbücher des Alten Testaments aus der Eigenart dieser Überlieferungsliteratur einmal bündeln lassen? Ich
führe versuchsweise die vier Aspekte näher aus, die schon in
der Thesenformulierung kurz genannt wurden und alle einen
Theologie heutzutage entlastenden Effekt haben könnten.

(1) Die Zeitbeweglichkeit prophetischer wie buchprophetischer Wahrnehmung Gottes. Vorbild sind und bleiben die Prophetenbücher mit ihrer umfassenden, aber im Zeitlauf verblei-
benden Sehweite für die Theologie aller nachkanonischen Zeit
durch die lebendige Gotteswahrnehmung, die sie in ihrem
langzeitigen Werden umschließen. Vorbild bleiben sie also in
ihrer Orientierung an dem lebendigen, durch die Zeiten gehenden, mit lebensweltlicher Erfahrung korrelierten Gott, der sich
am Leben bewährt. Sie sind mit anderen Worten Vorbild für
die veränderungsoffene, Wechsel und Wandel zugewandte
Zeitbeweglichkeit, in der der biblische Gott wahrgenommen
wird.

Prophetenüberlieferung ist ja nicht stehengeblieben beim einmal Empfangenen, bei Erfahrungen von früher, und sie ist in
all der Wirrnis erlebter Zeit auch nicht ausgeschert in Gottesaussagen, die Gültigkeit mit Zeitferne und vermiedener Lebensnähe erkaufen. Sie hat den Gott der Überlieferung vielmehr immer wieder weiterverfolgt in veränderte Erfahrungen
und Herausforderungen, hat Frage und Rätsel der Präsenz
Gottes im veränderten Lebensterrain offensichtlich ausgehalten. Sie hat ihn im bleibenden und gewahrten Anschluß an
Überlieferung und in Überschreitung derselben in neuen,
wechselnden politischen, sozialen Konstellationen aufgesucht,
gehört, konkreter oder sogar verändert entdeckt. Sie hat ihn auf
der Grundlage der Überlieferung als dieselbe Person und somit
als denselben erkannt und beides fortschreibend formuliert.
Unter wesentlichen sinnqualitativen Aspekten gehören dabei

Zeitlauf, Erfahrungswandel und Lebendigkeit Gottes zusammen. Und – Gottes Selbigkeit im Lauf der Zeit ergibt sich für prophetische Sicht eben nicht aus Abstraktionen vom Zeitlauf, sondern aus Kontinuität in der Relation von Überlieferung und jeweils unverkürzt wahrgenommener Erfahrungswelt. Diese Relation und mit ihr der so wahrgenommene Gott verbleibt immer in der Zeit.

Zu dieser Zeitbeweglichkeit gehört, daß die Relation von Überlieferung und sich wandelnder Erfahrungswelt im Sinne dieser Sicht auszuhalten ist und sich nicht ins Überzeitliche, Zeitneutrale geistig überspringen läßt. Das schließt nicht aus, sondern ein, denkend zu klären, was zu denken ist. Es könnte im Sinne prophetischer Sicht aber den entlastenden Verzicht auf das zeitenthobene Denken des Absoluten bedeuten, das von den Prophetenbüchern aus gesehen als unziemliche Vorwegnahme erscheint und die nötige Lebensstimmigkeit zugunsten einer Systemstimmigkeit überspringt – wir hatten in Teil III unserer Ausführungen eingehend davon zu reden. Prophetenbücher wären in diesem Sinne Vorbild durch die Beschränkung, die Konzentration auf die gegebenen Grundlagen ihrer Rede von Gott. Prophetenbücher lassen sich daran genügen, Gottes sinnstiftenden Weg inmitten der Zeit verbleibend zu künden und auf der Grundlage maßgeblicher erfahrungsbewährter Überlieferung Gottes Weiterweg im Verlauf von Zeit zu erkunden – mit all den Grenzen, Offenheiten, Überraschungen auch für Besonderes, Singuläres in Erfahrung, die dazugehören. Die innovative, überraschende, verstörende, sogar religiöse Traditionsaussagen durchbrechende Formulierung der Prophetentexte in Sprache und Sprachbildern ist mehr als beredter Ausdruck der Gotteswahrnehmung, wie sie hier waltet!

Die Welt gemäß prophetischer Gotteswahrnehmung ist somit nicht eine Welt von erfahrenem Geschehen abstrahierter Bestimmungen, sondern die schon immer von Gott begleitete und gestaltete Welt von seither, jetzt und künftig, wie sie sich in aller Komplexität nichts anderem als der Erfahrung zugänglich macht und sich immer wieder eine angemessene, alles Gewesene, auch theologisch Gewesene durchbrechende Sprache suchen muß.

Rede von Gott ist dementsprechend in dieser Überlieferung eben die Rede von einer in der Zeit handelnden Person. Im Sinne der Prophetenbücher ist die Aufgabe gesetzt, mit dieser Person als mit dem sinnhandelnden und sinnprägenden Subjekt mitzugehen in der ganzen Länge der erinnerten und der eigenen Erfahrungszeit. In solchem Nachgehen des in geschichtlichem Langzeitergehen sich lebendig zuwendenden Gottes soll sich im Sinne der Prophetenbücherüberlieferung ereignen, daß derselbe Gott in überraschender Konkretion auch in der jeweiligen Gegenwart entdeckt und sachlich entsprechend, aber in Konkretion und Gewohntes übersteigender Sprache gegenwartsgemäß wahrgenommen wird.[148]

Was Gerhard von Rad für das Alte Testament selbst sagt, gibt im Lichte der Gotteswahrnehmung der Prophetenbücher so auch aller biblisch orientierten Theologie und Theologiekonkretion der Folgezeit zu denken: »Es wäre ... für unser Verständnis verhängnisvoll, wenn wir die Zeugniswelt Israels von vornherein nach theologischen Zusammenhängen ordnen wollten, die zwar uns geläufig sind, die aber mit den Zusammenhängen, von denen sich Israel sein theologisches Denken ordnen ließ, gar nichts zu tun haben. Die legitimste Form theologischen Redens vom Alten Testament ist deshalb immer noch die Nacherzählung. Das war jedenfalls die nächste Folgerung, die Israel aus dem ihm widerfahrenen Geschichtshandeln Jahwes zog: Die göttlichen Taten mußten erzählt werden. Jeder Generation sind sie von den Vätern erzählt worden ..., und deshalb mußten sie in immer neuer Aktualisierung weitererzählt werden ...«[149]. Das Motto unserer Untersuchung sagt mit den Worten von J.U. Ribeiro auf seine Weise Entsprechendes.

(2) Nach Gott muß nun von seiner Überlieferung die Rede sein, und zwar von der Zeitbeweglichkeit nicht nur der prophetischen Gotteswahrnehmung, sondern entsprechend auch der prophetischen Gottestradition. Prophetenbücher in ihrem Werden und Wachsen übermitteln den der Lebenswelt zugewandten Gott, übermitteln Gott in der Zeit, in der Erfahrung, wie sie langzeitig durch Überlieferung bewußt bleibt und wie sie immer wieder in stets veränderter Lebensgestalt entgegentritt. Prophetenbücher zeigen, daß sich Gott nicht anders als im Konnex zu Lebensnähe, zu Lebenskonkretion zu über-

---

148 Vgl. zur Frage systematisch-theologisch M. Moxter, Gegenwart, die sich nicht dehnt. Eine kritische Erinnerung an Bultmanns Zeitverständnis, in: D. Georgi u.a., Religion und Gestaltung der Zeit, Kampen 1994, 108–122; Dalferth, Gott und Zeit, in: ders., Gedeutete Gegenwart, 232–267.
149 Theologie des Alten Testaments, Bd. I: Die Theologie der geschichtlichen Überlieferungen Israels, 1957, 126 (= 4. Aufl. 1962, 134f).

mitteln gibt. So wird er wahrgenommen, so wird von ihm ge-
sprochen.
Was für die Prophetenbücher selbst gilt, könnte auch weiterhin
wegweisend sein. Prophetenüberlieferung, bewahrt und fortgehend verlebendigt im Anwachsen von Büchern, ist darin
Vorbild für die Offenheit, unverkrampft und ohne Angst in
Folgezeiten auf neue, andere Erfahrungen, Zeitkonstellationen,
Herausforderungen einzugehen. Sie ist damit Vorbild für die
so oft ängstlich vermiedene, aus Furcht, Gewohnheit, Angst,
Identität zu verlieren, so oft abgewertete Offenheit, über die
Erfahrungen und Formulierungen der maßgeblichen Überlieferungszeit immer wieder auch hinauszugehen, weil sich die
geschichtlichen Lebenskonstellationen wandeln. Die Prophetenbücher zeigen, daß der so gezahlte Preis der Lebensferne zu
hoch ist, weil das Leben Gottes im Leben so übergangen bliebe. Auf Gottes Lebendigkeit und Wirksamkeit im Gang von
weiträumig gesehenen Erfahrungsvorgängen in Zeit kommt
der prophetischen Überlieferung aber alles an.
Solcher Lebendigkeit Gottes im Gang der Zeit entspricht nicht
stillstehende, sondern weitergehende Tradition. Prophetenbücher geben damit Späteren – nun freilich auf dem Boden des
Kanons – Mut zu lebendiger, zeitsensibler, kreativer, weiter-
schreitender Tradition auch weiterhin. Sie ermutigen zu Ausbildung einer zeitgemäßen Gestalt von Tradition, die dem eigenen, je zeitgebundenen Wahrnehmungsstandort der Tradenten Rechnung trägt. Zur Ausbildung einer zeitgemäßen Gestalt
von Tradition, die Veränderungen der Wahrnehmung, des
Wissens, des Denkens, der Konkretion nicht scheut oder be-
schönigt, wenn es erneut zu fassen und zu sagen gilt, wer Gott
jetzt ist. Zum Abwurf von theologischem Ballast, in dem einst
nicht besser Gewußtes inzwischen Irrtum und Unsinn geworden ist. Prophetenbücher jedenfalls rechnen mit dem lebendigen, jeweils gegenwärtigen Gott, suchen ihn unter veränderten
Erfahrungen und Konstellationen erneut aufzufinden und
durch Weiterführung von Tradition zu zeigen.
Prophetenbücher geben also ein Vorbild für die Entschlossenheit, den überlieferten Gott in seiner Lebendigkeit in anderen
Zeiten, Räumen und Erfahrungen in veränderter Lebensgestalt
aufzusuchen und wahrzunehmen und durch jeweils zeit- und
menschennahes Reden und Tun zu bezeugen.
Und auch dies zeigen die Prophetenbücher: Die Aufgabe gilt
dabei nicht nur in der Abfolge von Zeit in einzelnen Konstellationen gleichsam hintereinander. Die Herausforderungen

unterschiedlicher Erfahrungskonstellationen und geschichtlicher Räume zur selben Zeit können also zu je eigenen, in aller Unterschiedlichkeit gleichzeitig gültigen Gotteswahrnehmungen führen, wie es etwa das Nebeneinander der ursprünglichen Botschaften der Propheten Hosea, Jesaja und Micha zeigt. Prophetische Buchüberlieferung ist also Vorbild für die Zeitbeweglichkeit, in der der biblische Gott überliefert wird. Anschluß an das Vorgehen der Prophetenbücher kann somit zu der Entlastung führen, daß Zeitbedingtheit von Überlieferung nicht die Schwäche, sondern die sachbedingte Grenze und darin Lebensstärke der biblischen Gotteskunde ist.

Der lebendigen Tradition in den alttestamentlichen Büchern nachzugehen, könnte also auch uns noch lernen lassen, wie das Überliefern Gottes im Fortgang von Zeit vor sich gehen muß. Eben der in der Überlieferung vorgewiesenen Spur im gewandelten Erfahrungs- oder auch veränderten Denkterrain nachzugehen, nachzudenken und zu entdecken, wie der Weg Gottes in solcher Veränderung weitergeht. Der Spur natürlich nicht irgendeines, sondern des biblischen Gottes weiter nachzugehen, nicht repetierend, sondern lebensoffen, das ist Tradition, wie sie die Prophetenbücher als Vorgang vorweisen. Nicht ängstlich, sondern frei auf Wandel zugehend. Nicht starr, sondern beweglich. Nicht durch die Wiederholung von einst treffenden, inzwischen längst ausgelaugten Gottesformeln, sondern durch Blick auf die Lebendigkeit Gottes im Fortgang von Zeit und Erfahrung!

Biblisches Tradieren, so zeigen es die Prophetenbücher exemplarisch, holt die spätere Zeit, so wie sie Späteren entgegentritt und sie umgibt, herein in die ihm eigene Perspektive und konfrontiert sie und sichtet sie vor dem biblischen Gott. Und biblisches Tradieren zieht ohne Angst hinaus in andere, besondere, singuläre oder doch veränderte, biblisch so noch nicht formulierte Erfahrungen, Fragen, Herausforderungen, Aufgaben, Kulturen, konfrontiert genau damit den biblischen Gott und lernt, sein Gottsein in diesen veränderten Erfahrungsfeldern neu zu verstehen und neu zu fassen und zu sagen!

Biblisches Tradieren, der historisch erfragte Vorgang »Überlieferung«, wie er im Zustandekommen der Prophetenbücher wie biblischer Bücher und Bücherreihen abläuft, bereichert also mit dieser Eigenart auch unser theologisches Arbeiten im ganzen.

Wir Späteren haben in der Sache dasselbe, in der Maßstäblichkeit aber nicht dasselbe, wohl aber dem ganz Entsprechendes

zu tun in der Weitergabe und im Vergewissern biblischer Botschaft durch theologische Wissenschaft – auch wir nachbiblischen Menschen reichen Überliefertes lebendig weiter in andere Zeiten oder sollten es doch.

(3) Die Bindung an die Zeit als der Bereich der Bewährung
biblischer Gottestradition. Prophetenbücher als Vorgang lebendiger, zeitbezogener Tradition sind auf ihre Weise Selbst-
erschließung Gottes als Handlungsperson im Bereich zeitlicher
Abläufe. Sie könnten damit wieder vorbildhaft zeigen, daß
sich Gott, an seiner biblischen Kundgabe geistig vergewissert,
vor allem im Zeitlauf, im Leben, im gewährten, erfahrenen,
gestalteten Leben und seinem Wert bewährt, wie es Menschen
in politischer Weite wie persönlicher Nähe leben. Der Spur
wäre zu folgen, wenn Überlieferung ihre fortgehende Lebensgestalt zeigen soll. Es ist die Gottesspur, der schon prophetische Überlieferung als solche nachgegangen ist.

Von den Prophetenbüchern aus gesehen fällt auf, daß das Alte
und das Neue Testament eine eigene Art der Bewährung Gottes vorweisen. Es ist keine einfach nur geistige Bewährung im
Sinne geistiger Ordnung durch zeitlos wahre Sätze und Satzfolgen von Gott, die sich dann immer wieder anwenden lassen.
Wir hatten in unseren Ausführungen ja schon vielfach darauf
hinzuweisen[150]: Die biblische Tradition selbst verzichtet darauf, nicht einfach nur, weil sie älter ist als die Begegnung von
Philosophie und Theologie, sondern doch wohl auch aus sachlichen Gründen der für Gotteskunde konstitutiven Wahrnehmung zeitnaher Lebendigkeit Gottes.[151]

Die biblische Art der Gottesbewährung und die prophetische
zumal trägt andere Züge, und es sieht so aus, daß ihr gegenüber systemarer Stimmigkeit scheinbar weniger durchaus mehr
ist. Sie bleibt mit solcher Zurückhaltung nämlich dem Leben
Gottes näher und damit in der Erfahrungswelt lebensbreiter,
lebensnäher, weniger abgeschlossen und risikoreicher, um den
Preis freilich, daß alles nicht so präzise ist wie in Konklusionen von Systemen und nicht so klar aufgeht. Das muß ordnen-
des Denken stören, aber dafür ist das biblisch anscheinend
Wichtigste gewahrt: Gott und Leben, Gott und Handlung,
Wirken, Gott und immer wieder überraschende Erfahrung bezüglich Lebensgewähr in der Besonderheit jeder Zeit sind zusammen und bleiben zusammen.

150 S. oben Teil II und III.
151 S. dazu oben Teil III 3b (2) (cc).

In der Zusammenschau von Gott und langzeitiger Zeiterfahrung in den Prophetenbüchern ist Gott eben nicht ein Satzteil einer logischen Aussage, der sich mit oder ohne Blick auf Zeit und zeitliche Wahrnehmung beweisen läßt, sondern ein lebendiges, in konkreter Zeiterfahrung immer wieder nicht ohne Irritation, Rätsel und Fragen begegnendes Ich, das im Verlauf von Zeit tätig ist und weiterhin alles betrifft. Der im Verlauf von Zeit sich überliefernde Gott eröffnet so auch mutigen Zugang zu Unerhörtem, so noch nicht und schon gar nicht in biblischer Formulierung Vorgegebenem.

Dieser Spur nachgehend kann man auch für nachbiblische Zeiten angeleitet Überraschendem, Andersartigem, Klärungsbedürftigem ohne jede Einschränkung sein Recht und seine Eigenart lassen. Man kann hier früher formulierte, grundlegende biblische Überlieferung und irritierende Erfahrungswelt sich jetzt begegnen lassen, so daß es wechselseitig zu lebensnaher, Eigenart wahrender Sichtung und Klärung kommt mit Konsequenzen bis in die Frage sprachlicher Fassung[152]!

In diesem Eingehen der Gotteswahrnehmung auf sich immer wieder verändernde Konstellationen und Fronten fällt die Frage nach dem Gleichbleibenden durchaus nicht weg[153]. Aber sie hat die Eigenart der Wahrnehmung ein und derselben Person und nicht einfach stringenter Lehre.

---

152 In der Sprache aktueller christlicher Traditionsweitergabe müssen nämlich nicht immer wieder traditionale Formeln wiederholt und Montagen aus herkömmlichen theologischen Begriffen für Identitätswahrung stehen. Zur Sprache wirklich aktueller christlicher Tradition gehört fernab aller sachfremden Anbiederung an Gängiges auch der Durchbruch gegenüber bisheriger Tradition, insbesondere gegenüber begrifflich-diskursiven Schlußfolgerungen, und die Aufnahme der Sprache biblischer, zumal prophetischer Gotteswahrnehmung, die statt auf Eigenschaften auf zeit- und erfahrungsnahe Handlungen Gottes ausgerichtet ist und sehr ungewöhnlich davon sprechen kann. Ohne peinlichen Kopien und Nachahmungen prophetischer Sprachmacht zu verfallen gehört dazu wie in der Übersetzung eine sachlich dichte, auf Mythisch-Transzentendes verweisende und darum eigene, nicht rein säkulare, sogar altertümliche (»die Wasser«, »auf Erden«), aber gleichwohl erfahrungsnahe Sprache, die sich nicht zuletzt in der Formulierung einer den biblischen Gott als Person überliefernden und zugleich heute sprachlich lebensnahen Predigt bewähren muß. Als so oder so zu wertende Versuche in diesem Sinne sei auf eine Sammlung ausgewählter Predigten verwiesen, s. O.H. Steck, Der Gottesspur nachgehen. Ausgewählte Predigten aus der Zeit 1965–1999 (als Manuskript abgeschlossen).

153 S. oben III 3d (2).

Das Alte Testament kann die Frage nach der Selbigkeit in der Weisheit in komplementären Mehrfachaussagen von Parallelismen (!) und in Sprüchen, Traktaten mit komplexen Aspekten nebeneinander (!) so fassen, daß sie sich jeder Reduktion auf ein Prinzip entzieht, aber erfahrungsbewährt durchaus immer wieder Geltendes formuliert und der Komplexität von Gotteserfahrung als Lebenserfahrung nach wie vor und immer wieder Raum läßt. Und das Alte Testament kann, wie gleichfalls in III schon näher angesprochen wurde[154], die Frage nach dem Gleichbleibenden in den Psalmen oder Jes 40–55 etwa sogar durchaus in immergeltende Aussagen von Gottes erfahrungsgesättigten Eigenschaften fassen. Aber das sind, wie wir sahen, keine zeitneutralen, sondern allzeit geltende und somit gesamtzeitliche Sätze, und sie stehen nicht statt oder gar vor Erfahrung, sondern bündeln als Letztaussagen vorgängige Erfahrung, enthalten sie und leben von ihr, wie nur schon der israelitische Hymnus lehrt. Sie gehören in den Lobpreis, in die Prädikation, sie sind nicht Basis systematischer Ableitungsaussagen, sondern wollen bestätigende Erfahrungen erschließen, wie abermals der alttestamentliche Hymnus zeigt.

Auch die Propheten- wie die Geschichtsüberlieferung des Alten Testaments handelt auf ihre Weise von Gleichbleibendem, auch wenn es hier kaum in inhaltlichen Einzelbestimmungen formuliert wird. Dieses Gleichbleibende ist aber hier wie dort dasselbe, die handelnde Person Jahwe durch die Zeiten biblischer Kundgabe. Sie wird in diesen Überlieferungen freilich besonders in Weg und Wandel ihrer Verlautbarungen und Handlungen gesehen, in ihrem Ausgriff in veränderte Erfahrungsräume und in der Übermittlung einer konstanten Schrittfolge, die durch die großen Züge in der Abfolge des Gotteshandelns von der Assyrerzeit bis zu einem finalen Weltgericht und der Heilsvollendung gekennzeichnet ist[155].

Das Gleichbleibende stellt sich in all diesen Überlieferungen einschließlich der Gottessätze in Psalmen und Jes 40–55 im Nachhinein als resultative Einsicht in geschichtliche Bewegung und deren Sinn dar, und in der Propheten- und Geschichtsüberlieferung wird dies nachgerade auusdrücklich, wie die Fortschreibungen des bislang überkommen Ganzen zeigen. Es ist die Eigenart personaler Handlungsstimmigkeit im

154 S. oben bei III, 3b (2); 3c (6); 3d (2).
155 S. dazu für die Prophetenbücher Steck, Abschluß der Prophetie, 120–126, besonders 123f, 167–178.

Zeitlauf, die so wahrgenommen wird, und das ist etwas *a limine* anderes als prinzipienorientierte Satzstimmigkeit! Es ist hier die tragende Grundauffassung, daß mit der Zeit nicht prinzipiengemäß immer Gleiches geschieht, sondern daß sich mit der Zeit Lebenskonstellationen verändern, wandeln, Zusammenhänge und Einschnitte bilden, auch als Geschehenstyp wiederholen, in denen Gleichbleibendes gerade in der mitgehend handelnden Person Jahwe und im Handeln der Menschen liegt. Deren beider Identität ist also eine von personaler Zeitlichkeit und somit nur *ex post* in zeitlichem Werden zu fassen und auszudrücken. Wir erinnern einmal mehr an das Motto unserer Untersuchung.

Das soll man im Effekt aus solch biblischer Überlieferung also entnehmen: So ist Gott in langzeitiger, geschichtlich aufgewiesener Bewährung mit Israel im Kreis der Völker gemäß seiner Kundgabe, und das ist es, was man anhand der schriftlich verfügbaren Gotteskunde der Prophetenbücher im Fortgang der Zeiten und was diese bringen, dann weiter entdecken soll.

In ihrer geschichtlich-politischen Weite des Ergehens Israels ist auf der Ebene des masoretischen Kanons diese Linie mit dem gewichtigen Tora-Ende Dtn 32 (und 33), dem anschlieβenden Teil Nebiim und den komplexen Aspekten in Daniel innerhalb von Ketubim einerseits und mit Zurücknahme unmittelbarer eschatologischer Erwartung in Psalmen, Qohelet andererseits ausgedrückt.

Die Gotteswahrnehmung wird so auch auf Seiten der Wahrnehmenden konstitutiver Zeitbeweglichkeit zugeführt. Auch der Glaube muß sich also in der Zeit, mit der Zeit bewegen. Der Glaube lebt hier unter erwartungsoffenen Zeit- und Erfahrungsperspektiven Gottes im Anschluß an früher bewährte und aktuell weitergeführte Lebensmodelle.

Das hat Konsequenzen für die Sicht von Wahrheit, die hier waltet. Folgt man der Art und Weise der biblischen Überlieferung, und der der Prophetenbücher zumal, dann ist hier wahr nicht etwas, weil es gut und stimmig gedacht und für immer gültig formuliert ist. Es ist vielmehr wahr, weil es lebensmäßig in sehr ganzheitlicher Erfahrung in Erinnerung wie im aktuellen Erlebnis überzeugt und diese Art der Überzeugung auch noch in denkender Vergewisserung und Auseinandersetzung mit anderen Positionen bewährt.

Entsprechend ist die Frage nach Gott in seiner prophetischen Tradition in diesen Büchern keine historisch distanzierende, die Ferne aufsucht, sondern zurückfragend in die schon überlieferte Erfahrung mit Gott eine aktuell betroffene, die aus der Nähe des präsent erlebten Gottes kommt!

Die biblische Überlieferung mit ihren Erzählungszusammenhängen von Gott und die prophetische Überlieferung von Gott gleichen – wieder denken wir an das Motto unserer Untersuchung – so viel eher einem Film als einem Traktat aus Sätzen. Sie gleichen einem Film, der eine Geschichte erzählt voll gespeicherter, gleichsam in Geschichte(n) verdichteter Langzeiterfahrung[156], Hoffnung und Perspektive. Sie gleichen einem Film, geöffnet wie ein Mythos für viele Konkretionen des Grundlegenden, das er faßt, geöffnet für Frage nach Sinntiefe und Gott!

Die Prophetentradition des Alten Testaments hat geahnt: Eine Theologie, eine Predigt, eine christliche Verlautbarung, die ängstlich oder aggressiv nur noch den Charakter bloßer Behauptungsideologie hat und ohne Kontakt zu dem steht, was für Menschen einer Zeit an aufgenommenen Widerfahrnissen, wie sie sie erleben, vor sich geht, erreicht niemand – nicht, weil die Hörer so abgewandt wären, sondern weil solche Theologie erfahrungsfern-steril die Lebendigkeit Gottes in der eigenen Zeit nicht mehr aufsucht. Oder wie es H.-J. Hermisson jüngst treffend in Erinnerung gebracht hat: »daß Offenbarung in eine geschichtliche Welt ergeht, und daß sie *nichts* offenbart, wenn sie sich nicht auf die Sprache und Vorstellungsmöglichkeiten dieser Welt und auf die Lebensverhältnisse ihrer Bewohner einläßt«.[157]

Gottes Lebendigkeit in der Zeit wahrnehmen, das heißt im Sinne prophetischer Überlieferung also, trotz aller Mehrdeutigkeit, Komplexität und Offenheit inmitten des Bereichs von Zeit und Zeitverlauf zu bleiben, den in der Zeit zeitlich überlieferten Gott in die Folgezeit mitzunehmen, aus den Erfahrungen mit der aktuellen Folgezeit ihn weiter zu entdecken und mit den Entdeckungen von ihm die Folgezeit im Ganzen seines Wirkens zu verstehen. Ein Beispiel: Als man in der Spätzeit des antiken Israel die Seleukiden mit ihrem Herrschaftsbereich nach Norden und Osten hin erlebt und erlitten hat, da hat man Gott in dieser aktuellen Erfahrung wahrgenommen anhand von Prophetenaussagen seit der Jesajazeit zum selben Bereich – zu Assur, zu Mesopotamien, zu Syrien,

156 S. dazu oben Anm. 56 (vgl. auch Anm. 149) den Hinweis auf von Rads und Hermissons Ausführungen.
157 Theologie, 52.

und kann jetzt Erfahrungen mit den aktuellen Machthabern aus Gottes Langzeithandeln in diesem Bereich und Zusammenhang klären. Das Beispiel zeigt: Einzelaussagen kommen durch das Werden der Bücher und später durch die Zusammenschau der Bücher mit der weitergehenden Zeit in immer neue Erfahrungszusammenhänge, die zu aktueller Gesamtschau des Überlieferten und zur Weiterformulierung derselben biblischen Gotteswahrnehmung drängen.

Also: Prophetenüberlieferung kann auch darin Vorbild sein, daß sie die Zeitbewegung der Gottesüberlieferung nicht verläßt und Gleichbleibendes statt in widerspruchsfreien Prinzipien und immer denselben Bestimmungen erst hinter der Komplexität der Formulierungen vielmehr mitten innerhalb der Komplexität der Formulierungen erfaßt und in der Erfahrungsevidenz des als Person in Zeitkonstellationen handelnden und da bewährten oder auch zu Zeiten verborgen bleibenden biblischen Gottes situiert. Die Selbigkeit Gottes ist im Sinne prophetischer Wahrnehmung aus Büchern ja nicht in lebensferner Abstraktion und nicht im ständigen Gleichklang allzeit richtig gedachter und endgültig formulierter Aussagen ergriffen. Diese Selbigkeit Gottes äußert sich vielmehr auch fortan im überraschten, jeder Zeit auf eigene Weise gerecht werdenden Wiedererkennen des überlieferten Gottes und seines fortgehenden Wirkens als handelnde Person in unterschiedlichen Zeiten und Ausdrucksformen auf dem Feld der sich ändernden Erfahrung!

(4) Die Wegbahnung für die Folgezeiten. In diesem Sinne kann Prophetenüberlieferung aus Büchern Vorbild sein durch die Traditionsbewegung, die sie in sich darstellt. Durch die Weitergabe mit Wachstum von Überliefertem also, die der Endgestalt der Bücher vorangeht und zeitwache Überlieferung in Folgezeiten zeigt. Diese Traditionsbewegung schon innerhalb der Bücher selbst bewahrt das Überkommene und geht damit doch auf Verändertes zu; deshalb muß prophetische Überlieferung als Gotteskunde schon innerhalb der maßgeblichen Zeit alttestamentlicher Textbildung produktiv-wachsend weitergegeben und aus Folgeerfahrungen immer wieder bestätigt, bereichert, weitergeführt, verändert gefaßt werden. Prophetische Buchüberlieferung ist als solche also Vorbild für den Fortgang lebendiger Tradition in Folgezeiten, auch wenn später der kanonische Rahmen nicht mehr erweitert wird. Und auch dies gilt es als befreiende Perspektive hervorzuheben: Ob ein Text aus den Prophetenbüchern echt oder unecht, früh oder spät ist, gehört zur unerläßlichen Klärung des historischen Or-

tes des Textes; im Rahmen einer Sicht biblischer Selbstkundgabe Gottes in einem umfassenden Traditionsgeschehen gesehen sind es aber nicht länger Fragen von irgendeinem theologischen Gewicht.

Für die Vorbildlichkeit in diesem Sinne ist allerdings wichtig,
Prophetenbücher nicht eindimensional nur als fixe Gemein-
schaftsgebrauchstexte zu sehen, in die in einem ungeschichtli-
chen, lebensfernen *canonical approach*[158] biblisch fermen-
tierte Ordnung und je konfessionskonforme Übersicht zu bringen wäre. In solchem Rahmen würde aus den Prophetenbüchern mal diese, mal jene theologisch richtige Aussage her-
ausgenommen und stimmig eingeordnet oder die Vielfalt der
Texte entgeschichtlicht und unter eine feste, lehr- und konfessionskonforme Gliederung von außen gezwungen. Statt die
geschichtliche Eigenart der Propheten- wie der anderen biblischen Bücher zu wahren und aus ihr zu lernen, würden die
Texte nur noch gemäß externen Maßstäben verwertet. Literarkritik und Redaktionsgeschichte sind kein Schreckgespenst für
ängstliche Christengemüter; mit solchen Beobachtungen und
Fragen sind wir, wie gelungen, gescheitert, versucht und un-
vollkommen auch immer, nicht weniger als der Lebendigkeit
des sich in Bibelschriften offenbarenden Gottes auf der Spur!

Bleibt man bei der Eigenart der Prophetenbücher selbst, dann
ist der in ihnen eingeschlossene und ihre Erscheinung bestimmende Überlieferungsvorgang als Vorgang und Ablauf wichtig. Theologisch wichtig ist also das geschichtliche Werden
dieser Bücher als solches, eben biblische Überlieferung als
Vorgang innerhalb der Offenbarungszeit von den Anfängen bis
zur kanonischen Endgestalt.

Nicht im kanonischen Offenbarungs-, wohl aber im Vermittlungsvorgang liegt darin nachahmenswerte Vorbildlichkeit.
Noch einmal ist der Befund argumentativ hervorzuheben: In
den Prophetenbüchern ist nicht immer nur das Neueste aufgezeichnet worden und das Ältere als veraltet getilgt. Nein – das
Ältere ist bewußt erhalten geblieben und produktiv angeeignet
worden. So kommt längst vor einer Kenntnis der diachronen
Entstehungsgeschichte des prophetischen Überlieferungsgutes
in diesem der Verlauf eines Weges der Gotteswahrnehmung

---

158 S. dazu jetzt P.R. Noble, The Canonical Approach. A Critical Re-
construction of the Hermeneutics of Brevard S. Childs, Biblical interpretation series 16, Leiden 1995; St. Krauter, Brevard S. Childs' Programm
einer Biblischen Theologie, ZThK 96, 1999, 22–48.

zur Präsentation, der sich als prophetisch übermittelter nicht selten in biographischer Zeichnung und Anordnung des prophetischen Überlieferungsgutes in Büchern ausdrückt. In den Prophetenbüchern ist mit dem langen Überlieferungsweg nachgerade eine Geschichte der Wahrnehmung Gottes seit jeher als maßgeblich angesehen und darum aufgezeichnet und erhalten worden.

Eben diese als Ganzheit bewahrte Überlieferungsbewegung als Bewegung und schließlich zum Stehen gekommenes Wachsen ist von wesentlicher theologischer Bedeutung. Denn dieser geschichtliche Weg ist es, der auch im Falle der Prophetenbücher nicht weniger als das Leben der Überlieferung, ja das Leben des lebendigen Gottes im Vorgang der Überlieferung spiegelt, wie für die biblische Tradition überhaupt schon in Teil III unserer Ausführungen hervorzuheben war. In diesem Weg drückt sich das Leben des lebendig zugewandten Gottes aus, der sich auf kanonischem Grund in der Eigenart vielfältigen Lebens nach christlicher Überzeugung auch weiterhin zeigen will und durch das praktische Handeln der Kirche weiter gezeigt werden soll. Der lebendige Gott, der sich auch in späterer, anderer Zeit als der gegenwärtige, zeitnah-lebendige finden lassen will.

Im Aufspüren der Überlieferungsbewegung innerhalb der Prophetenbücher kommt zum Vorschein, was in Verlauf und Fortgang von Zeit für Theologie und Praxis das Wichtigste ist: im Anschluß an das bereits Überlieferte in theologisch-kreativer Arbeit zünftiger Theologie die Nähe des lebendigen Gottes in je eigenen Konstellationen späterer Zeit eigens und besonders zu entdecken und auf dem Boden solcher theologischen Reflexion das praktische Handeln der Kirche in Amtsträgern und Gemeinden, das den für jetzt entdeckten biblischen Gott mit den jeweils konkreten Lebenserfahrungen und Lebensherausforderungen der Menschen verbindet.

Gott als Person nachgehen, ihm in Zeit begegnen, ihm lebensnah hinterhersehen, ihm nachgehen auf der Basis von Überlieferung, so daß die eigene Zeit zusammen mit der von uns erinnerten, historisch vergewisserten Zeit davor eingeht in Gottes prophetisch vorgewiesene Sinngeschichte, ihm vorausgehen in noch unkonkrete Folgezeit, um ihn auf dem Boden überlieferter Kundgabe dort zu erwarten und ihm doch alle Überraschung des dann Konkreten zu lassen, das lehren die Prophetenbücher für die ganze Weite der Erfahrung und das lehren die Herausforderungen, die von dort auf ein Weiterwachsen der Überlieferung weisen! Damit leiten sie vorbildlich an zu

einer Begegnung aus der im Wandel und Überraschenden immer wieder zunächst erfahrenen Rätselhaftigkeit, Widersprüchlichkeit, Mehrdeutigkeit Gottes in den wechselnden
Konstellationen der Erfahrungswelt, die auf dem Boden überkommener Gotteskunde erst wieder vergewissert werden muß.
Was so im aneignenden Weiterbedenken der Eigenart wachsender prophetischer Bücherüberlieferung womöglich entsteht,
könnte man theologisch als eine immer neu aufgegebene Orientierung im zeitlichen Bereich erinnerter, übermittelter wie
eigener Erfahrung sehen. Und zwar als Orientierung, die sich
als Bewährung des biblischen Gottes und der biblischen Sicht
des Menschen im Fortgang und Wandel (!) von Zeit darstellt.
Gott solcher Anregung biblischer Prophetenüberlieferung folgend wahrzunehmen, hieße dann eben, der Sinnspur des biblischen Gottes zu folgen, wie sie sich in Lebensgeschichten und
der weiteren Erfahrungs- und Kenntnisgeschichte der eigenen
Zeit wie der erinnerten Zeit eingezeichnet hat – insoweit ganz
entsprechend dem, wie die prophetischen Tradenten durch die
Zeiten gegangen sind. Das kann nur im Zusammenwirken aller
Bereiche von Theologie, im Zusammenwirken von Theologie
und Praxis, im Zusammenwirken von Theologie und sensibel,
von allen und beileibe nicht nur christlichen Seiten nüchtern
aufgearbeiteter Konstellationen der Gegenwart geschehen.
Darauf wieder einzugehen, Entfaltung von Lebensgestalt *sub
specie Dei* zu verfolgen, zu öffnen, zu klären, wäre Fortleben
der Zeitnähe der prophetischen Gotteswahrnehmung. Ein
Fortleben in Predigten, aufgeschlossen für Heute, in der Seelsorge an Menschen, wie sie jetzt leben, in sachlichen vergewisserten Modellen christlich-zeitnaher Lebensgestalt in vielfältigen Lebenswelten der Jetztzeit, in denen nicht alles gleich
ist und gleich sein muß, um wahr zu sein, weil Gott auch
gleichzeitig durchaus an verschiedenen Fronten steht. Es wäre
wie in prophetischer Tradition so faszinierend ein Bleiben bei
dem für Gott Bezeichnenden und damit beim Kontinuierlichen
in Tradition. Es wäre aber ebenso ein Abschied auch wieder
oder weiterhin vom Uniformen, theologisch, kirchlich, kir-
chenrechtlich Gleichgeschalteten, Lebensfernen. Es wäre Hinwendung zur Entfaltung biblisch gewiesener Sicht in vielfältigen, sich wandelnden Herausforderungen, denen es je eigens gerecht zu werden gilt.[159]

159 Im Sinne des reformatorischen *sui ipsius interpres* gibt es kein
späteres, externes Verstehensmonopol für das Alte Testament zugunsten

In der geistigen Gestalt jeweils vergewisserter Theologie und in der Lebensgestalt jeweils gelebten Christseins könnte die Eigenart der Gottesüberlieferung der Prophetenbücher als lebendige Tradition auch in dieser Hinsicht ein entlastendes, weil uns entschlossen an die Jetztzeit weisendes Vorbild sein. Wir wissen aus dieser Überlieferung, daß es reichere und ärmere Zeiten der Gotteswahrnehmung gibt. Wir wissen aus dieser Überlieferung, daß es Zeiten klarer Einsicht und Zeiten großer Rätsel und Sprachlosigkeit gibt. Wir wissen aus der Arbeit an den Prophetenbüchern aber auch, daß Überlieferung nur so weiterlebt, daß man mit Mut und Frische ihr gewandelte, neue Erfahrungen, Zeiten zuführt und in Entsprechung zu ihr sieht und klärt. Um auf kanonischer Basis Überlieferung auch jenseits der Offenbarungszeit gleichwohl weiter wachsen zu lassen, weil die Handlungszeit de biblischen Gottes ja weitergeht. Um den lebendigen Gott auch heute zu entdecken. Um den Menschen die Bibel zu zeigen, von der alles ausgegangen ist. Die alte, exegetisch erarbeitete Bibel, an der wir uns vergewissern, und die verantwortlich aktualisierte Bibel mit ihrem in heutiger Sinndimension auf exegetischer Grundlage verantworteten, zeitnahen Aussagesinn. Die alte Bibel, die mit ihren Worten und Geschichten dann natürlich auch wieder das Gefäß der speziell unter heutigen Konstellationen gültigen Lebensgestalt Gottes in der Zeit sein kann – in vielfältigen Darstellungskonkretionen für eine heutige Gestalt der Gottesübermittlung. Die alte Bibel, an der sich prophetischem Überlieferungsvorgehen folgend immer wieder überraschende Zeiterfahrung der lebensbeweglichen Selbigkeit des durch die Zeiten gehenden Gottes vergewissert.
Sollte das nicht für die Lebenskunde vom biblischen Gott zu jeder Zeit das Wesentliche und Vorrangige vor aller gedachten und scheinbar schon endgültig formulierten Stimmigkeit sein?

einer Überlegenheit etwa der jüngeren christlichen oder jüdischen Sicht oder irgendeiner anderen Richtung. Das Verstehensmonopol liegt allein beim ursprünglichen Sinn des Textes aus sich selbst in seinem biblischen Werden, der seinerseits mit späteren externen Optionen verschiedener Richtungen in Beziehung gesetzt werden kann und wird. Diese Wechselbeziehung zwischen beiden kann Optionen nicht ›beweisen‹, wohl aber eine Option womöglich vergewissern und stärken, wenn diese den ursprünglichen Bibelsinn nicht überfremdet, sondern angesichts späterer Gegebenheiten aufnimmt, weiterführt und der Bewährung im geistigen wie im Erfahrungsraum aussetzt.

V.   Schlußbemerkungen

Von der Art der alttestamentlichen Prophetenbücher, Zeitfolgen voll Wandel und Wechsel von Erfahrungen auf ihren Sinngehalt zu sichten, Menschen auf Grund dessen zu orientieren und in Sinnaussichten einzuweisen, ist nicht nur im Bereich bibelorientierter, religiöser Gemeinschaften zu reden.

Es lohnt sich auch außerhalb der Kirche immer noch, davon zu wissen. Warum?

Der Grund dafür hat mit dem Stellenwert von breiter, also nicht elitärer, sondern volksbreiter Bildung zu tun. Wir haben unter uns in unserer Welt und ihrer kulturellen Prägung die Präsenz auch solcher sehr alten Texte ganz einfach deshalb immer noch nötig, weil eine Demokratie nicht Stimmvieh, sondern Stimmvolk braucht, Bürgerinnen und Bürger, die das Besondere, Zeitnahe sehen, die etwas wissen, die Phantasie haben, die selber denken, die den Fuß zwischen die Tür der Trends halten können, die selbst verantwortlich sind.

Die ›Nährlösung‹ für solch eigenverantwortliche, demokratische Aktivität für das Ganze, diese Nährlösung ist nichts anderes als Bildung, aus der Phantasie, Erfahrung, Nachdenklichkeit auch heute wachsen. Bildung bei verschiedenen Bevölkerungsgruppen in verschiedenem Umfang des Wissens und der Dichte, neben der Lebenserfahrung der Jungen wie der Alten, neben der Herzensbildung eben Bildung des Wissens für Phantasie und Nachdenklichkeit in den jeweils besonderen Herausforderungen von heute. Diese Wissensbildung verwaltet nicht zuletzt eine Universität, fragt in den Kulturwissenschaften, wozu in bestimmter Hinsicht auch die theologischen Disziplinen gehören, zweckfrei, wie es Phantasie und ständig wechselnde Anforderungen brauchen, nach Stoffen, damit sie für heute bedacht werden können. Eine Universität vor allem hält die Stoffe wach, lehrt fragen, bildet aus, damit andere in die Öffentlichkeit – Schule, Volkshochschule, Erwachsenenbildung, Gespräch – weitergeben und daran teilhaben lassen können. Eine ungebildete, unmündige Öffentlichkeit ist eine manipulierbare, verführbare Öffentlichkeit; unser *saeculum* hat aufs Schrecklichste gezeigt und zeigt es noch, was man damit machen kann.

Auch alttestamentliche Propheten und ihre Bücher gehören zu diesem Bildungsgut, nicht nur faktisch, sondern auch aus Gründen. Es sind vor allem zwei.

(1) Das Thema der Prophetenbücher ist nicht veraltet. Die alttestamentlichen Propheten und Prophetenbücher sind nicht nur Spender guter Einzelworte für bedürftige Einzelmenschen christlicher Sozialisation. Es sind Texte, die es mit nicht weniger als dem allgemeinen und allgemein zu wahrenden Lebenswohl zu tun haben, und zwar damit, wem man es verdankt und wie man es verspielt. Es sind Texte, die es also mit dem solidarverantwortlichen Handeln eines Volkes, von Völkern im Verlauf von Zeit zu tun haben, mit Verfehlungen in diesem Rahmen, mit den Maßstäben dabei und mit Aussichten, die solches Handeln in der Zukunft haben wird. Zeitlauf als politisch-sozialer Erfahrungs- und Gestaltungsraum von Menschen ist hier der Gegenstand. Kritik, Ermutigung, Setzen idealer Sinnziele sind hier die bestimmenden Aspekte. Also: Die Sinnorientierung von Menschen, von Volk und Völkern in der Gabe des Lebens, in der Gestaltung von Zeit und die langzeitigen Folgen dessen sind hier das Thema.

Natürlich – wie das erfaßt ist, das alles ist in den Prophetenbüchern des Alten Testament sehr lange her. Dennoch: Propheten müssen öffentlich, bildungsmäßig auch in unserer seit langem bibelbeeinflußten Kultur wachgehalten werden, weil sie die Wurzel, nicht weniger als die Wurzel unseres verantwortlichen Geschichtsdenkens und unserer geschichtlich gesehenen Handlungsverantwortung sind. Kants »Zum ewigen Frieden«, die Verfassung der USA, Karl Marx, Ernst Bloch mit seinem »Prinzip Hoffnung« kann man, was immer daraus gemacht wurde, ohne diesen Hintergrund alttestamentlicher Prophetie nicht verstehen. Man muß das wachhalten, um die geistigen Rückräume solcher Konzeptionen zu erkennen. Und man muß das wachhalten, weil die Wurzel selbst trotz allem Wandel der Zeiten immer noch ein kritisches Sinnpotential enthalten könnte, das wir in einer demokratischen Gesellschaft brauchen, auch gegen alles, was aus dieser Wurzel in den letzten zwei Jahrhunderten geworden ist.

(2) Das zeigt sich an einem zweiten Punkt. Auch wenn man in unserer Öffentlichkeit von dem biblischen Gott *de facto* weithin nichts mehr hält – mit der Größe »Gott« ist in den Propheten etwas angezeigt, was bis heute überlebensnotwendig bedeutsam bleibt: die Grenze, die Begrenztheit des Menschen als Subjekt der Geschichte. Die Frage, was er selber leisten kann oder eben nicht. Die Frage, welche übergreifenden Maßstäbe menschlich-politisch-soziales Handeln verbinden und binden oder eben nicht – da meldet sich auch in der säku-

laren Welt immer noch etwas von dem, was die alten Propheten Gott genannt und ihre Bücher im Langzeitergehen Israels
vorgeführt haben. Der hochfliegende Sinn der Aufklärung und
sein Scheitern am realen Menschen, der Untergang des er-
zwungenen Menschenbildes, das Nationalsozialismus und
Realsozialismus produzieren wollten, die an Grauen alles
überbietenden Kriege des 20. Jhdt.s, die Auswüchse eines nur
noch an Profit und Rendite orientierten Lebens zeigen, wie
essentiell die Frage nach den Grenzen und Bindungen des
Menschen ist. Das kritische Potential der alten Prophetentexte
wird als Quelle unserer Nachdenklichkeit und Selbstbegren-
zung nach wie vor gebraucht, weil es in unbeschönigter, gna-
denloser, illusionsloser Lebensnähe an Radikalität und Rea-
lismus alles in den Schatten stellt. In diesem Spiegel muß man
auch heute noch schauen – auch die, die Kirchen nur noch von
außen kennen!
Es hat also schon seinen Sinn, wenn in unserer von lange her
geprägten, zu uns gehörenden jüdisch-christlich-griechisch
geprägten Kultur diese Wurzeln nicht einfach dem Nicht-
mehr-Gewußten anheimfallen. Es ist das Gedächtnis der Kultur in unseren Breiten, zu dem auch die Propheten gehören,
das uns Heutige ausrüstet, aus Wissen nach sachgemäßen,
heutigen Lösungen zu suchen, und aus Wissen statt aus Igno-
ranz demokratisch zu handeln.

Wissen von den alttestamentlichen Propheten und Prophetenbüchern – diese Aufgabe gehört natürlich besonders in den
Raum innerhalb der Kirche. Auch für diesen Bereich ist Wissen wachzuhalten, verantwortlich zu erarbeiten, sind Menschen auszubilden, damit sie dieses Wissen haben und begründet weitergeben können. Verantwortlicher Umgang mit geisti-
gem Wissen, das ist es, was speziell Akademiker der Öffentlichkeit zugut leisten sollen. Auch studierte Pfarrerinnen und
Pfarrer haben ihr Besonderes nicht einfach in Sozialarbeit und
Freizeitanimation, die braucht's weiß Gott auch, sondern darin,
Fachleute zu sein, die Wissen haben, Wissen einbringen, zeitgerecht begründen können und mit solcher Ausrüstung dann
geistlich handeln.
Kenntnis der alten Propheten im Raum der Kirche gehört zu
diesem Wissen – selbstverständlich. Aber nicht nur aus dem
formalen Grund, weil auch die Bücher von Propheten in der
Heiligen Schrift der Kirche stehen. Es gibt ganz sachlich-
besondere Gründe. In der ganzen Bibel sind diese Überliefe-

rungen ja diejenigen Grundlagen und Wurzeln, die es mit der politischen Lebensverantwortung in der Gestaltung von Zeit zu tun haben.

Wir sagten es im Voraufgehenden schon: Nirgends in der Bibel wird sonst so sensibel und so langzeitig auf die Frage konkreter geschichtlicher Herausforderungen eingegangen wie hier und der Horizont einer sinnhaften Zukunft aufgerissen. Auch wenn im Raum von Theologie und Kirche die Größe »Gott« im Unterschied zur Öffentlichkeit noch Wesentliches bedeutet – die Bedeutung der alttestamentlichen Propheten erstreckt sich hier wie da auf dieselben Felder der Wirklichkeit: öffentlich-verantwortliche Zeitgestaltung, die Frage nach den Maßstäben, schonungslos realistische, unbestechliche Kritik und die unverzichtbare Frage, wohin das führen wird. Nicht nur die Öffentlichkeit, nicht weniger die Kirche in der Öffentlichkeit hat die Propheten in ihren Büchern nötig. Die Propheten rufen nicht nach konkreten politischen Entscheidungen der Kirche, das politische Entscheiden ist damals wie heute Sache der Politik und der Bürger. Die Propheten in ihren Büchern rufen aber Christen, in diesem Bereich Verantwortung zu übernehmen und prophetische Maßstäbe und Kriterien in den Prozeß demokratischer Willensbildung aller hineinzudenken und einzubringen – mit Wissen Gewissen zu schärfen! Die Frage der Grenzen des Menschen in diesem Handeln, die Frage nach seiner Orientierung ist im Raum von Theologie und Kirche ausdrücklich korreliert mit der Größe »Gott«, der den Sinn von Handeln und Zeit scheitern und gelingen läßt und den Menschen bindet. Was das heißt, wenn die Propheten Gott sagen, das ist die Kernfrage historischer Exegese dieser Texte; sie muß um der Texte, um der Sache, um unsretwillen heute an dieser Stelle erneut zum Zuge kommen.

Natürlich – aus christlicher Sicht stehen wir nicht mehr in der Zeit der Propheten und ihrer Gotteskundgabe, denn auch Gott ist inzwischen in anderer Weise kundgeworden. Wir stehen in der Zeit der Selbstkundgabe Gottes in Christus, die über die Prophetenbücher und das Alte Testament hinaus ist, und auch unser Wissen von Gott hat eine andere Quelle: nicht mehr der unmittelbare Offenbarungsempfang, wie ihn die Prophetenüberlieferung darstellt, sondern der mittelbare, ableitende und anwendende Wissensbezug auf Grund eines größeren Buches, der Heiligen Schrift Alten *und* maßgeblich – Neuen Testaments. Wie aber ist dann die fortgehende Bedeutung der Prophetenbücher für Kirche und Zeit auf der Grundlage beider

Testamente heute zu bestimmen? Ein paar orientierende
Punkte seien in diesen Schlußbemerkungen in die Debatte ge-
worfen:

(1) Für Christen ist jede unmittelbare, einfache Übertragung
des alttestamentlich Prophetischen in die Gegenwart verwehrt;
was an diesen Büchern gültig und verbindlich ist, zeigt sich
theologisch erst bei ihrem Einbezug in das für Christen
schlechterdings maßgebliche Gotteshandeln im Christusgeschehen. Wir sprachen in Teil III und IV in These 10 schon
darüber. In Christus fallen deshalb die Schranken zwischen
Gottesvolk und den Völkern zugunsten der Kirche aus allen
Völkern, auch wenn Gott sein eigenes Vorhaben mit Israel hat.
In Christus fällt das unausweichliche Gericht, das diese Bücher
den Menschen künden, zugunsten der Lockung von Glaube,
Liebe, solange diese Welt währt, und zugunsten der Chance
von Vergebung, die jedem offensteht. In Christus weicht Zion
als Stätte der Gottespräsenz zugunsten der verbürgten Nähe
des Vaters im Sohn, um mit dem Johannesevangelium zu reden. In Christus ist nicht die Rätselhaftigkeit Gottes, von der
die Propheten sprechen, das letzte, sondern die offenbare Liebe Gottes in Christus, die auch den *deus absconditus* umfängt.
In Christus ist der Bezugsrahmen nicht wie bei den Propheten
eine staatlich-soziale Welt des Gottesvolkes im Lande der
Verheißung und dessen Sinnzukunft, sondern eine Sinnzukunft
aller in einer neuen Welt Gottes, die allen irdischen Gegebenheiten gegenüber transzendent ist. Soziale Wohlordnung unter
den Menschen, Friede unter den Völkern, Politik nach innen
und außen als geschichtliche Erscheinungen und Herausforderungen inmitten des Zeitlaufs sind deshalb nicht mehr Bereiche direkter Verwirklichung oder Verdrängung Jahwes, sondern in Christus Feld der im Tod offenbaren, unüberwindli-
chen Bosheit des Menschen und Feld der nüchternen Zeichen,
sie einzudämmen, um den Untergang der immer noch gewährten Schöpferqualität der Welt zugunsten des Primärwertes
Lebenswohl aufzuhalten und gegen Bosheit zu bewahren. Insofern ist dem sozialen und politischen Frevel unserer Zeit
nicht das chancenlose letzte Gericht anzusagen, wie es zumal
die vorexilische Prophetenüberlieferung getan hat, sondern die
Vergebung Gottes, die Mahnung und Warnung zur Abkehr
vom Bösen im Horizont einer Verantwortung vor Gott. Aber
Karfreitag als das Geschehen, in dem Gott das uns geltende
Gericht selbst und allein auf sich nimmt, läßt die kritische,
entlarvende Kraft der prophetischen Aussagen bestehen, ein

Spiegel, der nach wie vor aufdeckt, wie Menschen sind, und zu tätiger Besinnung ruft.

(2) Auch wer in Wort und Tat heute Gott bezeugt, Pfarrerinnen und Pfarrer, der Christ, die Christin, kann sich nicht unmittelbar mit den alttestamentlichen Propheten identifizieren – in der zu sagenden Sache nicht, und auch in der Quelle seines Wissens von Gott nicht.

Wegen der konstitutiven Bindung an das Christusgeschehen und die Heilige Schrift kann niemand seine eigenen Aussagen mit einem »So hat Jahwe gesprochen« einleiten. Gott sagt gemäß der Option christlicher Lehre niemand mehr unmittelbare Offenbarungen über die Bibel hinaus oder gar gegen sie; die Autorität unseres Redens ist nicht unmittelbare prophetische Inspiration, sondern abgeleitete, theologisch erarbeitete, begründete und verantwortete Autorität aufgrund der Heiligen Schrift – nicht weniger gewiß und sicher, aber aus anderer Quelle gespeist.

(3) Wir sehen, das Gotteswort in Gestalt der Prophetenbücher ist theologisch immer nur gebrochen, gebrochen durch Gott im Christusgeschehen zu uns herüberzunehmen, und dieser Brechungsweg bedarf der theologisch arbeitenden Verantwortung. Gleichwohl brauchen wir heute die alttestamentlichen Propheten, sachlich, theologisch, nicht nur wegen eines formalen Schriftprinzips. Denn diese prophetische Botschaft birgt Züge in sich, Züge Gottes, die im Christusgeschehen aufgehoben, eingeschlossen, aber nicht untergegangen sind.

Was sind das für Züge? Es sind:

(a) die Sichtung konkreten politisch-sozialen Lebens und vielfältigen menschlichen Verhaltens mit allem Wechsel, Wandel, sich ändernder Eigenart in seiner ganzen Zeitsensibilität, Lebensnähe, Weite und Verflechtung dem universal wirkenden Gott entsprechend auf transzendente, interessenüberschreitende Grundorientierungen an einer schöpfungsgemäßen Wohlordnung der Welt, und der entscheidende Hinweis, daß die Sinnzukunft der Menschen an diesen Grundhaltungen und ihrer tätigen Verwirklichung hängt;

(b) der Hinweis, daß Weltgeschehen und Lebensschicksal nicht zufällig oder deterministisch ablaufen, sondern in ihrer Tiefe und Hintergründigkeit einer Sinnbewegung folgen, die Gott für Menschen wachsam in Kraft hält;

(c) der Hinweis, daß wie bei den Propheten Christen, Pfarrer und Pfarrerinnen ihren bestimmenden Standort für unerschrockenes Denken, Schauen, Reden, Handeln bei dieser bi-

Tradition = Vorgang lebendiger Wertergabe des Maßstäblich

blisch offenbarten Sinnbewegung Gottes haben, auch um den Preis der Isolation, Anfeindung und mangelnder Anpassung an das Gängige;

(d) der Hinweis darauf, worin charismatisch-prophetische christliche Existenz besteht. Kann sie nicht mehr bestehen in besonderen Offenbarungen, so lebt sie in Christus doch weiter in einem unverstellten Realitätssinn für das Besondere, Singuläre von Menschen im Zeitwandel, in konkreter, beweglicher Phantasie, in der heiligen Unruhe gegen verkrustete, angepaßte Christlichkeit, in wacher Liebe und Erfahrungen kraftvollen Gelingens.

All das bringen Prophetentexte des Alten Testaments als Perspektive in das Christusgeschehen, bereichern es um bleibende Züge desselben Gottes und so helfen diese Texte heute – nicht unmittelbar – aber in Christus mittelbar zur jeweils zeitgerechten, menschenfreundlichen Konkretion christlicher Existenz und Botschaften, zu wachen Augen, mit ihnen Neues und Notwendiges in unserer veränderten Zeit zu entdecken.

Nach Öffentlichkeit und Kirche schließlich ein Wort zur Theologie, die sich an der Universität sowohl auf die Öffentlichkeit wie auf die Kirche richtet. Wir wollen dafür zum Schluß noch einmal zu dem Verhältnis von Theologie zur Praxis zurückkehren, von dem wir ausgegangen waren. Wir können uns dabei kurz fassen. Von der Entsprechung Prophetenbücher/Theologie war unter der umgreifenden Perspektive »Tradition« als Vorgang lebendiger Weitergabe des Maßstäblichen in diesem Buch direkt oder indirekt ständig die Rede. Nur soviel sei noch hervorgehoben:

Von der Art der Prophetenbücher, Gott den Zeiten folgend wahrzunehmen und zu überliefern, könnte sich nicht zuletzt Theologie zu einer anderen Art ihres Tuns anregen oder in solcher Art bestärken lassen. Vor allem zur Bewährung von Gehalt und Niveau ihrer Tradition mit der Maßgabe nicht der Repetition, sondern der Weiterführung in Lebenskonstellationen von jetzt.

Solche Weiterführung kann zu Zeiten im Gehalt, im Ton, im Auftreten durchaus bescheidener sein als früher. Sie kann die theologischen Gewichte veränderter Sachkonstellationen wegen anders setzen. Sie kann zur selben Zeit kulturell vielfältig ausgeprägt und weder in Lehrpräzision noch in Lebensgestalt uniform sein. Sie kann und muß heute – im Unterschied zu der den Prophetenbüchern noch dominant eigenen Hinsicht auf

Gottesvolk, Völker und noch kaum auf den Einzelnen – zu Anknüpfung, zu Verstehen vor allem zuerst einmal bei konkreten Einzelmenschen und dessen heutiger Erfahrungswelt ansetzen und sich mit den großen theologischen Themen aus der Tradition ganz zurückhalten. Sie muß sich vielmehr zunächst auf die Ausarbeitung der Züge elementarer Grunderfahrungen im Leben Einzelner konzentrieren, in denen sich der biblische Gott unter uns einer breiteren Öffentlichkeit derzeit noch am ehesten begreiflich erfahren läßt: im Geschenk des Lebens durch Gott den Schöpfer in einem lebensgünstigen politisch-sozialen Rahmen nämlich, das vor allem, und darauf 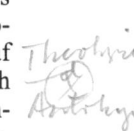 aufbauend dann im Geschenk des von sich befreiten Ich durch Gott den Erlöser. Ohne den Boden dieser ihrerseits Gemeinschaft stiftenden Elementarerfahrungen in ihrer heutigen Gestalt und Verumständung, in dem, was man heute dazu weiß und erlebt, bleibt alles weitere an Rede von Gott aus der reichen christlichen Tradition unbegreiflich, zu groß, zu massiv, zu vorschnell, zu behauptend, zu ungedeckt.

Folgen die verschiedenen theologischen Fachgebiete in solchem gemeinsamen Sachbezug der zeit- und sachgerechten Weiterführung christlicher Tradition der Aufgabe, die sie gemeinsam verbindet, führen sie vor, wie solche Zusammenarbeit erfolgt, so können sie eine plausible und wirksame Entlastung für das Tun in der kirchlichen Praxis bilden, weil sie Sachklärung und Lebensnähe nicht abschieben, sondern zeitgerecht schon in sich haben. Sie können als Entlastung wirken für ein Tun in der Praxis der Gemeinde, das Menschen jeder Prägung und Art anspricht durch Hinweis auf authentische, glaubwürdige Lebensmuster des Christlichen, die allein lokken, dem biblischen Gott zu trauen. Die Aufgabe theologischer Vergewisserung, der wir uns in dieser Untersuchung anhand der Frage nach Tradition und anhand des Phänomens Prophetenbücher so ausführlich gewidmet haben, kann dabei jedermann offengelegt werden, muß es aber nicht. Aber für das theologische Wirken muß sie Grundlage und Hintergrund sein, damit es die externe Legitimität hat, die zu ihm gehört.

Das abgesteckte Feld solcher Arbeit ist weit. Aber die gemeinsame Perspektive und die gemeinsame Aufgabe, aus Biblischem womöglich neu gelernt, schließen wissenschaftlichtheologisches und praktisch-theologisches Tätigsein zusammen, öffnen den Blick für das Verbindende und könnten bewirken, daß der Argwohn zwischen Fakultäten und Kirchen weicht und Vertrauen wächst. Es müßte dafür auf beiden Sei-

ten das sachlich Notwendige in christlicher Tradition beherr-
schend ins Zentrum treten und in gemeinsamen Arbeitsprozes-
sen zeitwach bestimmt werden gemäß den besonderen Herausforderungen und Grenzen, wie sie in da und dort durchaus unterschiedlicher Weise heute und jetzt bedacht werden.

Wir verstehen unsere Arbeit an den Prophetenbüchern des Alten Testaments als die große Ermutigung, mehr mit Gott als
Person denn mit Gott als Satz zu rechnen. Als Ermutigung,
mehr mit Offenheit für ganz veränderte Konstellationen Vergewisserungen an der alten Bibel aufzusuchen und die Bibel
dabei ohne alle konfessionelle, traditionale Scheu im ganzen
als Resonanzraum der Wahrnehmung Gottes zu wahren. Als
Ermutigung, Gott ohne Besorgnis aus der Enge der Binnen-
plausibilität für Kirchen und Frömmigkeitsgruppen in die
Weite und Universalität seines zeitlich wie sachlich auch noch
alle säkularen Bereiche umfassenden Willens aufzunehmen,
der sich auch auf das Besondere, Singuläre, sich Wandelnde
bei Menschen im Fortgang von Zeit richtet. Als Ermutigung,
mehr mit Geduld und langem Atem die Klärung von sinnhaft
Geheimnisvollem und Mehrdeutigem abzuwarten oder auszuhalten und statt Verkürzung auf eschatologische Augenblicks-
und Ausnahmesituationen oder statt Spekulationen über Nä-
hetermine des Weltendes mit Gottes Langzeithandeln zu rechnen.

In diesem Licht wäre gemäß biblischer Perspektive auch die
Zeit *post Christum natum* weiter bis hin zu uns zu sehen und
eschatologische Endgültigkeitserwartung in Rahmen und
Grenzen der Freiheit und Zeitbeweglichkeit zu lassen, die zu
Gott als Person gehören.

Die unverstellte, sich auf Menschen, wo und wie sie sind, zu-
bewegende Lebensnähe Gottes im Fortgang von umfassend
gesehener Zeit, das ist es, was uns die Prophetenbücher von
Gott zeigen, die Entdeckung der Sinntiefe von Erfahrung im
Ablauf von Zeit, die Sinnöffnung für Wechsel und Wandel der
Erfahrungen, das ist es, worauf die Prophetenbücher für Art
und Weise der Gotteswahrnehmung unseren Blick richten, und
damit die Ermutigung für Theologie und Kirche, selbst lebensnah, zeitsensibel den biblischen Gott immer wieder erneut zu
finden.

Lernen von den Prophetenbüchern und ihrer konstitutiven Zusammenschau von Gott und Zeit, das ist Abschied von der
spekulativen, systemaren, zeitimmunen Fassung von Wahrheit,
mit der sich menschliches Denken an Gottes Ewigkeit ver-

x) Sinnverlust der Moderne

greift. Es ist Einsicht, daß dem Einschluß des Menschen in die Bewegung von Zeit theologisch nie zu entrinnen ist, oder positiv – daß die Mitbewegung im Gang der Zeit Bewegung der Begegnung mit dem zeitzugewandten Gott als Person und Nähe bei Gott und Leben in einem ist. Anders als in der Bewegung der Erfahrung, die erst zuletzt in die Ruhe einer Wahrheit in Anbetung mündet, sind – so künden die Prophetenbücher – Wissen von Gott, von Leben, von Wahrheit nicht zu haben. Zeitbeweglichkeit der Wahrheit – der Humanist Francis Bacon hat es auf seine Weise in den geschliffenen Satz gefaßt: ›Die Wahrheit ist eine Tochter der Zeit‹.[160]

Mit anderen Worten – das ist es, worum wir uns in dem vorliegenden Buch bemüht haben: zu fragen, wie Theologie und Kirche alte Gräben und Entfremdungen zwischen rückwärts gewandter historischer Exegese und zeitzugewandter Bibelanwendung überwinden können, wenn sie gemeinsam aus dem Befund der Prophetenbücher als Bücher zusammen mit dem Neuen Testament lernen: im Rahmen der immer noch andauernden Schöpfungswelt und deren biblisch vorgewiesener Ziele den wachen Blick für das eigenartige Jetzt in seinem geschichtlichen Zusammenhang, die Sensibilität für die Erfahrung des Lebens im Rahmen weltweiter Lebenskonstitution, die Kreativität einer Sprache, die über alle Festlegungen des Herkömmlichen hinaus unverstellt aufnimmt, was eigenartig und sinnbezogen geschieht und begegnet, und in alledem die Wahrnehmung Gottes, der sich unverdrossen in diesem weiten, sich immer wieder wandelnden Rahmen als der biblische lebendig zu erfahren und zu erkennen gibt, wenn man nur auf ihn schauen will.

---

160 F. Bacon, Novum Organum scientiarum, London 1620, lib. I, cap. 84. Das Zitat lautet wörtlich: »Recte enim Veritas Temporis filia dicitur, non Authoritatis«; s. dazu E. Rudolph, Auf der Höhe der Zeit. Wieviel Tradition braucht die Moderne?, NZZ 2./3. September 2000, Nr. 204, 82. Für den Nachweis des Zitats danke ich Herrn Kollegen Dr. A. Rust herzlich.